ESSAI
SUR
L'ATOMISME ET L'OCCASIONALISME
DANS LA PHILOSOPHIE CARTÉSIENNE

THÈSE POUR LE DOCTORAT

PRÉSENTÉE DEVANT LA FACULTÉ DES LETTRES
DE L'UNIVERSITÉ DE LYON

PAR

JOSEPH PROST

Ancien élève de la Faculté des Lettres de Lyon
Professeur de philosophie au collège d'Épernay

PARIS

HENRY PAULIN ET Cie, ÉDITEURS

1, RUE D'AUMALE, VIe

L'ATOMISME

ET

L'OCCASIONALISME

DANS LA PHILOSOPHIE CARTÉSIENNE

ESSAI

SUR

L'ATOMISME ET L'OCCASIONALISME

DANS LA PHILOSOPHIE CARTÉSIENNE

THÈSE POUR LE DOCTORAT

PRÉSENTÉE DEVANT LA FACULTÉ DES LETTRES
DE L'UNIVERSITÉ DE LYON

PAR

JOSEPH PROST

Ancien élève de la Faculté des Lettres de Lyon
Professeur de philosophie au collège d'Epernay

PARIS

HENRY PAULIN ET Cⁱᵉ, ÉDITEURS

21, RUE HAUTEFEUILLE, VIᵉ

1907

Au regretté Arthur HANNEQUIN

PROFESSEUR DE PHILOSOPHIE A LA FACULTÉ DES LETTRES
DE L'UNIVERSITÉ DE LYON

*Hommage de profonde reconnaissance et de
respectueuse affection*

ESSAI
SUR
L'ATOMISME ET L'OCCASIONALISME
DANS L'ÉCOLE CARTÉSIENNE

INTRODUCTION

Descartes, mécontent des enseignements qu'il avait reçus et trouvant toute la philosophie de son temps vaine et inutile, avait cherché et croyait avoir trouvé une méthode nouvelle, permettant de reconstruire sur des bases solides, sur le roc et non sur le sable, tout l'édifice de nos connaissances. Que cette construction fût possible, c'est ce dont, plein de confiance en sa méthode, il ne doutait en aucune façon; et il en avait tracé les lignes et placé les principales pierres. S'il ne croit pas pouvoir la terminer, ce n'est pas qu'il se défie de son esprit et de l'esprit humain, c'est qu'il faut des recherches qui dépassent les ressources d'un seul homme et que, d'un autre côté, l'univers est bien vaste et la vie humaine, pour le moment du moins, bien courte [1]. Mais qu'on suive ses préceptes, qu'on s'adresse à la raison et, puisque

---

1. Cf. *Discours sur la Méthode* partie, VI :

« le bon sens est la chose du monde la mieux partagée », son œuvre pourra se poursuivre, l'achèvement pourra en être espéré. Il ne craignait donc pas, il appelait même des continuateurs, et c'était un véritable chagrin, un profond dépit qu'il éprouvait, quand il voyait un homme, tel que Régius, tromper son espérance [1], comme il était dans la joie quand il rencontrait un esprit, tel que celui de la princesse Elizabeth, à la fois pénétrant et docile [2]. On comprend, par suite, la réputation dans le monde cartésien d'un Rohault, qui s'était donné la mission de poursuivre les applications des principes de son maître à tous les problèmes soulevés et discutés [3] ; et on s'explique le succès du livre de Louis de la Forge dont l'objet était de réunir, de rassembler toutes les vues de Descartes sur l'âme humaine et ses fonctions éparses dans ses œuvres et sa correspondance, de les compléter au besoin dans son esprit, de façon à en former un tout et à épargner au lecteur un travail long et pénible [4].

Mais Descartes appelait des continuateurs d'un autre ordre. Une révolution d'une portée aussi grande que celle dont il était l'auteur ne pouvait s'accomplir sans que toutes les conceptions de la réalité, les diverses affirmations sur l'être, reçussent un aspect différent et apparussent sous un jour nouveau. Il en avait eu lui-même nettement conscience, et il avait marché à la « conquête » d'une explication nouvelle de l'Univers en n'obéissant qu'aux exigences de sa méthode, sans s'écarter jamais des principes qu'il avait posés. L'affirmation de son existence comme

---

1. Cf. *Principes* ; préface.
2. Cf. Dédicace des *Principes* à la princesse Elizabeth.
3. Cf. Bouillor : *Histoire de la philosophie cartésienne*, I, 508.
4. Cf. Louis de la Forge, *Traité de l'esprit* initio, cf. plus loin, p. 102.

sujet pensant, celle de Dieu, la conception mécanique du monde extérieur, autant de vérités qu'il avait établies en suivant seulement le progrès régulier et méthodique de ses idées. Si on lui fait des objections, s'il est amené à développer certaines de ses conceptions pour les défendre, il ne quitte ni sa méthode ni son point de vue ; il se borne à pousser l'analyse plus loin et à préciser les termes employés, de façon à faire disparaître toute ambiguïté, toute confusion [1]. On le voit, il est vrai, à certains moments, se placer sous l'autorité de l'Écriture et même d'Aristote, mais ce n'est pas qu'il se mette à leur suite : il prétend seulement donner une interprétation plus juste et plus conforme à la réalité des textes ou des théories [2]. L'intelligence, suivant lui, est une ; c'est une lumière qui éclaire tous les objets de la même façon ; il ne saurait y avoir par suite deux manières de comprendre les choses [3]. Seulement, visant surtout à la pratique, voulant savoir pour pouvoir, il ne s'arrête pas longtemps aux questions purement métaphysiques, laissant en quelque sorte à d'autres le soin de les préciser. La métaphysique constitue sans doute les racines de l'arbre dont la physique est le tronc et les autres sciences les diverses branches, il est utile, par suite, d'en connaître et d'en établir les différentes vérités ; mais de même que ce qui importe le plus dans l'arbre ce sont les fruits, de même ce qui importe le plus dans

---

1. *Réponses aux objections*, surtout aux secondes.
2. Cf. *Réponse aux objections* d'Arnauld.
3. Cf. *Règles pour la direction de l'esprit*, I. « Les sciences réunies ne sont rien autre chose que l'intelligence humaine, qui reste toujours une, toujours la même, si variés que soient les sujets auxquels elle s'applique, et qui n'en reçoit pas plus de changement que n'en apporte à la lumière du soleil la variété des objets qu'elle éclaire. »

la science ce sont les résultats. Quand une philosophie est stérile, n'aboutit à aucune conclusion pratique, comme la scholastique, elle doit être condamnée et abandonnée. Qu'on explique les effets d'abord et peu importe si les causes supposées sont imaginaires ou non ; il n'y a pas à s'en inquiéter [1]. Il considère « comme très nuisible d'occuper souvent son entendement à méditer les principes de la métaphysique, à cause qu'il ne pourrait si bien vaquer aux fonctions de l'imagination et des sens [2]. » Il ne craint pas de faire l'aveu suivant : « Je puis dire avec vérité que la principale règle que j'ai toujours observée en mes études... a été que je n'ai jamais employé que fort peu d'heures par jour aux pensées qui occupent l'imagination et fort peu d'heures par an à celles qui occupent l'entendement seul. » D'ailleurs, esprit religieux et passionné pour sa tranquillité, il craint de revenir sur des questions dont la discussion peut donner lieu à des critiques et même à des censures. Le progrès des connaissances utiles ne lui semble pas y être lié ; à quoi bon s'y attarder [3].

A cause même de leur originalité, il y avait donc

---

1. *Principes*, IV, 204. Cf. *Principes*, III, 44. Au moment d'entreprendre son explication du monde visible il dit : « Je désire que ce que j'écrirai soit seulement pris pour une hypothèse, laquelle est peut-être fort éloignée de la vérité ; mais encore que cela fût, je croirai avoir beaucoup fait si toutes les choses qui en seront déduites sont entièrement conformes aux expériences: car si cela se trouve, elle ne sera pas moins utile à la vie que si elle était vraie, parce qu'on pourra s'en servir en même façon pour disposer les causes naturelles à produire les effets que l'on voudra. » Cf. Le jugement de Leibnitz : « Spinoza a commencé là où a fini Descartes, dans le naturalisme : in naturalismo ». Foucher de Careil: *Leibnitz, Descartes et Spinoza*, p. 148.

2. *Lettre à la princesse Elizabeth*, I, lettre 30.

3. Cf. Boutroux : Du rapport de la morale à la science dans la philosophie de Descartes. *Revue de métaphysique*, 1896.

à revenir sur les affirmations métaphysiques de Descartes, à les développer, à en tirer les conséquences [1]. C'est ce que feront les grands philosophes du XVIIe et même du XVIIIe siècle. Mais l'œuvre de ces derniers avait déjà été préparée en partie par des philosophes de moindre envergure. Certains cartésiens, en effet, n'avaient pas craint d'appliquer leurs réflexions à quelques conceptions du maître, de les développer, ou même de les modifier. Descartes avait proclamé l'existence de substances individuelles multiples, non seulement esprits, mais même corps, et, en même temps, il avait réduit la substance matérielle à une étendue continue. Cordemoy, préludant à Leibniz, repousse cette étendue continue et déclare que la multiplicité matérielle doit avoir son fondement dans des substances unités, dans des atomes. Descartes avait exalté la causalité divine, mais sans préciser son rapport aux causalités humaine et naturelle, et, surtout, sans bien marquer la transformation que son système faisait subir à ces dernières. Le même Cordemoy ne craint pas de s'arrêter sur une telle question, et il met franchement au jour l'occasionalisme, suivi ou accompagné en cela par de la Forge qui, s'il paraît moins affirmatif, n'en développe pas moins avec luxe tous les arguments. Et ce ne sont pas là, nous le verrons, des apports dans le cartésianisme venus du dehors ; leurs auteurs ont la prétention d'être de bons cartésiens, ils veulent développer la doctrine du maître ou l'améliorer, non la modifier ou la transformer. C'est la transition qu'établissent ces philosophes de second

1. Cf. Fénelon. Lettre IV sur la religion. « Il y a beaucoup d'autres choses sur lesquelles Descartes n'est jamais venu aux dernières précisions; je le dis d'autant plus librement que je suis prévenu d'ailleurs d'une haute estime pour l'esprit de ce philosophe. »

ordre entre Descartes et les grands philosophes qui l'ont continué que nous nous proposons d'étudier.

Nous montrerons d'abord que la physique de Descartes, malgré les apparences, ne s'opposait pas d'une façon absolue à l'atomisme, s'en rapprochait plutôt, et comment sa conception de la nature et de Dieu conduisait à l'occasionalisme.

CHAPITRE PREMIER

THÉORIE DE LA MATIÈRE CHEZ DESCARTES ; SES RAPPORTS AVEC L'ATOMISME

Qu'était-ce que le corps pour Descartes ?[1]. Pour en déterminer la nature, il part, comme sa méthode l'exige, de la représentation vulgaire que nous en avons. Le corps, tel que la perception commune nous le révèle, avant que l'analyse s'y soit appliquée, c'est un objet d'une étendue déterminée, ayant telle figure, comprenant tout un ensemble de qualités, telles que dureté, saveur, odeur, etc. Or, c'est là, malgré les apparences, une représentation confuse, à laquelle, après examen, on ne peut s'arrêter. Prenons un corps quelconque, en effet, un morceau de cire, par exemple. Nous ne pouvons dire ni que son odeur, ni que sa couleur, ni que sa figure lui appartiennent véritablement, fassent partie de sa nature, puisque en approchant ce morceau de cire du feu, toutes ces qualités

---

1. Descartes se pose la question qu'est-ce que le corps ? et non qu'est-ce que la matière ? C'était là une conséquence de sa méthode. Il ne cherche pas comme les anciens, les causes ou conditions du réel, mais les éléments qui le constituent ; par suite, il doit prendre le réel tel qu'il se présente à lui : comme un ensemble de corps ; ce qu'il a à expliquer c'est le corps. (Cf. Pillon, *Année phil.* 1890, p. 71.)

disparaissent ou s'altèrent, et que, cependant, le morceau de cire demeure. Si l'on veut connaître véritablement ce que c'est qu'un corps, ce n'est pas aux sens qu'il faut s'adresser, mais à l'entendement. Si l'entendement ne me donnait pas la notion du corps, d'où viendrait que je puisse concevoir la nature de ce corps sous la succession et la variabilité des qualités qu'il présente ? Si je vois passer des hommes dans la rue, ce ne sont pas leurs chapeaux, leurs manteaux, objets de perceptions sensibles, qui me révèlent que ce sont des hommes ; il y a là un jugement porté à l'occasion de ces perceptions [1]. Il en est de même de la cire : c'est « une inspection de l'esprit qui m'en donne la notion ». « C'est à l'esprit seul qu'il appartient de connaître touchant la nature des choses qui sont hors de nous » (*Principes*, I, 27).

Or, quelles sont les idées claires et distinctes que me donne l'esprit des choses ? C'est, d'abord, leur étendue, puis les différentes déterminations de cette étendue par le nombre et le mouvement : figure, situation (*Méd.* V. 2, 3). On peut dire que « toutes les choses comprises dans l'objet de la géométrie spéculative s'y rencontrent véritablement » (*Méd.* VI, 23). Mais les idées claires et distinctes de l'esprit jouissent de propriétés particulières : c'est que, « bien qu'il soit en ma liberté de les penser ou de ne les penser pas, elles ne sont pas feintes par moi, correspondent à de vraies et immuables natures »(*Méd. V.* 4 cf. *Rép. aux* 5 *obj.*, *passim*). Ce qui le prouve bien, c'est que, d'abord, ne venant ni des sens, ni d'une élaboration des données

---

1. (Cf. *Mép. II*, *Rép. aux 5 obj.*, *passim*).

des sens, elles sont innées à mon esprit, en sont un objet propre. De plus, elles ont une vérité indépendante de lui, puisque de leur considération il en tire certaines propriétés touchant leur nature qui s'imposent à toute intelligence. Or, tout ce qui est vrai est quelque chose. A une vérité nécessaire doit correspondre une nature, une essence immuable et éternelle. (*Ibid.*)

Que toutes les essences soient réalisées, c'est ce que Descartes ne se croit pas le droit d'affirmer. Il est incontestable que rien n'existe qui ne soit vrai, c'est-à-dire, qui ne corresponde à une essence; mais si le vrai est la mesure de l'être, il n'est pas l'être. Les essences des choses imparfaites ne peuvent être leur être par elles-mêmes, elles ne renferment que l'existence possible; seule l'essence de l'être parfait, de Dieu, renferme l'existence nécessaire, car la perfection implique la causalité de soi.

Mais que la véracité divine vienne garantir cette autre source de connaissance : les sens, qui, s'ils ne donnent pas l'essence, la vérité, donnent l'existence[1], et on sera en droit d'affirmer que toutes les essences qui correspondent aux données de l'expérience sont réalisées, et que le monde sensible, dans sa réalité, est tel que le perçoit la raison. « Du connaître à l'être, la conséquence est bonne » (*Rép. aux 4mes obj.* éd. J. Simon, p. 488). L'analyse de la notion d'une essence nous fournira aussi les éléments du réel. Le monde extérieur sera donc tel que la raison se le représente : ce sera un monde où tout est géométrie et mécanique; il se réduira à de l'étendue en mouvement. Pourtant, parmi

---

[1]. *Méditation VI.* Cf. Hannequin : *Etude sur Descartes* dans la *Littérature française* de Petit de Julleville, t. IV, Hachette.

toutes ces propriétés que nous avons reconnu appartenir réellement à l'essence du corps, parce qu'elles sont des données de la raison, des distinctions sont à faire au point de vue de l'existence. A une chose n'appartient véritablement que ce qui ne peut en être séparé. Comme l'étendue en longueur, largeur, profondeur est le seul élément absolument inhérent à la substance corporelle, elle devra en être considérée comme la véritable expression, comme l'attribut qui constitue véritablement son essence (*Principes*, II, 4). La superficie, la figure, même le mouvement, n'en sont que des modes, des accidents (*Principes*, II, 23 ; *Rép. à Morus*), et ce qui le prouve, c'est que l'étendue peut se concevoir sans eux, mais non eux sans l'étendue (*Principes*, I, 61, 65). La réalité extérieure sera donc d'abord étendue, sera faite d'étendue, et c'est en analysant la notion de l'étendue qu'on en connaîtra la nature et les propriétés. L'étendue a pour caractère d'être continue et infinie ; elle est continue, c'est-à-dire, que, quelques parties que l'on suppose en elle, ces parties sont tellement ajustées les unes aux autres, qu'aucun intervalle ne peut être imaginé : car un intervalle ne peut être représenté qu'en fonction de la distance, en fonction de l'étendue, et, par conséquent, suppose de l'étendue. Il suit également : qu'il n'y a pas de vide, car le vide serait un espace sans corps, c'est-à-dire, un attribut sans substance, ce qui est inadmissible : « Le néant ne saurait avoir aucune qualité » (*Principes*, I, 18). Corps, étendue et plein sont trois idées qui s'appellent nécessairement ; il y aurait autant de contradiction à affirmer l'une sans l'autre, qu'à concevoir une montagne sans vallée. Sans doute, dans le langage ordinaire nous disons qu'un lieu est vide ; mais ce n'est là qu'une façon de parler, uous voulons seulement dire que dans ce lieu ne se trouve pas le corps qui y est ordinairement. C'est ainsi qu'un vaisseau est dit vide, lorsque, au lieu des marchandises dont on le remplit ordinairement, on ne met en lui que du sable. De même une cruche est dite vide, lorsqu'elle ne contient que de l'air, au lieu de contenir de l'eau (*Principes*, II, 18). La croyance au vide est due à une erreur des sens. Que dans un espace, il n'y ait rien qui meuve mes organes, fasse impression sur eux, et j'en conclurai que cet espace est vide ; mais c'est là une erreur analogue à toutes ces autres erreurs des sens qui consistent à attribuer aux objets des qualités qui ne peuvent leur appartenir puisqu'elles ne correspondent qu'à des impressions ou à un défaut d'impression sur le sujet percevant. C'est, d'ailleurs, à la raison, et non aux sens, qu'il faut s'adresser, comme nous l'avons dit, quand il s'agit d'avoir une notion vraie de la nature des choses. Or, ce que l'entendement perçoit comme l'essence des corps, c'est une étendue continue qui exclut tout vide ; il ne peut donc y avoir de vide dans le monde.

Une autre propriété de l'étendue, c'est d'être divisible et divisible à l'infini, car, à cause du caractère homogène de l'étendue, toute partie est encore de l'étendue et, par suite, est divisible à son tour. Supposons, d'ailleurs, que la matière renferme des parties en fait indivisibles. Il faut admettre dans cette hypothèse que Dieu, de qui dépend toute existence, toute réalité, a imposé cet arrêt à la divisibilité de l'étendue ; mais cet arrêt, il est capable de le supprimer, puisque sa puissance ne saurait avoir, ni recevoir aucune borne ; en sorte que, par rapport à Dieu lui-même, l'étendue reste divisible à l'infini (*Principes*, II, 20). De ce que nous avons quelque peine à suivre une telle divisibilité, il n'en suit pas qu'elle n'appartienne pas à la matière, elle est au contraire de sa nature.

Donc il n'y a dans le monde ni vide, ni atomes. Tout doit s'y expliquer mécaniquement ; il n'y a rien de plus vain, de plus stérile, que l'explication par les formes ou entités, auxquelles avaient recours les scholastiques ; mais il faut admettre que le monde est plein et que sa substance n'est pas composée d'éléments insécables. La doctrine de Démocrite n'est pas, elle non plus, acceptable.

Cependant, s'il n'y a pas d'atomes, le monde, bien que composé d'une matière homogène, n'en renferme pas moins une multiplicité d'êtres, d'individus. Il y a là, pour Descartes, une vérité incontestable comme celle de l'existence même du monde, qui est même impliquée dans cette dernière. Car, si les sens nous révèlent une réalité étrangère, ils attestent en même temps la multiplicité des corps, puisque les impressions sur les organes sont multiples et différentes, et que, si les sensations tiennent leurs qualités du sujet, leurs variations résultent des objets qui les déterminent. D'ailleurs, c'était par l'affirmation de son existence individuelle que Descartes était sorti de son doute ; le langage, manifestation de pensées différentes, lui semblait une preuve indiscutable de l'existence d'autres individualités pensantes, et, comme ces individualités pensantes, aussi bien que la sienne, lui paraissaient manifestement comprendre chacune l'existence d'un corps respectif, il ne pouvait ne pas poser la présence dans le monde étendu d'une multitude de corps particuliers [1]. Cette multiplicité s'exprime, selon lui, dans notre pensée par le nombre qui, en lui-même, pris abstraitement, est un pur universel et n'existe que parce qu'il y a des choses distinctes qui en forment le contenu et en donnent la raison d'être (*Principes*, I, 60 ; II, 8). Devant de telles individualités la divisibilité de l'étendue s'arrête. Les exigences de l'esprit ne sauraient prévaloir contre les données de l'expérience [2]. Il y a dans le monde une multiplicité de substances qui, si elles n'existent pas en soi, existent du moins par soi. Aussi, bien que dans sa physique, Descartes, d'une façon générale, considère plus la vitesse que la masse, il veut, cependant, que dans l'évaluation d'une quantité de mouvements, à la *mutatio loci* ou vitesse, on ajoute la grandeur des corps. Ce qui prouve que, selon lui, tout n'est pas géométrie pure, que le corps a par soi une valeur qu'on ne doit pas négliger. Il accorde, d'ailleurs, au corps dureté et résistance et il explique la communication du mouvement par le choc, comme l'atomisme ordinaire [3]. Qu'on n'objecte pas la divisibilité à l'infini de la matière : il y a là incontestablement une propriété essentielle de la

---

[1]. Cf. Pillon, *Année philosophique*, 1890, p. 103.

[2]. « J'ajoute que rien ne saurait me satisfaire dans cette science que ce qui comprend cette nécessité logique ou contradictoire comme vous l'appelez, c'est-à-dire, nécessité où conduit notre raisonnement, pourvu que vous en exceptiez ce que l'on ne peut connaître que par la seule expérience comme il n'y a qu'un soleil, qu'une lune. » *Réponse à Morus*, L. LXVIII, t. I.)

[3]. Cf. Laswitz, *Geschichte der Atomismus*, p. 101. M. Hannequin dans son cours inédit sur Descartes à Lyon, 1890, faisait la même remarque.

matière : « Je crois, dit Descartes, que *datur revera progressus in infinitum in divisione partium materiæ* » (Lettre 115, I) ; mais une telle divisibilité n'est qu'en puissance, c'est une possibilité de division ; rien n'exige et ne prouve que cette division soit réalisée, qu'il y ait un nombre infini de parties [1]. Il y a, au contraire, des parties finies dans la nature et dans l'espace, c'est un fait. Si Achille atteint la tortue, c'est que leurs pas sont différents et que leur course, se produisant le long d'une ligne finie, n'est en rien affectée par la divisibilité à l'infini, qui n'est qu'en puissance dans une telle ligne. « La captation est en ce qu'on imagine qu'une partie d'une lieue est une quantité infinie à cause qu'on la divise par son imagination en des parties infinies. » (Lettre 118, I).

Mais poser une telle multiplicité ne pouvait suffire à Descartes. Expliquer, en effet, c'est, d'après la méthode, supprimer la diversité, la complexité, pour découvrir les éléments primitifs qui entrent dans la formation du tout.

---

[1] « Dire du nombre infini qu'il est actuel, c'est dépasser contre tout droit la pensée de Descartes : car on peut bien admettre l'infinité de l'espace sans admettre par là-même celle du nombre, puisqu'on peut refuser d'admettre dans l'espace des parties, et, par conséquent, des parties à l'infini, avant l'opération qui le divise et le nombre qui les compte. Le nombre des *parties comptées* de l'espace n'est donc jamais infini ; et avant la division ultérieure, il n'y a pas d'autres *parties comptables*. Spinoza allait encore plus loin et soutenait que l'étendue considérée comme substance est indivisible (*Éthique*, I, prop. 15, scholie). A la rigueur, si nous ne comptons jamais sans compter quelque chose, le nombre est chose essentiellement nôtre, et si nous avons la puissance de l'accroître indéfiniment, cette puissance en elle-même très remarquable, exclut par le fait même l'existence du nombre infini qui la limiterait. » Hannequin : *La preuve ontologique cartésienne,* dans la *Revue de Métaphysique et de morale*, 1896, p. 447, note.

Il devait donc chercher les éléments, s'efforcer d'indiquer les déterminations originaires de l'étendue, dont les combinaisons mécaniques engendrent l'univers, et sa conception de la nature se rapprochera de l'atomisme. « Supposons, dit-il, que Dieu a divisé au commencement toute la matière dont il a composé ce monde visible en des parties aussi égales entre elles qu'elles ont pu être et dont la grandeur était médiocre » (*Principes*, III, 47). Dans un monde plein le mouvement seul peut limiter et individualiser de telles parties. Ces parties devront être affectées de mouvements propres et ces mouvements seront circulaires : car dans un monde plein ce seul mouvement est également possible. Il vient, par suite, que « parce que la force dont ces parties ont été mues au commencement était assez grande pour les séparer les unes des autres, cette même force, continuant encore en elles par après, a été sans doute assez grande pour émousser tous leurs angles à mesure qu'elles se rencontraient... et de cela seul que tous les angles d'un corps sont ainsi émoussés, il est aisé de concevoir qu'il est rond... » Ces parties « rondes et fort petites à comparaison des corps que nous voyons sur la terre », ne pourront conserver leur mouvement que si, autour d'elles, se trouve un milieu fluide rendant possibles leurs évolutions. Ce milieu va être fourni par ce que Descartes appelle le premier élément. En effet, « les raclures des angles primitifs des parties rondes », abandonnées à elles-mêmes, n'ont pu, en général, à cause de leur irrégularité de formes, résister au frottement qui les avait produites et qui continuait à agir sur elles. Elles se sont alors divisées en une infinité de petites parties, ont constitué une poussière excessivement mobile qui a rempli les intervalles séparant les parties rondes. La ténuité et la mobilité de cette poussière la rendent incapable d'opposer aucune gêne, aucune résistance, et elle établit un vide relatif dans lequel les corpuscules ronds se meuvent avec la même facilité, la même liberté, que les atomes de Démocrite dans leur vide absolu [1]. Bien qu'ils aient « une quantité déterminée » (*Principes*, III, 52), ces corpuscules ronds, de même forme, essentiellement mobiles, ne peuvent expliquer la diversité des êtres corporels; ils formeront des corps fluides, homogènes, tels que le ciel, l'air [2].

C'est pourquoi Descartes a recours à un troisième élément dont l'origine est la même que celle du premier. Il se peut, en effet, que certaines raclures plus résistantes aient échappé à la trituration produite par le frottement primitif, aient conservé en partie leur nature et leurs formes. L'irrégularité originaire de ces formes est cause « qu'elles s'attachent facilement

---

1. « Descartes parle de « petites parties qui se remuent séparément l'une de l'autre d'un mouvement très prompt et très violent, par exemple dans le bois en combustion » (*Monde*, ch. II). Ces expressions remarquables suggèrent les idées d'élasticité et de vide que ce philosophe voulait cependant exclure.» (Renouvier : *3me Essai*, p. 278) cf. également Descartes, *Principes*, IV, n. 80.

2. On le voit, les corpuscules ronds de Descartes, bien que se rapprochant des atomes, n'en jouent pas le rôle. Il faut donc, ainsi que le note Laswitz.(*Geschichte der atomismus*, II, p. 112) faire des réserves à l'assertion suivante de Lange : « Descartes en physique est forcé d'admettre une théorie qui se rapproche beaucoup de l'atomistique. A la place des atomes, il admet des corpuscules ronds qui, en fait, restent aussi invariables que les atomes et ne sont divisibles que par la pensée et en puissance. » (*Histoire du Matérialisme*, trad. française, II, 227.)

les unes aux autres et transfèrent une grande partie de leur agitation à celles qui sont les plus petites et les plus agitées. » (*Principes*, III, 88). Leur rôle, alors, peut être toujours en partie le même que celui du premier élément : combler les intervalles des corpuscules ronds et ainsi, tout en assurant le plein, rendre possible leur mobilité. C'est ce qui explique que dans leurs passages à travers les espaces triangulaires qui séparent les boules du second élément, elles prennent une forme cannelée. Aussi Descartes dit-il : « quoique ces parties cannelées soient fort différentes des plus petites parties du premier élément, il ne laisse pas de les comprendre sous le même nom (III, 98). Mais il arrive que, à cause de l'irrégularité de leurs figures, certaines de ces parties dont nous venons de parler, ne pouvant recevoir un mouvement assez rapide pour suivre le tourbillon, se trouvent rejetées par la force centrifuge « hors de l'astre qu'elles composent » (*Ibid.* III, 94). Alors, s'attachant les unes aux autres, s'agglomérant, elles « nagent » sur la superficie de cet astre, et, perdant la nature et les propriétés du premier élément, elles acquièrent celles d'un troisième. Pareille à l'écume qui apparaît sur les liquides que l'on fait bouillir, cette troisième matière est très instable, elle se fait, se défait ; elle peut même parfois, sous l'action du mouvement et du choc des globules du deuxième élément, reprendre la forme du premier. Mais elle peut aussi acquérir une certaine densité, une certaine persistance, arriver à couvrir toute la superficie de l'astre, et c'est ainsi que naissent ces astres solides ou planètes, tels que la terre que nous habitons, qui est le milieu immédiat dans lequel nous nous trouvons. Mais, il faut bien le remarquer, ce troisième élément, malgré la place qu'il occupe, n'est pas indépendant du second, qui n'est pas non plus indépendant, nous l'avons vu, du premier. Le deuxième élément constitue les cieux et l'air à travers lesquels errent les planètes, et le premier élément, plus indéterminé, moins fixe, plus subtil que les deux autres [1], remplit les intervalles du second, pénètre même le troisième et distribue partout le mouvement et la lumière. En sorte que, dans ce monde plein, où aucune distinction ne semble possible, le mouvement, par l'agitation et le morcellement des parties, crée sinon le vide, du moins des milieux moins résistants qui en tiennent place, qui se prêtent à la circulation, à la distribution et finalement à l'organisation des différentes matières du corps qui se trouvent dans l'univers visible.

Et ainsi Descartes, qui *à priori* condamne le vide, se trouve obligé, quand il s'agit des faits, de l'introduire dans son système. Il est vrai qu'il s'agit d'un vide relatif (*Principes*, II, 17), mais les atomistes ont-ils jamais posé l'existence d'un vide absolu ? Un tel vide est une pure abstraction, ni Démocrite ni Épicure ne l'ont admis [2]. Les éléments des corps dont se sert

---

1. Régis fait remarquer « que Descartes met une différence entre la figure des parties du premier élément qui est proprement la matière subtile, et la figure des parties du second et du troisième élément, lorsqu'il dit dans la troisième partie des *Principes*, nomb. 48, 49 et 50, que celles-ci conservent longtemps leur grosseur et leur figure, et que les autres changent la leur à tout moment. » *Réponses aux Réflexions de Du Hamel sur le système de M. Régis*, p. 181.

2. Démocrite, par exemple, considérait le vide comme quelque chose de réel ; il assimilait le vide au rare. Cf. Pillon, *Année philosophique*, 1891, p. 116. — Mabilleau, *Histoire de la philosophie atomistique*, pp. 201, 202. Cf. également Zeller, *Histoire de la philosophie grecque*.

Descartes semblent, il est vrai, bien différents des atomes, ils n'en ont pas la fixité absolue et ils sont dérivés et non primitifs. Ils ne paraissent même avoir aucune individualité, puisque l'individualité, d'après Descartes, est dans l'unité du mouvement, le support du mouvement restant indifférent (*Principes*, II, 23). Cependant, remarquons-le, les éléments de Descartes ont ceci de commun avec les atomes qu'ils se réduisent à de l'étendue figurée ; ils marquent même un progrès important dans la conception de l'atome en ce sens qu'ils sont conçus d'une façon toute mathématique [1]. Bien plus, malgré les apparences, ils se présentent comme doués d'une individualité, d'une fixité véritables. Ils sont, en effet, les résultats, l'expression réelle dans l'espace des mouvements premiers dont les combinaisons engendrent l'univers. Or, le mouvement, produit de la volonté divine, en manifeste aussi les perfections; il en a la stabilité, la permanence. Cette permanence se traduit, sans doute, dans des lois générales telles que celles de la constance de la quantité de mouvement dans le monde; mais ne doit-elle pas aussi paraître dans les combinaisons nécessaires elles aussi à l'ordre, à la perfection du tout (*Principes*, III, 47), par suite, ne doit-elle pas se trouver dans les supports

---

1. D'après Laswitz (*op. cit.*, p. 114) « Aucun des partisans nouveaux de l'atomistique, ni Bruno, ni Sennert, ni Bacon, ni Basso, n'avaient aussi fortement indiqué que Descartes que le principe du corps doit être conçu avec des éléments purement matériels et mécaniques... Le grand pas que fit Descartes sur l'ancienne atomistique fut d'avoir essayé de déterminer quantitativement les corpuscules matériels... Sans Descartes la mécanique ne serait pas arrivée à une conception du monde comme un ensemble de masses élémentaires en mouvement. »

étendus de ces mouvements premiers : dans les éléments du corps? Descartes le sent si bien que quand, à propos de l'explication physique du monde, il parle de la division à l'infini de l'étendue, il précise nettement qu'il s'agit de quelques parties seulement de l'espace [1]. Ses conceptions, d'ailleurs, nous l'avons vu, n'entraînaient pas une division à l'infini exacte des corps, et plus d'une explication atomique était retenue par lui (cf. plus haut, p. 13).

On le voit, les deux réelles différences [2] que Descartes dans les *Principes* (IV, 202) pose comme le séparant de Démocrite, à savoir : la négation du vide et des atomes, sont toutes relatives. Quand il passe à la représentation des choses, quand il veut donner ce qui est, il se trouve obligé de réintroduire en partie

---

1. « Il faut avouer qu'il y a quelque chose en ce mot que notre esprit conçoit être vrai mais que néanmoins il ne saurait comprendre, à savoir une division de *quelques* parties de la matière jusqu'à l'infini » (*Principes*, II, 34). « Il faut remarquer que je ne parle pas de toute la matière, mais seulement de *quelques-unes* de ses parties... il y en a d'autres plus petites en plus grand nombre qui demeurent indivises (*id*). » Remarquons aussi que cette divisibilité à l'infini de quelques parties est seulement une nécessité consécutive à l'application du mouvement à la matière, n'est pas inhérente à l'essence de cette dernière.

2. Descartes en indique une troisième : la pesanteur « puis aussi à cause qu'il leur attribuait de la pesanteur et moi je nie qu'il y en ait en aucun corps en tant qu'il est considéré seul, parce que c'est une qualité qui dépend du mutuel rapport que plusieurs corps ont les uns aux autres. » Il se trompait. Ce n'est pas Démocrite, c'est Épicure qui donne aux atomes la pesanteur. Démocrite, comme Descartes, fait venir tout mouvement de l'impulsion, il ne se sépare de lui qu'en ce qu'il n'assigne aucun commencement à la série des impulsions, qu'il proclame le mouvement éternel. Cf. Pillon. *Année phil.*, 1891, p. 122 et Laswitz, *op. cit.*, II, 113.

cette discontinuité qu'il avait supprimée¹. C'est une différence d'une autre nature qui éloigne l'un de l'autre les deux philosophes. Pour l'atomisme, l'atome n'a pas seulement le caractère d'un principe explicatif, mais il est aussi un absolu : il existe par soi, ou, du moins, il a reçu une existence par soi. Descartes, qui refusait une telle existence au sujet pensant, pouvait encore moins l'accorder à une portion de l'étendue. Dans l'essence de l'étendue se trouve l'inertie, la divisibilité, tout autant de marques d'imperfection qui ne conviennent pas à l'être véritable. C'est parce que la divisibilité est une imperfection qu'elle n'est pas en Dieu (*Principes*, I, 23) ; c'est parce que l'étendue est une essence imparfaite qu'elle la renferme. Sans doute, Descartes dit que l'étendue est la substance matérielle, mais la détermination de substance qu'il accorde ainsi à l'étendue est bien vague ; elle ajoute seulement la réalité à un attribut, mais cette étendue ne la comprend pas et sa nature n'en est pas modifiée ; elle est toujours et surtout ce dont les corps sont faits, leur étoffe non leur principe d'existence². L'appel de l'étendue à

---

1. On peut rappeler avec Lange que Descartes, tout en se distinguant de Gassendi, le considérait comme une autorité dans les sciences de la nature (Lange, *op. cit.*, I, 486. *Lettres de Descartes*, éd. Cousin, 72, 83, 97, 121). Remarquons de plus que dans les *Objections* de Gassendi, comme dans les *Réponses* de Descartes, la question de la nature des corps n'est pas introduite, ce qui semble indiquer que dans leurs pensées il n'y avait pas entre eux, sur cette question, opposition absolue. Enfin on peut noter avec Hoffding : *Histoire de la philosophie moderne*, trad. française, p. 236, que Descartes cite lui-même au nombre de ses devanciers, Sébastien Basso qui venait d'essayer de réformer l'atomisme.

2. « Il ne sort de rien de dire que les accidents réels ne peuvent pas naturellement être séparés de leurs sujets, mais seulement par la

l'existence est un acte divin ; toutes ses déterminations successives sont des actes divins, que Dieu n'aliène jamais de lui. « Il est beaucoup plus certain qu'aucune chose ne peut exister sans le concours de Dieu, dit Descartes, qu'il n'est certain qu'aucune lumière ne peut exister sans le soleil... Dieu ne ferait pas paraître que sa puissance est immense s'il créait des choses telles que par après elles puissent exister sans lui. » (Lettre 16, II.)

Comment, dès lors, concevoir comme principe ce dont l'essence est imparfaite, ce qui n'est rien que par Dieu [1]. La présence de Dieu dans la nature, si elle est un garant de la science, pose ainsi des limites à notre connaissance. Connaître la fin des choses nous dépasse : ce serait vouloir pénétrer, nous, esprits finis, les desseins d'un esprit infini. Marquer un arrêt à la division possible de la matière nous est également interdit : ce serait vouloir mesurer la puissance divine qui est sans bornes. Inversement, dire que cet arrêt n'existe pas serait aussi présomptueux de notre part : « il peut exister au monde des bornes qui sont connues de Dieu, bien qu'elles me soient incompréhensibles » (Lettre 36, I cf. Lettre 67, I). Descartes ne peu-

---

toute puissance de Dieu ; car être fait naturellement n'est rien autre chose qu'être fait par la puissance ordinaire de Dieu, laquelle ne mettant rien de nouveau dans les choses, n'en change point aussi la nature, de sorte que si tout ce qui peut être naturellement sans sujet est une substance, tout ce qui peut aussi être sans sujet par la puissance de Dieu tout extraordinaire qu'elle puisse être doit aussi être appelé du nom de substance. » (*Rép. aux 6mes obj.*, parag. VII.)

[1]. « Il n'y a personne qui croie que les atomes soient d'eux-mêmes qui puisse passer en cela pour très subtil philosophe, pour ce qu'il est manifeste par la lumière naturelle qu'il ne saurait y avoir qu'un seul être souverain, indépendant de tout autre. » (L. 16, II.)

vait donc bien, que sa représentation du monde rappelle l'atomisme, se dire atomiste. « Quoi de plus absurde et de plus inconsidéré que de vouloir porter un jugement sur des choses auxquelles, de notre propre aveu, nos perceptions ne sauraient atteindre. » (Lettre 67,I.) L'atomisme pour lui ne pouvait être qu'une figuration des choses [1], il l'admettait, malgré les apparences, comme nous l'avons vu [2]. Pour le faire entrer dans son système, il suffira qu'un cartésien, moins conscient du caractère borné de l'intelligence humaine, prétende, au nom de la lumière naturelle, fixer les conditions d'existence et de nature du réel, et c'est ce que fera Géraud de Cordemoy. Il se trouvera, en même temps, que l'affirmation de cet atomisme coïncidera avec le développement d'une théorie connexe qui se trouvait également en germe dans Descartes. Une nouvelle conception de l'être ne pouvait aller sans une nouvelle conception des relations des êtres entre eux.

1. Laswitz, *op. cit.*, II, p. 113.
2. Cf. Père Daniel, *Voyage du monde de Descartes*, p. 208. Plus d'un des critiques de Descartes le mettait au nombre des atomistes, cf. Le Père Rapin : *Lettre d'un philosophe à un cartésien de ses amis* et *Réflexions sur la physique*, Œuvres, II, p. 423. Du Hamel, *Réflexions sur le système cartésien de M. Régis*. Huet, d'après Bayle dans son *Dictionnaire* art. Leucippe ; J.-B. de la Grange dans ses *Principes de la philosophie contre les nouveaux philosophes*, p. 54, etc. Lange s'est même demandé si « la théorie métaphysique qui remplit absolument l'espace n'est pas, dans la pensée de Descartes, un simple expédient pour ne pas trop s'écarter de l'opinion orthodoxe, et pour jouir de tous les avantages que présente l'atomisme à quiconque veut exposer d'une façon plausible les phénomènes de la nature. (*Histoire de la philosophie moderne*, trad. française, t. I, p. 224). Rappelons pour mémoire, qu'en 1624, l'atomisme avait été condamné par la Faculté de théologie de Paris et ses partisans avoués expulsés de la ville.

CHAPITRE II

LES CAUSES OCCASIONNELLES CHEZ DESCARTES

Réduisant le corps à de l'étendue, ainsi que nous l'avons vu, Descartes ne pouvait admettre en lui la présence d'aucune force, d'aucun principe de mouvement. Le mouvement, nécessaire pour expliquer la diversité des êtres, n'est plus qu'un mode qui s'ajoute du dehors au corps sans faire partie de son essence. (*Principes*, 11, 25, 27, Lettre 11, 72.) C'est une simple propriété du mobile ; de force, dans la matière, il n'y en a pas. « Action et passion ne sont toujours qu'une seule et même chose, à qui on a donné deux noms différents, selon qu'elle peut être rapportée tantôt au terme d'où part l'action, tantôt à celui où elle se termine, ou en qui elle est reçue. » (Lettre 16, II.) L'étude de la production des phénomènes naturels se réduit donc à une étude toute mécanique de la distribution du mouvement. Rendre compte de l'apparition d'un phénomène, ce n'est plus chercher le principe inconnu qui le produit, c'est trouver les mouvements élémentaires d'où les mouvements qui le forment dérivent. Mais, si Descartes pouvait dans la pratique et avec raison s'en tenir à ce point de vue « phoronomique », comme dans sa pensée et surtout dans celle de ses contemporains, les deux points de vue scientifique et métaphysique n'étaient pas séparés, comme il prétendait atteindre l'être, il se trouvait obligé non seulement de préciser la nature du support du mouvement, mais encore d'en tenir compte, de considérer le mobile; et, alors, la question négligée de la production du mouvement, de son passage d'un corps dans un autre se présentait à lui. S'il n'y a point d'énergie productrice dans la nature, si tout corps est inerte, comment expliquer que ce mode, que cette propriété qu'est le mouvement, puisse passer d'un corps dans un autre ? Se peut-il, comme le demandait Morus, que quelque chose qui ne peut pas être hors du sujet, tels que le sont tous les modes, passe pourtant dans un autre sujet ? Descartes répond à Morus que sa remarque est juste « que le mouvement en tant qu'il est mode du corps ne peut passer d'un corps dans un autre et qu'il ne l'a pas dit aussi. » (Lettre, I, 72.)

Il rencontrait la même question quand il s'agissait du rapport des esprits et des corps, et avec des difficultés nouvelles. Si le corps est inerte, l'esprit, au contraire, est activité, volonté. C'est comme volonté, en même temps que comme intelligence, que l'esprit se manifeste à lui-même. Dans le doute paraît déjà un pouvoir de direction des idées, dont la liberté semble être l'essence, et qui, enfin, semble dépasser les idées elles-mêmes et se traduit au dehors par des actions, par des mouvements. C'est cette activité de notre âme qu'exprime la notion de force que nous prodiguons ensuite à tous les êtres. « La notion de force, dit Descartes, nous a été donnée pour concevoir la façon dont l'âme meut le corps. » (Lettre 29, I.) Quand nous attribuons de la résistance aux objets, nous ne faisons que transporter en eux une puissance efficace que nous trouvons en nous, mais qu'en réalité ils n'ont pas. (Lettre 72,I.) Que cette activité puisse s'appliquer à des idées, c'est l'évidence même, puisque c'est ainsi qu'elle se révèle ; mais qu'elle puisse être productrice de mouvement, la chose, pour être un fait, n'en présente pas moins dans le système de Descartes des difficultés qu'il voit très bien, et que ses adversaires ne négligent pas de mettre en lumière. Quand, avec les scholastiques, on supposait l'existence d'une vertu impresse, qui se dégageait en quelque sorte de l'agent pour se transporter dans le sujet qui recevait l'action et le mouvoir, on donnait une explication obscure en elle-même, sans doute, mais qui s'accordait avec l'expérience vulgaire, ou, du moins, ne la contredisait pas. Mais c'était une de ces vertus occultes, une de ces entités, qui ne pouvaient plus garder aucune place, ni jouer aucun rôle dans une philosophie où tout devait être ramené à quelques éléments clairs et distincts [1]. Or, ces éléments clairs et distincts, se réduisaient dans les rapports de l'âme et des corps à deux essences irréductibles, unies, sans doute, dans un « tout substantiel », l'homme, mais n'en conservant pas moins toute leur opposition de nature. Aucune action réciproque de l'un sur l'autre ne pouvait donc être admise, une telle action exigeant toujours entre les termes une communauté de nature. Inutile de supposer avec Morus (Lettre 79, I) et la princesse Élisabeth (Lettre 30, I), l'existence dans l'esprit d'une étendue virtuelle qui

---

1. Cf. L. 89,I. (*Réponse à la 4ᵉ thèse et Rép. à la 5ᵉ thèse*).

le rapprocherait de l'étendue matérielle : il n'y a pas deux concepts de l'étendue ; le vrai concept de l'étendue ne peut s'appliquer qu'au corps dont il exprime l'essence. Dire qu'il y a de l'étendue dans l'âme ce n'est que répéter qu'elle est unie à un corps, ce n'est pas résoudre le problème. L'embarras dans lequel on se trouve vient, d'après Descartes (Lettres 30, 39,I. cf. *Rép. aux* 6mes *obj.*, n° 11), de ce que l'on est, quand il s'agit des rapports de l'âme et du corps, en présence d'une « notion primitive » ou « nature » et qui doit être considérée comme telle.

En effet, il n'y a rien d'accidentel, suivant lui, dans l'union de l'âme et du corps : elle forme un « tout substantiel [1] » qui comprend deux parties différentes,

---

1. M. Hamelin dans une forte étude sur l'union de l'âme et du corps chez Descartes (*Année philosophique*, 1904, p. 39), montre que la conception de l'union de l'âme et du corps de ce philosophe se rapproche de la conception scholastique, la reproduit même. Pour lui, comme pour les scholastiques, ce serait la même conception réaliste de deux substances distinctes, mais incomplètes, qui, en se réunissant, formeraient un « tout substantiel », ayant sa vie propre : Cette rencontre de Descartes avec ses adversaires n'a rien de surprenant. Les scholastiques avec leur méthode d'expliquer les choses verbalement, de supposer partout des entités qui ne sont que « des doublures inutiles » des choses, se bornaient à poser l'existence de certains faits, à les réaliser dans une abstraction, sans chercher à les réduire. Or, Descartes croyant, quand il se trouve en présence de l'union de l'âme et du corps, rencontrer « une notion primitive, une nature », se trouvait conduit à une explication identique, il ne pouvait, comme il le dit, que constater et montrer que sa conception n'avait rien de particulièrement choquant, puisque d'autres unions, telles que celle de la pesanteur et du corps, qui offraient les mêmes difficultés apparentes, étaient admises sans objection. Toutefois on peut faire remarquer que l'originalité de Descartes reparaît dès qu'il s'agit d'expliquer les relations des deux substances. En fait, il admet ces relations, mais, par sa critique de la causalité efficiente, il montre qu'il n'y en a

sans doute, mais qui n'en constituent pas moins un être véritablement un. (*Méd.* VI; cf. *Rép. aux* 4mes *obj.*: rép. à la 1re partie.) Ni l'étude de la pensée, ni l'étude de l'étendue ne pourront donc nous instruire sur cet être nouveau : l'une nous fera connaître l'âme, l'autre le corps, mais la synthèse de l'âme et du corps, l'homme, leur échappera. Puisque ce sont les sens qui nous donnent cette réalité, c'est à eux qu'il faut s'adresser pour avoir quelque lumière et non à l'imagination et à la raison. (Lettres 29, 30, I., 6, II : *Principes*, I, 48, 2, II. *Réponses aux instances de Gassendi.*) C'est en vivant qu'on parviendra seulement à se représenter la vie et à en pénétrer les manifestations. Aussi ceux qui ne philosophent jamais et qui ne se servent que de leurs sens ne trouvent « point d'obscurité en la notion de l'union de l'âme et du corps », et ils ne doutent point que l'âme ne meuve le corps et que le corps agisse sur l'âme, car ils « éprouvent » et cette union et les faits qui s'y rapportent. (*Id.*) Il se trouve aussi que

qu'une explication possible : celle par les causes occasionnelles, et cette explication était nouvelle. M. Hamelin doute, il est vrai, qu'en fait, sinon logiquement, cette théorie fût chez Descartes; il en donne pour raison « qu'il envisage en somme une série unique d'événements, et non pas comme Malebranche, deux séries incommunicables que Dieu accorde du dehors. » Nous nous permettrons de faire remarquer qu'occasionalisme n'est pas déterminisme que, bien que non efficace, la cause occasionnelle joue un rôle dans la succession des phénomènes, et, comme il y a rapport de dépendance réciproque entre le physique et le moral, les phénomènes qui s'y rapportent se trouvent modifier entre eux, leur ordre de production (cf. plus loin p. 110.) On peut noter que les défenseurs de Descartes au xviie siècle, notamment le père André, défendaient son orthodoxie dans l'explication de l'union de l'âme et du corps en rapportant les expressions mêmes qu'il avait employées. Cf. Le père André : *Documents inédits* par Charma et Manoel, p. 224, note 23.

ces derniers sont sur ce point supérieurs aux philosophes [1], ils ne confondent pas comme eux les notions, ils sont fidèles à la méthode qui veut que pour chaque nature primitive soit employée l'intuition qui lui convient.

Les sens nous révèlent une action réciproque de l'âme sur le corps et du corps sur l'âme, il faudra donc l'accepter : mais de cette action, ils ne nous font saisir qu'une corrélation, qu'une dépendance de pensées et de mouvements, nous devrons donc nous en contenter et ne rien chercher autre. Inutile de faire intervenir le raisonnement : « Il faut bien comprendre que cela est l'une des choses qui sont connues par elles-mêmes et que nous obscurcissons toutes les fois que nous voulons les expliquer par d'autres. » (Lettres 21, 6.) Une fois le mécanisme de notre organisme connu, une fois nos différentes pensées analysées, on pourra prendre toutes les manifestations que nous donne l'expérience de l'union en nous de l'âme et du corps, essayer de fixer la place qu'occupe en elle chacune des deux substances, montrer quand et comment l'esprit subit les exigences du corps, quand et comment l'esprit commande aux corps. (*Traité des passions*, *Traité de l'homme*.) Il y a même là une étude que Descartes se propose d'aborder d'une façon spéciale [2]. Seulement,

---

1. « La question comment l'âme meut le corps n'est pas nécessaire pour les choses que j'ai écrites et les plus ignorants en peuvent faire plus en un quart d'heure que tous les savants n'en sauraient résoudre en leur vie. » (*Réponse aux instances de Gassendi*, V^e obj.)

2. « Les hommes sont composés comme nous d'une âme et d'un corps ; et il faut que je vous décrive : 1° le corps à part, puis après l'âme à part, et enfin que je vous montre comment ces deux natures doivent être jointes et unies pour composer des hommes qui nous ressemblent (*Traité de l'homme*, p. 1). Dans ce traité, Descartes ne

remarquons-le encore, nous ne pourrons jamais, dans cette étude, sortir de l'expérience, nous devrons nous en tenir aux faits. Ce n'est qu'une correspondance de pensées et de mouvements que l'on décrira, leur lien profond nous échappera. Tout ce que nous pourrons dire : c'est que l'un se produit « à l'occasion » de l'autre, et c'est l'expression que Descartes emploie [1].

Cette causalité qu'il ne voit pas dans les êtres créés, Descartes va la découvrir tout entière en Dieu. Remarquons-le, en effet, s'il nie la causalité efficiente, il ne nie pas toute causalité, il fait même de la causalité une de ces notions communes dont l'esprit ne peut se passer. « Il n'y a aucune chose existante, dit-il, de laquelle on peut demander quelle est la cause pourquoi elle existe. » *Rép. aux 2ᵉ obj. Axiomes ou notions communes*, éd. Simon, p. 187). Mais c'est de la causalité formelle qu'il fait usage, sa méthode ne lui indiquait l'emploi d'aucune autre. Toute explication, en effet, pour lui, est une réduction, consiste à ramener le donné aux éléments clairs et distincts qu'il renferme, consiste, en d'autres termes, à trouver dans son essence la raison de tous les caractères qu'il offre. L'existence étant une qualité ne saurait faire excep-

---

s'occupe que du corps. De même, quand il termine l'analyse de son *Traité du monde*, il annonce une dernière partie qui devait être consacrée à la question de l'union de l'âme et du corps et qui ne se trouve dans aucune édition de ce Traité. Il indique dans son *Traité de l'homme* qu'il repousse une telle étude à plus tard « à cause de la quantité d'expériences nécessaires. » Cependant il jugeait qu'il y avait là une question qu'il ne devait pas négliger, qui s'imposait à lui. La question de l'âme et du corps, écrit-il à la princesse Élisabeth, me semble être celle qu'on me peut demander avec le plus de raison, ensuite des écrits que j'ai publiés. » Cf. *Principes*, IV, 188.

1. Cf. note 1, p. 34.

tion ¹. C'est dans l'essence de la chose, dans sa cause formelle qu'on devra chercher la raison de son existence. La causalité efficiente proprement dite ne peut être employée, puisqu'elle rend compte d'une chose par autre chose que cette chose, puisqu'elle renferme cette contradiction « qu'une chose soit différente de soi-même ou bien qu'elle soit ensemble la même chose et non la même » (*Rép. aux 4° obj. De Dieu*, édition Simon, p. 25). Si on garde le terme cause efficiente, ce ne peut être qu'en le prenant toujours comme synonyme de cause formelle. D'ailleurs, c'est à tort que par la causalité efficiente on croit pouvoir atteindre une raison dernière, un principe premier, s'élever à Dieu ; il n'est rien qui oblige l'esprit de s'arrêter dans la régression à l'infini de la détermination ainsi comprise des faits les uns par les autres ². Avec la cause formelle, au contraire, plus de contradiction puisque l'effet n'y est pas différent de sa cause étant compris en elle, plus de régression à l'infini, puisqu'il s'agit seulement de rencontrer une essence qui renferme en soi non l'existence possible, mais l'existence nécessaire (Rép. à Arnauld, *de Dieu, passim*) ³.

1. « La cause efficiente d'une chose ne doit pas être cherchée différente de cette chose. » (*Rép. aux 4ᵐᵉˢ obj.*, n° V.)

2. « Je n'ai point tiré mon argument de ce que je voyais que dans les choses sensibles il y avait une certaine suite de causes efficientes... De ce que je ne puis comprendre cela (régression à l'infini des causes), il ne s'ensuit pas qu'il y en doive avoir une première..., il s'ensuit seulement que mon entendement, qui est fini, ne peut comprendre l'infini. » (*Rép. aux 1ʳᵉˢ obj*, IV, éd. J. Simon, p. 142.)

3. On comprend ainsi la nécessité des deux premières preuves de Descartes qui tendent d'abord à établir que l'idée de Dieu est bien une essence. Cf. Hannequin, *Revue mét*, 1896 : La Preuve ontologique cartésienne.

Descartes pouvait donc, on le voit, à la fois nier toute causalité entre les êtres et se servir de la causalité pour s'élever à Dieu [1]. Il ne comprend pas qu'on puisse lui adresser des critiques à ce sujet, la causalité formelle étant seule conforme à la lumière naturelle. Or, il arrive que l'application d'une telle causalité le conduit précisément à l'affirmation de Dieu comme cause toute puissante et universelle et, bien plus, comme cause immédiate de tout ce qui existe. Dire, en effet, que la raison d'être de Dieu est dans son essence, c'est dire qu'il est cause de soi, non comme le soutient Arnauld, à la suite des scholastiques, dans ce sens négatif qu'il n'est causé par aucun autre, mais dans ce sens positif qu'il est la cause de lui-même qu'il existe par soi [2]. Cause de soi en vertu de sa perfection Dieu en vertu de cette même perfection est également la cause de

---

1. Comment est-ce que ceux qui ne connaissent pas encore Dieu rechercheraient la cause efficiente des autres choses pour arriver par ce moyen à la connaissance de Dieu, s'ils ne pensaient qu'on peut rechercher la cause efficiente de quelque chose ? Et comment enfin s'arrêteraient-ils à Dieu comme la cause première et mettraient-ils en lui la fin de leur recherche, s'ils pensaient que la cause efficiente de chaque chose dût être cherchée différente de cette chose. (*Rép. aux 4mes obj.*, éd. J. Simon, p. 254.)

2. « La signification négative du mot par soi ne procède que de la seule imperfection de l'esprit humain et n'a aucun fondement dans les choses, mais il y en a une autre positive tirée de la vérité des choses et sur laquelle seule mon argument est appuyé » (*Rép. aux 1res obj.*). « Il faut donner de ces paroles : Dieu est la cause de soi-même, l'explication suivante : être la cause de soi-même, c'est-à-dire être par soi et n'avoir point d'autre cause de soi-même que sa propre essence que l'on en peut dire la cause formelle. » (Lettre 117, t. II.) M. Pillon fait remarquer que jusqu'à Descartes, l'existence par soi ou *aséité* avait toujours été prise dans un sens négatif. (Pillon, *Année philosophique*, 1901, p. 116.) C'est le sens adopté par Arnauld.

tout [1]. Tout doit dépendre immédiatement de lui, sinon l'effet serait distinct de sa cause, et on retomberait dans la contradiction de la cause efficiente proprement dite. Spinoza tirera des mêmes principes que Dieu est la cause immanente de l'univers. Descartes ne va pas et ne veut pas aller aussi loin : il proclame l'irréductibilité du fini et de l'infini. Il répond aux instances de Morus « que si Dieu est partout à raison de sa puissance, à raison de son essence il n'a absolument aucune relation au lieu. » (L. 69, t. I.) Il déclare que la succession, c'est-à-dire le temps, n'existe pas en Dieu. Il craint qu'en exprimant trop son opinion que la force chez les êtres créés n'est « qu'un mode », on ne soit amené à croire qu'il fait « de Dieu l'âme du monde », ce qu'il repousse de toute l'énergie de son être ; il fuit le panthéisme [2]. Mais il n'en maintient pas moins, bien qu'il avoue que la conception en est difficile pour un esprit imparfait tel que l'esprit humain, que rien n'est que par Dieu, que tout dépend de lui par « une influence positive ». La séparation de la créature et de son créateur, même pendant un instant, n'est pas pos-

---

1. « Quand on considère attentivement l'immensité de Dieu on voit manifestement qu'il est impossible qu'il n'y ait rien qui ne dépende de lui, non seulement de tout ce qui subsiste, mais encore qu'il n'y a ni ordre, ni loi, ni raison de bonté et de vérité qui n'en dépende… rien ne peut exister en quelque genre d'être que ce soit qui ne dépende de Dieu, (*Rép. aux* 6mes *obj*. IX, éd. Simon, p. 407, cf. plus haut, p. 22.)

2. « La force mouvante dans la substance créée est son mode, mais elle n'est pas un mode en Dieu; ce qui étant un peu au-dessus de la partie du commun des esprits, je n'ai pas voulu traiter cette question dans mes écrits, pour ne pas sembler favoriser le sentiment de ceux qui considèrent Dieu comme l'âme du monde unie à la matière. » L. 72, t. I cf. Lettre 89, t. I. *Rép. à la* 4me *et à la* 5me *thèse*.)

sible : « la cause ne peut précéder dans le temps son effet. » Quand la cause cesse l'effet cesse aussi, *cessante causá cessat effectus.* (Cf. *Rép. aux 4mes obj.*, de Dieu, *passim.*) La discontinuité du temps, d'ailleurs, confirme que la conservation des êtres ne peut être qu'une création continuée. (Cf. *Rép. aux 5mes obj.*, XXI, éd. Simon, p. 363.) Rien n'est et n'apparaît que par l action divine. La production d'un mouvement, sa correspondance avec un autre mouvement ou avec une pensée, sont l'œuvre directe de Dieu. La naissance même d'une idée dans l'esprit de l'homme demande son intervention. « La seule philosophie suffit pour connaître qu'il ne saurait entrer la moindre pensée dans l'esprit d'un homme que Dieu ne veuille et n'ait voulu de toute éternité qu'elle y entrât... Et la distinction de l'école entre les causes universelles et particulières n'a point ici de lieu... Dieu est tellement la cause universelle de tout qu'il en est en même façon la cause totale et ainsi rien ne peut arriver sans sa volonté. (Lettre 8, I.)

Notre liberté, que « nous apercevons intérieurement et savons par expérience être en nous » (*Pr.* I, 39), est, il est vrai, incontestable; mais cette indépendance qu'elle nous donne est toute particulière et n'est pas « incompatible avec une dépendance qui est d'une autre nature et selon laquelle toutes choses sont sujettes à Dieu. » (*Id.*) Elle est, en effet, un don de Dieu, son inclination vers le bien vient de Dieu, bien plus, elle n'entre en acte qu'avec le concours de Dieu. Ce qu'elle peut « c'est donner son consentement ou ne pas le donner quand bon lui semble » (L. 10, I), et encore c'est Dieu qui lui en présente les occasions [1].

1. Avant qu'il nous ait envoyés en ce monde Dieu a su exactement

Ce n'est donc qu'une causalité bien limitée que Descartes laisse aux êtres créés ; mais, du moment qu'ils existent en soi sinon par soi, il fallait bien leur attribuer un rôle et ce rôle est celui de cause occasionnelle. Dieu fait tout, mais en agissant il a égard à son œuvre, il en tient compte. Soit prudence métaphysique, soit qu'il croie faire un usage plus utile pratiquement de son intelligence, Descartes, nous l'avons déjà dit, se borne sur ce sujet à des indications. Certains de ses disciples ne se tiendront pas sur la même réserve, et, plus hardis, ne craindront pas de s'aventurer en poursuivant les pensées du maître. D'ailleurs la question de la grâce mise à l'ordre du jour par le Jansénisme ne pouvait que fixer l'attention sur le problème des rapports de Dieu et des créatures, qui, de plus, au point de vue philosophique, avait été, et continuait à être l'objet des réflexions des philosophes religieux[1].

quelles seraient toutes les inclinations de notre volonté. C'est lui-même qui les a mises en nous. C'est lui qui a disposé toutes les autres choses qui sont hors de nous pour faire que tels ou tels objets se présentassent à nos sens en tel ou tel temps à l'occasion desquels il a su que notre libre arbitre se déterminerait. » (L. 10. I.) Cf. Dioptrique, Disc. IV fin. *Traité de l'homme*, premiers paragraphes. Lettre à Arnauld, 1648.

1. Cf. Le P. Maignan : *Cursus Philosophicus concinnatus ex notissimis cuique Principiis* Tolosæ, 1653, chap. XII, Prop. X saq.

CHAPITRE III

**GÉRAUD DE CORDEMOY, SA VIE, SON ATOMISME,
ORIGINALITÉ DE CET ATOMISME**

Dès 1666, Géraud de Cordemoy introduisait l'atomisme dans la physique de Descartes et formulait nettement l'occasionalisme.

Nous avons peu de renseignements sur sa vie. Il était né à Paris, le 6 décembre 1626. Son père Géraud (ou Gérard) de Cordemoy, d'une famille noble et originaire de Royat en Auvergne ([1]), avait été attaché à l'Université de Paris, en qualité de précepteur et professeur de langues humaines, puis remplit les fonctions de contrôleur des décimes à Langres. Sa mère s'appelait Nicole Bucé [2]. Il eut pour femme : Marie de Chézelles qui lui survécut et fit donner une nouvelle édition de ses ouvrages philosophiques [3]. Il s'attacha d'abord au barreau et exerça la profession d'avocat avec succès, mais sans goût. Il se sentait porté naturellement vers la philosophie, et il s'attacha à celle de Descartes qui ne pouvait que satisfaire son esprit sub-

---

1. Ambroise Tardieu : *Histoire illustrée du bourg de Royat*.
2. D'Hozier *Dossier bleu* 210, cote 5357. Biblioth. nationale.
3. Cf. Extrait du *privilège du Roi* dans l'édition de 1689. Il y en eut une 4ᵉ édition en 1704.

til et ami des idées claires et distinctes [1]. Il y consacra tous les loisirs et « vacations » que lui laissait sa charge [2]. Il fréquenta les réunions cartésiennes et fut bientôt assez fort, nous dit Huet [3], pour pouvoir l'enseigner et la développer lui-même aux autres. D'après Le Gallois [4], il était l'un des conférenciers de l'Académie de l'abbé Bourdelot, dont les principaux habitués furent Mersenne, Gassendi. Montmor, Pascal Rohault, les pères Talon, Bartet, Pardies, etc. Baillet le cite parmi les cartésiens fidèles et dévoués qui assistaient aux funérailles de Descartes [5]. Esprit méditatif et concentré, il s'appliquait surtout à approfondir et à consolider les idées du maître. Il publia, en 1666, en un petit volume in-12, six Dissertations *sur le Discernement du corps et de l'âme*, que suivirent bientôt une autre Dissertation *sur la parole* et une lettre au P. Cossart *sur la conformité du système de M. Descartes avec la Bible* [6]. Bossuet qui, ainsi que l'indique Huet [7], était favorable aux cartésiens et aimait à s'en

---

1. Cf. Nicéron et d'Olivet : *Histoire de l'Académie française*.
2. Cf. ses deux préfaces.
3. Huet. *Commentarius de rebus ad eum pertinentibus*, p. 295, cf. plus loin note 1, p. 49, citation de du Hamel.
4. Le Gallois. Conversations de l'académie de M. l'abbé de Beurdelot, Paris, 1672 in-12, préface. Il écrit dans sa lettre au P. Cossart p. 193 : « Je vous diroi que je pense connoître une partie des meilleurs esprits qui sont le plus attachés aux sentiments de M. Descartes. »
5. Baillet : *Vie de Descartes*, II, 436.
6. On a aussi de lui : divers *Traités de métaphysique, d'histoire et de politique*. 1 vol. in-12, publiés après sa mort, en 1691.
7. « Hinc venit in notitiam Bossueti, qui et ipse favebat his partibus coetusque Cartesianorum cogebat apud se statis diebus. (Huet, *loc. citat.*)

entourer, le remarqua, et, en 1667, le fit nommer lecteur du Dauphin. Il semble avoir, à partir de ce moment, attaché sa fortune à celle de son protecteur. Il faisait partie de la petite cour qui s'était constituée autour de ce dernier, au milieu même de la cour de Louis XIV ; il était un de ces privilégiés qui conversaient avec le grand évêque dans les promenades « de l'allée des philosophes », et il assistait avec lui aux expériences de physiologie que du Verney donnait au Dauphin [1]. Cependant, de même que Descartes, il ne croyait pas que la méditation philosophique dût absorber la vie d'un homme [2], et, aussitôt attaché au Dauphin, sur l'indication de Bossuet, il entreprit d'écrire la vie de Charlemagne. « Comme il apportait un esprit cartésien à ses lectures, lit-on dans Nicéron, et qu'il ne voulait rien dire que sur de bonnes raisons, il n'alla pas si loin dans ses recherches historiques sans être frappé des contradictions, des bévues et des fables dont les auteurs qui ont parlé de Charlemagne sont remplis. Cela l'engagea à remonter plus haut et à examiner les règnes précédents en remontant jusqu'à l'origine de la monarchie, et il se vit insensiblement obligé de travailler à l'histoire des deux premières races de nos rois qu'il trouva si remplies de difficultés qu'elle n'a pu paraître

---

1. Cf. *Vie de Bossuet*, par le cardinal de Bausset, dans son édition des Œuvres de Bossuet, XXX, pp. 129, 133, 149, 186 ; Fontenelle : *Éloge de du Verney*.

2. « J'avoue pourtant que la philosophie ne doit pas occuper toute notre vie et qu'après y avoir passé quelques années avec attache, il est bon de n'y penser plus que dans les heures où il est permis de se divertir... il faut bien se garder de préférer ce divertissement au service que l'on peut rendre à son païs, ou à sa famille dans des emplois considérables, ou dans une profession particulière. » (1re Préface.)

qu'après sa mort [1]. » Il y avait consacré dix-huit ans. Il avait été reçu de l'Académie française en 1675. Il mourut le 8 octobre 1684. Des lettres de Bossuet, de l'abbé Fleury et du prince de Condé au sujet de sa maladie et de sa mort témoignent de l'amitié et de l'estime qu'avaient ces grands personnages pour le modeste lecteur du Dauphin [2].

Comme philosophe il fut très apprécié de ses contemporains. Du Hamel le cite comme un homme d'un esprit pénétrant, aussi distingué orateur que bon philosophe [3]. Robert Desgabets le qualifie d'illustre [4]. Fontenelle le désigne comme « un habile philosophe [5]. » Malebranche le note avec éloges dans sa *Recherche de la vérité*. Bayle déclare que « ses dis-

---

1. Il commençait à faire imprimer le premier volume quand il mourut. *Journal de Dangeau*, I, p. 60. Le second volume fut publié par les soins de son fils en 1689.

2. *Œuvres de Bossuet* éd. Bausset. « Je recommande à vos prières trois de mes principaux amis de ceux qui m'étaient le plus étroitement unis depuis plusieurs années, que Dieu m'a ôtés en quinze jours par des accidents divers, (l'abbé Saint-Luc, de Vares et Cordemoy). Ce coup est sensible et je perds un grand secours.»(L. de Bossuet à l'abbé de Rancé, XXVI, p. 156.) « Je viens d'apprendre par M. Sauveur que M. de Cordemoi était fort malade, et qu'il y avait bien du péril en son mal. J'en suis dans la plus grande peine du monde ayant pour lui beaucoup d'estime et d'amitié. J'écris à M. de Bossuet de m'en mander les nouvelles. » (Lettre de Condé à Bossuet, XXX, p. 334.) « Eh bien, monseigneur il a plu à Dieu de frapper encore ce terrible coup et de nous ôter M. de Cordemoy. Il me semble que je ne vois plus que des morts.... Quatre amis de cette force perdus en deux mois ! »(Lettre de l'abbé Fleury à Bossuet *ibid.*)

3. Du Hamel, *de consensu veteris et novæ philosophiæ*, 1658, in-12, p. 77.

4. *Critique de la Critique de la Recherche de la vérité*, p. 210, cf. plus loin, p. 156, sq.

5. *Éloge de Sauveur*.

cours avaient extrêmement plu [1] .» Dom Jean Mabillon dans son *Traité des Études monastiques* conseille aux jeunes religieux, qui veulent se former, la lecture des petits traités de M. de Cordemoy, en même temps que celle de l'*Art de penser*, des ouvrages de Rohault et de quelques endroits choisis de la *Recherche de la vérité* du père Malebranche [2]. D'après le père Daniel [3], son succès comme historien aurait été moindre, à cause précisément de son érudition. Bayle lui est plus favorable. « Quand nos libraires, dit-il, sauront que M. de Cordemoy éclaircit beaucoup de faits qui étaient demeurés confus jusqu'à présent, qu'il en découvre quelques-uns que l'on ignorait encore et qu'il en réfute d'autres que l'on tenait pour certains, ils auront, je m'assure, autant de soin de se fournir de son histoire que de la grande de M. de Mézeray. Il y en a une nouvelle édition en trois volumes in-fol., augmentée d'un savant et ample *Traité sur l'origine des Français et de la vie de Henri IV depuis la paix de Vervins jusqu'à sa mort* [4]. » Ce fut son fils, Louis Géraud de Cordemoy (1651-1722), qui continua son histoire.

1. *Nouvelles de la République des lettres*. Œuvres, III, p. 201.
2. Cité par Lemaire : *Dom Robert Desgabets*, in-8, Alcan, 1902, p. 32.
3. Préface de son histoire. On lit dans *Les trois siècles de la Littérature française* (Amsterdam et Paris, 1774) : « On a avancé que Cordemoy avait presque achevé son histoire, sans savoir que Grégoire de Tours était un de nos premiers historiens. Quoi qu'il en soit, le père Daniel l'a trop déprimé, et ce jésuite a d'autant plus de tort de le décrier, qu'il y a puisé lui-même de quoi répandre un grand jour sur les premiers temps de notre monarchie, débrouillés par Cordemoy avec beaucoup de discernement. C'est d'après les difficultés vaincues qu'on doit juger du travail des hommes, et non d'après le résultat. » Vol. I, p. 355. Cf. plus loin, p. 169. note 3.
4. Bayle, *Œuvres*, éd. 1728, I, p. 398.

Pour cela, sur la prière de l'abbé Fleury qui fit intervenir Bossuet, Louis XIV lui maintint la pension qui avait été accordée à son père. (Cf. Lettre de Fleury citée plus haut.) Il fut un admirateur de Malebranche comme son père l'avait été de Descartes. Il donnait des conférences Malebranchistes chez Mme de Vailly, nièce du grand oratorien [1]. Il se trouvait ainsi rester fidèle aux conceptions philosophiques de son père, en se tenant dans le cercle de celui qui les développait et les illustrait.

Dans ses œuvres, auxquelles il donne pour objet général l'étude de l'homme considéré dans ses deux parties : le corps et l'âme, leur distinction et leur union (cf. Préface de son livre), de Cordemoy ne prétend pas être infidèle à Descartes [2]. Cependant, comme il croit en bon cartésien à la toute-puissance de la raison [3], comme il est persuadé aussi que Descartes n'a

---

1. Cf. *Vie du P. Malebranche* par le père André. Éd. Ingold, p. 337 note 1. Cf. également Blampignon. *Étude sur Malebranche*. p. 97. Il a laissé aussi la réputation d'un habile controversiste. On cite notamment de lui : *Les Désirs du ciel ou le témoignage de l'Écriture sainte contre le pur amour des nouveaux mystiques*, 1699.

2. La lettre au père Cossard dans laquelle il établit : « 1° que le système de Descartes et son opinion touchant les bêtes n'ont rien de dangereux ; 2° et que tout ce qu'il en a décrit semble être tiré du premier chapitre de la Genèse » est un véritable manifeste de cartésianisme. Elle fut considérée comme telle. Cf. le P. Daniel. *Voyage du monde de Descartes*, 1690 in-12, p. 15.

3. « La première démarche que nous avons à faire est l'étude d'une philosophie qui nous rende capable de faire un juste discernement de chaque chose et de raisonner sur d'autres fondements que sur nos préjugés et sur les opinions vulgaires. Ce n'est pas que je veuille dire qu'elles soient toutes mauvaises ; mais, en vérité, l'on ne se doit fier à pas une qu'après l'avoir bien examinée et, pour s'accoutumer à cela, chacun ne peut mieux commencer que par ce qui se passe en

pas, et n'a pas même cru donner un système parfait et achevé [1], il ne craint pas d'avoir confiance en lui-même, et de juger des questions d'après ses propres lumières. De là les changements et les accentuations qu'il fait subir à la doctrine du Maître.

Dès qu'il aborde l'étude du corps, il signale une confusion dans les notions du corps et de la matière, d'où, d'après lui, « viendroient presque toutes les erreurs de la physique ordinaire » (p. 1.) Cette confusion il veut la faire disparaître, et il se trouve, à son avis, que cela n'est possible qu'en mettant l'atomisme au principe de l'explication mécanique du monde. S'appuyant sur les données de la lumière naturelle, il définit les corps : « des substances étendues », la matière : un « assemblage de corps. » Il en conclut que les corps, étant des substances, sont indivisibles, que la matière seule, « étant un assemblage de corps, peut être divisée en autant de parties qu'il y a de corps. » Il est manifeste que cette division de la matière ne sauroit aller à l'infini : « à force de diviser, il faudroit enfin que l'on rencontrât quelque portion composée de deux corps seulement, lesquels étant séparés l'un de l'autre arrêteroient la division, puisque chacun d'eux est une substance qui ne peut être divisée » (p. 5.) Matière et

lui-même et par l'examen de toutes les idées qu'il a de l'âme et du corps. » (Préface.)

1. « J'estime que M. Descartes a eu raison de penser qu'il étoit permis aux hommes de faire des suppositions et qu'elles étoient toutes recevables pourvu qu'elles satisfissent à toutes les apparences, et qu'elles ne fussent pas contraires à la religion. » *Lettre au père Cossart*, p. 193, édition des œuvres de Cordemoy de 1699 qui comprend à la fois : Six *Dissertations physiques sur le discernement du corps et de l'âme* ; *Discours sur la parole* et *Lettre au père Cossart*, 2 tomes en un volume in-12.

corps sont donc différents ; si nous les distinguons mal ordinairement, c'est grâce à une illusion due aux sens. La petitesse des corps, en effet, les rend imperceptibles, leur jonction nous échappe par là même, de sorte que « toutes leurs étendues paroissent dans une masse, comme si ce n'étoit qu'une même étendue » (p. 6.) A cette masse perçue par les sens nous joignons « indiscrètement » l'idée claire que nous avons des corps comme étant des substances étendues, nous en faisons une substance « croyant que tout ce que nous voyons n'est que la même étendue », et nous lui conservons la divisibilité qui caractérise la matière. Mais, « qu'on considère les choses comme elles sont, et non comme elles paroissent », qu'on se souvienne que la divisibilité peut se trouver seulement dans la matière qui est un composé, que le corps, bien qu'étendu, par le fait même qu'il est une substance, ne peut se diviser et nous ne commettrons plus une telle erreur.

Il y a, d'ailleurs, de graves inconvénients, d'après Cordemoy, à faire de la matière une substance étendue :

1° « A supposer qu'une substance se puisse diviser qui sont les deux choses du monde les plus éloignées de ce qu'on peut connottre par la lumière naturelle », comment entendre cette division ? Inutile de s'adresser à ce sujet aux partisans d'une telle théorie, leurs réponses sont insuffisantes et vagues. « Quand je leur ai demandé si cette substance, qu'ils croyoient divisible, l'est à l'infini, comme il me sembloit que leur supposition le donnoit à entendre; ils m'ont répondu que non, mais qu'elle l'étoit indéfiniment ; et quand je les ai priés de m'expliquer cette division indéfinie, ils me l'ont fait entendre de la même manière que tout le monde entend l'infini [1]. Et, pour achever par un peu de bonne foi un discours si plein d'obscurité, ils m'ont avoué qu'à la vérité il y a quelque chose d'inconcevable en cela : mais qu'il fallait nécessairement que cela fût de la sorte : or il me semble qu'il n'y a pas la même obscurité en ce que je propose. Je dis que chaque corps est une substance étendue et, par conséquent, indivisible et que la matière est un assemblage de corps et, par conséquent, divisible en autant de parties qu'il y a de corps : cela me semble clair » (p. 11.)

2° Dans une matière continue la détermination d'un corps est le fait d'un mouvement; tout corps, même considéré à part, est donc mû, il n'y a pas de corps en repos. Dès lors, supposer avec une telle doctrine, qu'un corps puisse être en repos au milieu d'autres corps est impossible : car si ce corps touche les autres, il ne fait plus qu'un avec eux. « Cependant il me semble que nous avons une idée bien claire et bien naturelle d'un corps parfaitement en repos entre d'autres corps, dont aucun n'est en mouvement, et que ce que je dis de chaque corps s'accorde tout à fait avec cette idée » (p. 12.) Si, au contraire, chaque corps est une substance ou un composé de subtances, le mouvement lui est accidentel et il peut se trouver indifféremment en repos ou en mouvement.

3° Enfin tout corps, d'après cette doctrine, pourra avoir et aura chacune de ses parties soumise à l'action d'un autre corps différent; il sera donc divisé en

---

[1]. Allusion très claire aux discussions auxquelles donnaient lieu les opinions de Cordemoy dans les assemblées cartésiennes. Cf. p. 49 note 1.

autant de parties qu'il y aura de ces corps. Le même raisonnement pouvant être fait pour chacune de ces parties, le corps finira par s'évanouir dans cette division à l'infini, il sera impossible à aucun moment de lui fixer une figure, une grandeur quelconque. C'est en vain qu'on allègue que chaque partie séparée se trouve remplacée par une autre, que le mouvement qui sépare certains éléments en rapproche d'autres qu'il leur substitue, on n'en reste pas moins en présence d'un devenir, d'un changement incessants. Où trouver de la détermination dans un tel monde, où prendre la consistance nécessaire au mouvement lui-même, celui-ci ne deviendra-t-il pas inexplicable [1] ?

En résumé « cette opinion de la matière substance, qui n'est pas claire quand on la propose, ne peut servir de rien en physique quand on la suppose, puisqu'elle ne peut expliquer ni le repos, ni le mouvement des corps dont on sait que dépend toute la physique » (p. 14.)

Cordemoy avoue (p. 14) « que toutefois il n'a jamais ouï mieux parler des sciences naturelles qu'à ceux qui soutiennent cette opinion. » Mais il fait remarquer aussitôt que dans leurs explications ils sont infidèles à leurs principes. Dès que, en effet « ils veulent rendre raison de quelque chose », « ils supposent que plusieurs corps ne se divisent point actuellement durant un certain temps ; ce qui ne peut être,

---

[1]. Cordemoy, on le voit, veut non seulement que la substance fasse l'unité de l'être, mais fasse aussi ce qu'il y a de constant de fixe dans la nature. Il ne conçoit pas qu'une telle unité et fixité puisse venir, comme tendait à le supposer Descartes, de la loi du mouvement lui-même.

suivant leur principe, de sorte qu'ils l'abandonnent et sont obligés de faire une supposition toute contraire » (p. 15[1]). Pourquoi, dès lors, maintenir une telle contradiction ? Pourquoi récuser en droit ce qu'on admet en fait ? D'autant plus que la correction proposée met seulement de la clarté et de la conséquence là où il n'y en avait pas, qu'elle maintient les mêmes déductions, garde « toutes ces conclusions admirables qui l'ont amené lui-même à suivre avec tant d'attache et de plaisir » la doctrine cartésienne. Cordemoy avoue, d'ailleurs, qu'il n'a nullement la prétention de constituer un système nouveau, il n'affecte pas l'originalité. « J'ay seulement, dit-il, fait un peu de réflexion sur les notions que l'on a des corps et de la matière ; et J'ay reconnu que l'on ne sauroit concevoir les corps que comme des substances indivisibles et que l'on ne sauroit concevoir la matière que comme un amas de ces mêmes substances : ce qui me semble n'avoir point esté bien expliqué jusqu'icy, et satisfaire tellement à tout, que je ne crois pas que l'on puisse proposer aucune difficulté, que cela ne résolve, ni que l'on puisse jamais parler clairement en physique sans cela » (p. 15.) On a enfin l'avantage avec une telle correction de se conformer aux idées naturelles que chacun se fait du corps et de la matière. « Naturellement » nous appelons corps ce qui nous semble indivisible, et matière ce qui se peut diviser « sans être détruit en rien pour cela. » C'est parce qu'il y a une unité dans notre corps que la séparation d'une de ses parties romprait, que nous lui donnons un tel nom. C'est pour la même rai-

---

1. Cf. p. 20, note 1.

son que les jurisconsultes donnent aussi un tel nom à un cheval, à un esclave. Mais c'est le nom de matière que nous attribuons au blé, à l'huile, qui sont des amas de choses qui subsistent sans dépendance les unes des autres.

Tout nous porte donc à faire de l'unité l'attribut essentiel du corps. Sans doute, dans un corps étendu, on peut distinguer des parties, des extrémités qui sont séparables par la pensée ; mais, en réalité, elles ne le sont pas, « parce qu'elles sont les extrémités d'une même étendue et pour tout dire d'une même substance » (p. 18.) La matière seule est multiplicité, parce qu'elle est quantité, et, à ce titre, est divisible. Les corps ne sont que des éléments qui rentrent dans la matière, mais sans en prendre les propriétés : « ils sont pareils à l'unité qui fait partie du nombre sans être un nombre. » (p. 20.)

Ces corps réunis en masse ou tas laissent entre eux quelques intervalles, qui prennent le nom de trous, quand on les aperçoit, et de pores, quand on ne les aperçoit pas. C'est en vain qu'on prétend qu'il ne peut y avoir d'intervalle sans étendue, et, par conséquent, sans corps qui le remplissent. Comme l'étendue appartient en propre au corps, et comme celle qu'on attribue à la masse est une illusion sensible, il n'y a rien qui légitime une telle conception. Tout au plus peut-on admettre qu'un intervalle peut recevoir plusieurs corps qui le remplissent ; mais ce n'est là qu'une simple représentation possible qui ne s'impose pas plus que la représentation contraire également possible. « Concevoir qu'on pourroit placer des corps dans un intervalle n'est pas concevoir pour cela qu'ils y soient. » L'argument contre le vide tiré de cette supposition que si tous les corps qui remplissent un vase étaient détruits, les bords du vase seraient réunis, n'a pas de valeur : chaque corps étant une substance, c'est-à-dire, existant en soi, ne coopère en rien à la « subsistance » d'un autre. Dès lors, peu importe qu'entre les bords d'un vase on fasse le vide ; les corps dont ils sont composés n'en continueront pas moins, ayant une existence propre, à persister dans leur situation ; les deux bords ne se rapprocheront que si on les pousse. (p. 22.)

Ces corps élémentaires, de même que tous les atomistes jusqu'alors, Cordemoy, afin d'expliquer la variété des objets, les conçoit de formes diverses, et ils représentent pour lui la matière première. Comme il peut arriver que « plusieurs corps de différentes figures, mêlés en nombre égal et de même façon, fassent différentes portions toutes de même figure, et ayant les mêmes propriétés » on se trouve avoir ainsi un nouvel élément composant, dont l'assemblage constitue une matière seconde. Une troisième sorte de « portion » forme une troisième matière, et ainsi de suite. L'échelle des êtres de la nature n'est qu'une série de matières que déterminent et fixent la complexité de leurs éléments composants. Chacun de ces « états de la matière » a reçu à juste titre un nom particulier. Mais ce nom exprime seulement un nouvel arrangement des parties ; lui faire signifier autre chose, prétendre qu'à chaque changement apparaît et intervient un nouvel être que l'on appelle qualité ou forme, c'est faire violence à la raison [1].

---

1. Boileau dans sa Requeste en faveur d'Aristote, 1675 (arrêt burles-

Cette condamnation des formes ou entités, Cordemoy la formule encore avec insistance dans son deuxième discours qui a pour titre : *Du mouvement et du repos,* et dont l'objet est de montrer : « qu'il n'arrive aucun changement en la matière que l'on ne puisse expliquer par le mouvement local. » Il définit le mouvement : « un changement dans le lieu, c'est-à-dire, dans le rapport que les corps ont entre eux par leur situation », et le repos : une « continuation de ce même rapport » (p. 2), et il s'efforce d'établir, d'après Descartes, que « tous les mouvements qui nous sont connus peuvent s'expliquer par une seule définition ou (ce qui est la même chose) de montrer que tous les mouvements sont d'une même espèce et que c'est plutôt la diversité de leurs degrés ou de leurs effets sensibles que la différence de leur nature qu'on a voulu marquer quand on leur a donné tantôt le nom de mouvement local, ou changement de lieu, et tantôt celui de changement de quantité, de qualité ou de forme. » (p. 56.) Toute intervention d'autres principes que le mouvement, la disposition et la figure du corps pour l'explication des choses matérielles devient dès lors inutile[1]. C'est donner dans

---

que) cite Cordemoy comme un des principaux adversaires d'Aristote. « Que Gassendi, Descartes, Rohault, Denis, Cordemoy, de Launoi et leurs adhérents seront conduits à Athènes et condamnés d'y faire amende honorable devant toute la Grèce, pour avoir composé des livres diffamatoires et injurieux à la mémoire du défunt seigneur Aristote. »

1. « Si on consulte la raison plutôt que les sens, on trouvera que cette chose (qui a changé de forme) est toujours le même corps, lequel a toujours autant de parties, et ne peut avoir esté changé, que parce que ses moindres parties sont disposées tout autrement, qu'elles n'estoient : si bien qu'elles n'ont plus rien qui approche de leur première conformation. » (p. 41.) Il donne comme exemple : les trans-

des chimères que de faire appel aux formes, que de parler de leur apparition ou disparition. « Il ne faut point former de nouveaux êtres qu'on ne connoît point. » (p. 46.) Que l'on ne vienne pas dire que, si le mécanisme explique tout ce qui est perceptible, les formes peuvent intervenir dans ces changements dont notre observation ne peut saisir et suivre les différents moments, car la nature des choses étant toujours la même, doit toujours s'expliquer de la même façon. « La nature n'a point fait de lois pour les parties que nous voyons auxquelles celles que nous ne voyons pas ne soient assujetties, et les règles que la mécanique montre si certaines pour les unes le sont au même titre et au même degré pour les autres [1]. » (p. 48.)

Pour illustrer sa théorie et nous convaincre encore davantage « que tout ce que nous admirons dans les ouvrages de l'art ou de la nature est un pur effet du mouvement et de l'arrangement qui, selon leurs

---

formations du blé en pain qui peuvent s'expliquer mécaniquement, sans qu'il soit utile de faire appel à l'apparition d'aucune forme. Cet exemple est repris par Du Hamel ; *De consensu veteris et novæ philosophiæ*, 1658, in-12, (p. 77), qui dit l'avoir entendu développer par Cordemoy dans une de ces réunions où il prenait la parole. « At cum horum motuum omnes progressus ac velut gradus intuemur nusquam novæ formæ locus patet, nec quisquam præter motum localem et partium insensibilium agitationem occurrit. Exemplo utar, quod non ita pridem accerrimo vir ingenio Cordemoys, ut eloquentiæ sic philosophiæ laude excellens, coram illustri doctissimorum virorum cœtu adhibuit. Cum tritici grana in arinam molarum compressione rediguntur, tum tritici speciem non aliud quam motus inmutat... »

1. « S'il est vray que le moindre corps doit avoir une figure et s'il est vray enfin que les lois de la nature soient les mêmes à proportion pour les petites et pour les grandes masses, on peut raisonner de la figure et des mouvements des corps que l'on ne voit pas, parce que l'on connoît des figures et des mouvements des masses que l'on apperçoit », p. 66.

diversités, font que les choses sont propres à différents usages ». (p. 59.) Cordemoy insiste avec complaisance, dans presque tout un discours[1], sur deux exemples particuliers: celui d'une montre et celui d'un corps vivant, qui établissent, d'après lui, que l'explication mécanique est suffisante dans tous les cas. Il n'est, en effet, aucun objet dont l'ajustement des parties et la complication des mouvements paraissent mieux que ceux d'une montre exiger la présence d'une forme, vertu occulte ou qualité, qui en soit le principe. Il semble, qu'à son sujet, on pourrait, en toute raison, faire appel à la règle: *Dispositionem habenti non denegatur forma*. Et, cependant, qui ne connaît les rouages qui la composent et ne voit et ne sait comment ces rouages se commandent ? Le mouvement seul du ressort paraît d'une explication plus difficile ; mais, pour en rendre compte, il est tout aussi inutile de faire appel à une faculté, à une vertu élastique. Le mouvement qui le redresse n'est autre que le mouvement de petits corps très déliés qui, pénétrant dans ses pores, les remplissent, et s'opposent, parce que leur direction naturelle et primitive est la ligne droite, à toute inflexion permanente (cf. p. 80.) Il n'en est pas autrement du corps humain. Les rouages ici sont les organes, les muscles, les nerfs; et, ici encore, la cause des mouvements qui s'y manifestent n'est qu'une matière subtile particulière qui, par son agitation, échauffe le sang dans le cœur, provoque les contractions de ce dernier et ainsi envoie la vie et la motricité dans tout l'organisme. « Machi-

---

[1]. Il est intitulé : *Que les machines artificielles et les naturelles n'ont qu'une même cause de leur mouvement. Et quelle est cette cause à ne considérer que les corps?* C'est le troisième.

nes naturelles et machines artificielles n'ont qu'une même cause de leur mouvement et, à ne considérer que les corps, cette cause est la plus subtile matière. » (p. 91.) On fait, sans doute, bien des objections contre l'existence et l'intervention de cette matière subtile. On invoque son invisibilité. Mais les sens ne fixent pas les limites de l'existence : Combien de choses encore inconnues de nous, parce que non perceptibles par les sens seuls, ne nous a pas révélées le microscope ? De plus, tout corps, en vertu de son inertie même, ne pouvant avoir de lui-même le mouvement, « doit le recevoir à la rencontre, à l'occasion d'un autre corps. » (p. 64). Si, parfois, ce dernier corps échappe par sa petitesse à notre perception, nous n'avons que le droit de conclure à sa subtilité extrême, à son invisibilité, nous n'avons pas celui d'affirmer sa non-existence. Et, quelle que soit cette subtilité, parce qu'il est corps, il peut toujours être cause de mouvement « s'il est vray que les loix de la nature soient les mêmes à proportion pour les petites et les grandes masses [1]. » (p. 66.) On dira qu'il n'y a là qu'une supposition : sans doute ; mais c'est une supposition qui se présente comme la seule explication possible, et, dès lors, elle est légitime et offre toutes les garanties de vérité. Comment, d'ail-

---

1. Cf. « Encore que les sens ne nous fassent pas appercevoir le corps qui luy communique le mouvement, par lequel il se redresse, comme ils nous font appercevoir le corps qui luy communique celuy par lequel elle est pliée, néanmoins la raison de tous les deux étant également évidente, nous ne devons pas rester moins convaincus de l'un que de l'autre. Mais parce que nos sens ont souvent servi à nous assurer de la présence des corps, nous les implorons toujours. Et quand leur secours nous manque, à peine nous pouvons-nous résoudre à croire ce que la nature même nous persuade. » (p. 64.)

leurs, sans elle, expliquer les propriétés de certains corps telle que la fluidité de l'eau? — S'appuyant sur notre propre raisonnement, on nous objectera qu'il n'y a pas de raison pour que la matière subtile se meuve elle-même plutôt que les parties du ressort d'une montre ou celles de l'eau, qu'il faudra alors recourir à une autre matière subtile, et, ainsi de suite, à l'infini, sans jamais trouver de cause véritable. Négligeant provisoirement la question de la nature de la cause du mouvement qui se présentera plus tard [1], on répondra qu'il est certain qu'il y a du mouvement en quantité constante, qu'il se communique sans se perdre et que, par conséquent, les agents de transmission du mouvement sont, à plus juste titre, les corps les plus subtils que les autres, et que c'est, dès lors, dans les matières subtiles qui les entourent, eau, air, éther lumineux, que l'on devra chercher les causes naturelles des mouvements des différents corps. Et il n'y a pas à craindre un progrès à l'infini dans l'enveloppement de ces matières subtiles pour deux raisons : la première, c'est que la détermination du milieu subtil immédiat, de la cause prochaine, suffit pour une explication physique ; « l'autre est, que quand il faudroit en assigner beaucoup d'autres, on conçoit bien que cela ne seroit pas infini, puisque la matière n'est qu'un assemblage de corps, dont chacun étant indivisible, comme je l'ai montré dans le premier Discours, il suit qu'on ne sauroit concevoir de matière ou de liqueurs plus subtile, que celle qui ne seroit composée que de corps détachés les uns des autres. » (p. 78.)

---

1. Cf. plus loin p. 63.

Tel est l'atomisme de Cordemoy. Il apporte, on le voit, des modifications profondes à la physique cartésienne. Il n'y a plus une seule substance étendue, étoffe dans laquelle sont taillés les êtres, il y a une pluralité de substances étendues, existant en elles-mêmes, et dont la réalité fait celle des composés [1]. L'étendue con-

---

1. D'après le Père le Valois (*Sentiments de M⁰ Descartes, touchant l'essence et les propriétés des corps par Louis de la Ville*, 1680, in-12, p. 63), Cordemoy se serait séparé de Descartes jusqu'à douter que l'étendue soit l'essence même des corps « M⁰ de Cordemoy m'a dit autrefois lui-même qu'il ne croyoit pas que l'étendue actuelle fût absolument de l'essence du corps, mais seulement qu'il lui est essentiel de pouvoir être étendu et qu'il l'est effectivement toujours quand il est dans son état naturel. Il est vrai que dans le premier discours qu'il a fait du corps et de la matière il enseigne « que les corps sont des substances étendues » mais il ne dit jamais comme M. Descartes, ni « que l'étendue constitue la nature de la substance corporelle » ni « que la nature de la matière ou du corps consiste dans l'étendue »; au contraire, étant obligé une fois de parler de la nature de la substance corporelle, il se contente de dire « si sa nature est de pouvoir être étendue » et il ne dit pas si « sa nature est d'être étendue », ce qu'il auroit dû dire néanmoins, s'il eût cru que l'étendue actuelle constitue la nature de la substance corporelle. Et contre ce que M⁰ Descartes conclut de son principe que l'idée de l'étendue et de l'espace étant toute la même que l'idée de la substance corporelle, il est impossible de concevoir de l'espace entre deux corps sans concevoir une substance corporelle qui remplisse cet espace; voici ce que dit expressément M⁰ de Cordemoy; « Les corps qui composent les tas, les liqueurs et les masses ne sont pas tous si près les uns des autres, qu'ils ne laissent quelques intervalles en divers endroits... » Le Père Valois doit céder à sa tendance signalée par les contemporains (cf. André : *Vie du P. Malebranche*, éd. Ingold, p. 42 à solliciter les doctrines. Les affirmations de Cordemoy dans son livre sont trop catégoriques et il présente trop ses doctrines comme le résultat de méditations prolongées pour qu'un tel changement ait pu avoir lieu dans sa conception des corps. Sans doute, il y a, pour lui, une étendue idéale c'est l'étendue matérielle qui participe du caractère illusoire de la matière (cf. plus haut p. 43), mais l'étendue des corps est bien pour lui quelque chose de réel, une qualité essentielle des corps. Il

tinue qu'on perçoit masque la discontinuité réelle ; ce n'est qu'une illusion sensible, le vide existe. Le mouvement reste toujours l'agent universel, mais il n'est plus le principe unique qui différencie, individualise, il est subordonné à son support sans lequel il est considéré comme inintelligible. La constance, la fixité qu'il y a dans la nature n'est plus un effet seul de ses lois ; elles dépendent des éléments composants. Il en est de même du repos. Cependant, ce n'est pas un schisme que Cordemoy croit faire, comme le lui reprochera Dom Robert Desgabets [1] : c'est une simple correction qu'il prétend apporter. Une fois les modifications qu'il juge nécessaires opérées, il conserve avec soin toutes les explications cartésiennes, les développe avec satisfaction, leur reste fidèle. Il remarque même, nous l'avons vu, que, malgré leurs principes, les cartésiens, en fait, sont d'accord avec lui, puisque, en fait, ils n'admettent pas la divisibilité à l'infini, posent un

dit (p. 20) : « la quantité et l'étendue sont deux choses dont l'une convient *proprement* au corps et l'autre convient *proprement* à la matière. Il distingue dans le corps lui-même des extrémités qui sont « les extrémités d'une même étendue, pour tout dire d'une même substance » (p. 18). Il constitue l'étendue des parties de la matière par l'addition des étendues des corps qui diffèrent entre elles (p. 20). C'est parce que le corps est étendu, que, selon lui, il est d'une nature différente de celle de l'âme (cf. discours VI). Sans doute, admettant le vide, Cordemoy ne peut plus identifier, au même point que Descartes, étendue ou espace avec corps matériel ; l'étendue devient une propriété essentielle du corps, plutôt qu'elle n'est l'essence *entière* du corps. Il ne dirait plus avec Descartes que la substance matérielle n'est autre chose que l'étendue appelée à l'existence, réalisée, et, sur ce point, la remarque du P. Valois a quelque justesse, mais il n'en suit pas que l'étendue soit seulement dans le corps à titre de possibilité et non comme quelque chose d'actuel, qu'elle y soit en puissance et non en acte.

1. Cf. plus loin p. 156.
2. Cf. plus haut, pp. 20 et 43.

arrêt à cette divisibilité. Et sa remarque est juste. Descartes, nous le savons, dès qu'il applique ses théories physiques au concret, dès qu'il veut expliquer le réel, se trouve obligé d'introduire dans son mécanisme géométrique des éléments qui fondent ce concret, ce réel ; ce n'est plus qu'une divisibilité à l'infini possible que possède la matière, et un vide relatif apparaît. Cordemoy, attaché aux exigences de la réalité, ne voit que cet envers de la physique cartésienne et il la modifie tout entière en ce sens. Il lui garde son caractère exclusivement mécanique, mais les principes n'en sont plus purement géométriques.

Son originalité est incontestable. Les principes qu'il propose, il le sait, ne sont pas nouveaux ; mais il a conscience aussi que sa réflexion ne s'y est pas appliquée inutilement [1]. Aux raisons de fait invoquées antérieurement en faveur de l'indivisibilité des atomes, il substitue, suivant la remarque de Dom Desgabets, « des raisons métaphysiques [2]. » Ce qui rend l'atome indivisible, disait Démocrite, c'est sa solidité, et Épicure et Gassendi n'avaient pas trouvé d'autres arguments [3].

---

1. « D'ailleurs ces principes ne sont point nouveaux, aussi je ne prétends pas avoir rien trouvé de particulier : j'ay seulement fait un peu de réflexion sur les notions que l'on a des corps et de la matière ; et j'ay reconnu que l'on ne sauroit concevoir les corps que comme des substances indivisibles et que l'on ne saurait concevoir, la matière que comme un amas de ces mêmes substances : ce qui me semble n'avoir point esté bien expliqué jusqu'icy et satisfaire tellement à tout, que je ne crois pas que l'on puisse jamais parler clairement en physique sans cela. » (p. 16.)

2. Cf. plus loin p. 156.

3. Cf. Textes cités dans Pillon : *Année philosophique*, 1892, p. 120. Mabilleau : *Histoire de la philosophie atomistique*, p. 184. Thomas : *La Philosophie de Gassendi*, p. 81. Voir aussi Zeller : *Philosophie des*

Cordemoy dit que si l'atome est indivisible, c'est parce qu'il est une substance. Descartes avait fait de l'étendue une substance, mais sans bien préciser ce qu'il entendait par substance. Cordemoy identifie avec Aristote substance et unité, et, à l'inverse de Spinoza, qui, pour maintenir l'unité de la substance, nie, à la suite des Éléates, toute pluralité réelle, il en tire que s'il y a de la pluralité dans le monde, c'est qu'il y a une multiplicité de substances étendues, par nature indivisibles. Peu importe qu'on distingue en elles des parties, leur nature de substance maintient leur unité. En même temps, ces substances étendues restent, dans leur essence, étendue pure, leurs figures sont seulement les terminaisons de l'étendue, et c'est leur continuité qui fait leur impénétrabilité (p. 2 et p. 139). Par suite, en elles, aucun de ces mouvements naturels que Démocrite reconnaissait aux atomes, à plus forte raison, aucune de ces propriétés, de ces tendances natives dont Gassendi avait surchargé de tels éléments. Il n'y a partout que mouvements reçus et transmis. Le mouvement est l'unique cause de tous les faits matériels[1].

Cordemoy semble n'avoir aussi aucun rapport avec ces théologiens philosophes qui, au xvii° siècle, introdui-

---

Grecs, II, p. 295. Cicéron de fin, I et VI : « (Democritus ponit) atomos quas appellat, id est corpora individua propter soliditatem. »

1. Même les savants opposés à Descartes, tel que Fermat, en posant l'insécabilité des atomes semblaient la considérer comme une qualité spéciale surajoutée : Cf. Préf. de Clerselier aux vol. III des *Lettres de Descartes* : « Si l'un dit que l'étendue en longueur, largeur et profondeur constitue toute l'essence des corps, les autres y ajoutent certaines qualités, comme l'insécabilité et, par conséquent, une figure déterminée et inaltérable dans chaque petit atome ou dans chaque petit corps qui sont choses fort opposées. »

saient l'atomisme dans leur philosophie pour la concilier avec les idées modernes [1]. Comme le remarque un de leurs partisans : Du Hamel [2], l'atomisme n'avait rien qui pût leur répugner. Il se présentait comme une doctrine complète, d'apparence simple, il ne contredisait pas l'expérience et s'accordait jusqu'à un certain point avec le péripatétisme qui reconnaissait, lui aussi, des points physiques ou *minima naturalia*, en invoquant un argument analogue à celui de l'atomisme, à savoir : que tout mélange, toute combinaison se fait de quelque chose, suppose des principes composants. Certains même, sous l'influence du platonisme et du cartésianisme, qui, à ce moment, faisaient alliance, ne craignirent pas de repousser franchement les formes scholastiques pour leur substituer une explication d'apparence plus scientifique et qui faisait plus d'un emprunt à l'auteur du *Discours sur la méthode*. Tel ce père Maignan qui s'était posé, dès sa jeunesse, en adversaire d'Aristote [3], et qui, déjà célèbre, avait été, lors

---

1. Cf. Laswitz, *op. cit.*, p. 486 sqq. II.
2. « Habet id commodi philosophia Epicuri, quod intellectu non sit difficilis.. ac, si minus vera tamen apta sunt inter se et cohœrentia hujus disciplinæ elementa, nec ab ipsa forte natura, quœ a parvis initiis ad minima progreditur... Quod autem dentur ejusmodi corpora individua, ne Peripatetici quidem negaverint, tametsi ea nomine atomorum. non designant, sed aut puncta physica, aut minima naturalia solent appellare. Eodem tamen revolvuntur, dum concedunt esse aliquid minimum, ultra quod naturæ progredi non liceat. Quicumque contra nituntur non advertunt nil posse misceri aut generari posse nisi quæ ad mixtionem conspirant, ni minima resolvantur... Qua porro ratione materiam existere probat Aristoteles eadem plane dari atomos demonstrat Epicurus. » (Du Hamel; *De consensu veteris et novæ philosophiæ*, éd., 1675, page 225, une 1re édition en 1658)).
3. En tête de la 1re édition se trouvent les vers suivants signés: Bernardus Medonius :

d'un voyage à Paris, en 1657, accueilli avec la plus grande déférence dans les réunions de M. de Montmort, se voyant réserver le fauteuil même du P. Mersenne [1]. Repoussant les offres de Louis XIV, il avait préféré le séjour de Toulouse, sa patrie, à celui de Paris. Son renom n'en avait pas souffert : Bayle l'appelle « un des plus grands philosophes du xvii° siècle [2]. » Cordemoy ne dut certainement pas ignorer ses ouvrages. Mais s'en inspira-t-il, nous ne le croyons pas, car il n'y a rien qui annonce son atomisme dans celui qui est développé dans le *Cursus philosophicus* de cet auteur [3]. L'argument original de ce dernier, pour établir l'existence des atomes est, en effet, un argument théologique. Il faut bien, dit-il, qu'il existe des éléments composants du continu, qui soient fixes et déterminés, sinon la

> Ergo ædes ingenua sophiæ fidissima Lampas ?
> Hactenus, ignotas puræ rationis abyssos
> Sola aperis, clarasque tuâ penetralia Luce :
> Solaque Aristotelis quæsitis pressa tenebris
> Argumenta fugas...

1. Cf. Biographie toulousaine par une société de gens de lettres. Paris, Michaud, 1823 ; Niceron ; Bayle, article Maignan dans son *Dictionnaire*.

2. Bayle était partisan des atomes animés, il se rapprochait par suite du P. Maignan. « C'est dommage, écrit-il, qu'Anaxagore n'ait pas été ami de Démocrite, et que ces deux grands esprits n'aient pas concerté ensemble leurs hypothèses : on aurait pu corriger les défauts de l'une par les perfections de l'autre. » *Dictionnaire historique et critique* article Anaxagore. « Je me suis souvent étonné, dit-il encore à l'article Leucippe, de ce que Leucippe et tous ceux qui ont marché sur ses traces n'ont point dit que chaque atome était animé. Cette supposition les eût tirés d'une partie de leurs embarras. » — Cf. Pil'on : *Année philosophique*, 1904, p. 102 sqq et 123 sqq.

3. *Cursus philosophicus concinnatus ex notissimis cuique principiis*. 4 vol. in-8. *Tolosæ*, 1652 et *Lugduni*, 1673. Cette dernière édition revue et augmentée.

création, ne rencontrant pas de termes, aurait été impossible, et, par voie de conséquence, ces éléments doivent être simples, puisque ce sont les termes mêmes auxquels s'est fixée l'activité créatrice (vol. II, cap. VII, p. 4) [1], quant à la nature de ces atomes, il les conçoit, sans doute, comme étendus, il va jusqu'à dire « qu'un corps physique qui serait naturellement sans ses trois dimensions, longueur, largeur et profondeur, serait une substance spirituelle et non corporelle (vol II, ch. I, prop. I); mais l'atome, pour lui, n'est pas que cela. Il distingue avec insistance le point de vue géométrique: celui de Descartes, qui est purement idéal, parce qu'il correspond à la divisibilité à l'infini, du point de vue physique, qui, parce qu'il est celui du réel, implique des éléments en nombre fini (ch. VII, prop. II.) Or, le point de vue du réel, d'après lui, renferme non seulement la quantité, mais aussi l'activité et la qualité. Si donc les éléments sont la « vraie nature des choses », ils devront être les principes de tout ce qui est dans les choses, aussi bien du mouvement et de la spécificité que de la quantité [2]. C'est un atomisme dynamique et qualitatif, et non pas seulement quantitatif, que celui du Père

---

1. His rationibus aliam non minoris momenti adjiciunt quidam inter recentiores philosophos non postremi : quod nisi ejusmodi corpora individua sint in continuo, nihil omnino erit, quod per se creationi respondeat : hæc enim quoque ex nihilo educit ; ut generatio ex subjecto aliquo rem procreat. Partes igitur continui majores cum ex aliis constent, non tam creari quam gigni et componi manifestum est : quid ergo ad creationem pertinet, nisi illa corpora penitus insectilia, quæ ex aliis partibus non fiunt, ac sola creatione producuntur » (du Hamel, *op. cit.*, p. 227.)

2. « Le Père Maignan me paroît être dans le même sentiment qu'Empédocle : il croit comme cet ancien philosophe que les éléments sont incorruptibles et il apporte même plusieurs expériences

Maignan. C'est même là, selon lui, une supériorité de son système qu'il fait valoir dans une défense des atomes contre Grimaldi insérée dans la seconde édition (1673) de son *Cursus philosophicus*. « Ces objections, dit-il, portent contre certains atomistes, mais non contre moi, bien que je sois partisan des atomes et que je prétende qu'ils sont les éléments constituants de tous les corps physiques. Les atomes, en effet, que j'admets, ne diffèrent pas seulement par la figure et la situation, mais il y a aussi entre eux une hétérogénéité de nature qui les distingue, même sous des figures semblables. C'est que dans les corps et, par suite, dans leurs premiers éléments ou atomes, je ne considère pas seulement les seules dimensions que comporte le corps mathématique, à savoir : longueur, largeur et profondeur, mais je veux qu'il y ait en lui, puisqu'il s'agit de corps physique, une nature telle qu'on la définit ordinairement, c'est-à-dire, un principe de mouvement et de repos, et que ce soit là son essence et non un accident »…. « Autant il y a de mouvements divers, autant il y aura d'atomes divers. Il ne peut y avoir aucune réalité ou qualité dans les composés qui ne leur viennent des éléments composants » (*op. cit.* appendice, p. 590 [1]). Ce n'est pas un tel atomisme qui

pour nous le persuader. Il soutient de plus que les éléments composent véritablement les corps mixtes, que les qualités qu'ils ont, leur sont naturelles ou, pour mieux dire, essentielles, en sorte qu'elles ne sont point des êtres distingués de la substance des éléments, comme le croyent les Péripatéticiens, ny des effets des différentes figures des atomes » J.-B. de la Grange, de l'Oratoire : *Traité des éléments et des météores contre les nouveaux philosophes*, in-12, 1679, p. 53.

1. Nihil rei aut virtutis inest corporibus compositis quod non illis a partium realitate atque virtute insitum sit. Et rursus quia plures atomi sunt speciei secundum naturam diversæ quoad se : consequens

pouvait inspirer Cordemoy. On peut le croire quand il donne ses discours comme le fruit de ses réflexions, et, s'il se rattache à quelqu'un, c'est à celui qu'il admirait et dont il était le disciple : Descartes. Il n'a pas eu d'autre inspirateur, sauf sa propre raison qui lui indiquait les changements ou accentuations qu'il croyait nécessaire d'apporter à la doctrine du maître.

est ut et constituant naturæ diversitatem in iis corporibus quibus insunt (*Cursus philosophicus,* éd. de 1773, p. 590).

CHAPITRE IV

L'OCCASIONALISME DE CORDEMOY
UNION DE L'AME ET DU CORPS. IDÉALISME

Partisan d'une explication mécanique de l'Univers, Cordemoy, cependant, ne croit pas que le mécanisme se suffise. Déjà, nous l'avons vu, il avait fondé l'être et l'indivisibilité des éléments constituants de la matière sur leur nature de substance ; de même, il va montrer que le mouvement ne se comprend que par l'intervention d'une cause supérieure qui explique et sa réalité et sa transmission [1]. La matière subtile, suivant lui, n'est cause du mouvement « qu'à ne considérer que les corps » ; « mais elle n'a pas le mouvement d'elle-même et si l'on en veut trouver la véritable cause, il faut aller au delà des corps. » (p. 93.) C'est cette recherche qui l'amène à formuler d'une façon très explicite la théorie des causes occasionnelles. Il en fait remarquer l'importance et déclare qu'il procédera avec le plus grand soin ; il « ira pas à pas », et, pour éviter tout confusion possible, suivra la méthode des géomètres, c'est-à-dire, définira avec soin les termes « dont il veut se servir et qui pourroient faire équivoque », puis, « il posera quelques axiomes,

---

1. Cf. plus haut, p. 53.

fera des propositions ». Tout paralogisme pourra ainsi être évité.

Il établit, d'abord, que nul corps ne peut avoir le mouvement de soi-même. En effet, par définition, causer le mouvement des corps ne signifie autre chose que les mouvoir; de même, avoir du mouvement ne signifie autre chose qu'être mu. Or, c'est un axiome qu'on n'a pas de soi ce qu'on peut perdre sans cesser d'être ce qu'on est; c'est également un axiome que tout corps peut perdre de son mouvement sans cesser d'être corps. Donc nul corps n'a le mouvement de soi-même.

S'il en est ainsi le premier moteur du corps ne saurait être un corps, car le premier moteur doit avoir le mouvement de soi-même, ce qui n'est vrai d'aucun corps, on vient de le montrer.

Quelle est alors cette première cause du mouvement? Cordemoy pose avec Descartes qu'il n'y a que deux sortes de substances: le corps et l'esprit; il en conclut que ce qui ne peut appartenir à l'une doit appartenir à l'autre, que, dès lors, « ce ne peut être qu'un esprit qui soit le premier moteur. »

De ces deux autres axiomes : que mouvoir les corps est une action et qu'une action ne peut être continuée que par l'agent qui l'a commencée, il vient, d'après Cordemoy, que c'est le même esprit qui a commencé à mouvoir les corps, qui continue à les mouvoir. Se rappelant, sans doute, les objections qui lui avaient été faites dans ses conférences, il fait remarquer que cette dernière proposition offre plus de difficultés que les précédentes : « parce que l'on est persuadé qu'un corps en peut mouvoir un autre; et l'on s'imagine que pourveu que l'esprit qui a été reconnu dans la troisième proposition pour premier moteur, ait une fois agité plusieurs portions de la matière, elles en ont pu mouvoir d'autres. On croit même avoir reconnu dans toutes les expériences des choses sensibles, que c'est toujours un corps qui en fait mouvoir un autre » (p. 98.)

Mais distinguons bien « ce qu'on a effectivement reconnu d'avec ce qu'on a seulement conjecturé touchant cela », (p. 99) et toute difficulté disparoîtra. « Lorsqu'on dit, par exemple, que le corps B a chassé le corps C de sa place ; si on examine bien ce qu'on a reconnu de certain en cela ; on verra seulement que B étoit mû, qu'il a rencontré C lequel étoit en repos ; et que depuis cette rencontre le premier cessant d'être mû le second a commencé de l'être. » Mais rien ne nous permet de voir dans B la cause productive du mouvement de C. Une telle attribution n'est qu'un « préjugé » qui provient d'une « coutume » mal fondée, d'une association devenue habituelle, dira Hume, en vertu de laquelle nous cherchons toujours aux différents événements des causes perceptibles, oubliant ce qui est établi en physique : qu' « il peut y avoir mille causes qui tout imperceptibles qu'elles sont, peuvent produire des effets sensibles [1]. » Mais, bien plus, à supposer que nous ne voyions pas d'autre cause possible du mouvement de C que B, cette désignation, pour nécessaire qu'elle apparût n'en serait pas moins erronée. En effet : 1° le mouvement dans un corps, si on en néglige la cause productive, n'est qu'un état de ce corps, et l'état d'un corps ne passe pas dans un autre corps. Comment pouvoir dire, dès lors, qu'un corps tel que B communique

---

1. Cf. plus haut, p. 51.

son mouvement à un autre. C[1] 2° : si on considère la production du mouvement dans un corps tel que C, la cause de ce mouvement ne peut être cherchée dans un autre corps tel que B ; car quand C se meut, B ne se meut plus ou, du moins, n'a plus la même vitesse, et, ce qui peut être privé de mouvement, ne peut en être le principe.

On le voit donc, le corps, qui ne peut être la cause de son mouvement, ne peut aussi le transmettre La transmission du mouvement doit, comme sa production, être rapportée à l'esprit premier moteur. C'est cet esprit qui a mû B jusqu'à sa rencontre avec C et qui, ensuite, meut C.

Mais, dira-t-on peut-être, quand un corps tel que B en entraîne un autre C, en gardant, par exemple, la moitié de son mouvement, ne peut-il pas être considéré comme la cause du mouvement de cet autre, puisque c'est une partie de son mouvement qui se retrouve dans cet autre ? Il ne le semble pas, car « un corps qui est mû a tellement son mouvement à soi qu'il n'en a que pour soi » (p. 102) ; ce qui est manifeste dans le cas particulier du choc, où les deux corps entrés en contact prennent des directions différentes et, par suite, ne peuvent être tenus comme obéissant à un mouvement unique. Par suite, que deux corps se meuvent ensemble, il y aura entre eux de commun la direction, ils

---

1. Cf. p. 134 « Encore qu'on voye que C qui étoit en repos, commence de mouvoir et que B qui mouvoit, soit maintenant en repos, on ne peut pas dire que le mouvement de l'un soit passé dans l'autre ; parce qu'il est évident que le mouvement de chacun à son égard n'est qu'une façon d'être, qui, n'étant pas séparable de luy, ne peut en façon quelconque passer dans l'autre. D'où il suit qu'il y a autre chose que le corps B (qui est maintenant en repos) laquelle meut le corps C. »

auront « les mêmes degrés de mouvement », et on pourra affirmer qu'ils iront également vite et ne se quitteront pas, mais rien de plus, puisque le mouvement de chacun n'appartient qu'à lui, est son état propre.

« Donc ce qu'on doit entendre quand on dit que les corps meuvent les corps; c'est qu'étant tous impénétrables, et ainsi les mêmes ne pouvant toujours être mus, du moins avec égale vitesse; leur rencontre est une occasion à l'esprit qui a mû les premiers, de mouvoir les seconds. Or, comme nous ne considérons pas toujours cette première cause qui fait mouvoir, et que nous ne nous arrêtons qu'à ce qui se voit, parce que souvent cela suffit pour nous faire entendre; nous nous contentons, lorsque nous voulons dire pourquoy un certain corps, qui ne se mouvoit point, commence de mouvoir, d'expliquer comment il a été rencontré par un autre corps, qui étoit en mouvement : alléguant ainsi l'occasion pour la cause. » (p. 103, 104.)

C'est à des conclusions identiques que conduit l'analyse de la causalité productrice de mouvement que nous sommes portés à attribuer à notre volonté. Pour les esprits finis, comme pour les corps, l'illusion est la même : nous prenons une succession constante que nous donne l'expérience pour une causalité véritable[1]. D'abord,

---

1. « Cette erreur est semblable à l'erreur de ceux qui pensent qu'un corps en peut mouvoir un autre : car, comme ces personnes, ne voyant que deux corps, se persuadent, à cause que le transport du second est toujours arrivé sitôt que le premier mû en a été approché, que c'est, en effet, l'un qui a fait mouvoir l'autre, sans considérer qu'un corps ne sçauroit produire l'effet qu'ils luy attribuent. De même plusieurs voyant que dès qu'ils veulent qu'une partie de leur corps soit mûe vers un certain côté, elle y est aussitôt portée, s'imaginent, à cause qu'ils ne s'apperçoivent pour lors que de leur volonté, et du trans-

nous ne pouvons être cause des mouvements de notre corps, puisque ces mouvements existaient dans la matière qui le constitue avant même qu'il ait été animé, c'est-à-dire, « avant même que ce qui veut lui soit uni ». Et, d'ailleurs, ils dépendent si peu de nous que c'est parce qu'ils cessent que la mort apparaît. Vouloir la mort ne suffit pas pour qu'elle se présente si on ne prend les moyens matériels nécessaires ; et ne pas la vouloir n'arrête en rien la rapidité de sa marche. En second lieu, si nous pouvions à notre gré créer du mouvement, nous troublerions l'ordre de l'univers puisque nous modifierions la quantité de mouvement qui s'y trouve. Pour qu'un ordre persiste, il faut que la quantité de mouvement nécessaire pour l'établir persiste aussi. En troisième lieu, si nous pouvions créer du mouvement, à plus forte raison nous pourrions le conserver ; pourquoi, dès lors, pour reprendre un exemple cité, nous laissons-nous mourir ? En quatrième lieu, si nous étions les maîtres de nos mouvements, nous pourrions, à notre gré, les ralentir ou les accélérer. Comment se fait-il alors que le vieillard ne puisse se donner une allure plus rapide, l'ivrogne marcher droit, celui qui a la main gelée remuer ses doigts ? Pourquoi ne pouvons-nous à notre gré, prolonger l'état de veille, écarter le sommeil ? Pourquoi sommes-nous exposés à « ces transports subits et mortels qui nous assaillent le cerveau » ? Pourquoi, surtout, ne pouvons-nous régler ces mouvements du cœur, desquels tous les autres dépendent dans notre organisme ? Sans doute, nous pou-

port de leurs corps, qui la suit de si près, que ce transport ne peut être causé que par elle ; sans prendre garde qu'elle n'en peut être la cause. » (p. 105 et p. 132.)

vons former des souhaits, avoir des désirs qui se trouvent aussitôt suivis des actes appropriés ; mais là se borne notre puissance ; notre volonté n'agit pas hors d'elle-même, elle ne peut rien sur « les parties subtiles qui meuvent notre corps. » « Donc, s'il reste quelque lieu de dire que l'âme meuve le corps, c'est au même sens qu'on peut dire qu'un corps meut un corps. Car, comme on dit qu'un corps en meut un autre, lorsque, à cause de leur rencontre, il arrive que ce qui mouvoit le premier vient à mouvoir le second ; on peut dire qu'une âme meut un corps, lorsque, à cause qu'elle le souhaite, il arrive que ce qui mouvoit déjà ce corps vient à le mouvoir du côté vers lequel cette âme veut qu'il soit mû : et il faut avouer que c'est une façon commode de s'expliquer dans l'ordinaire, que de dire qu'une âme meut un corps, et qu'un corps en meut un autre ; parce que, comme on ne cherche pas toujours l'origine des choses, il est souvent plus raisonnable, suivant ce qui a déjà été remarqué, d'alléguer l'occasion que la cause d'un tel effet » (p. 111.)

Après avoir établi l'impuissance de notre volonté à mouvoir les corps, il ne faudrait pas, allant d'une extrémité à l'autre, affirmer, avec certains, la même impuissance de tout esprit. Nous sommes impuissants, c'est un fait facile à constater ; mais de quel droit, obéissant « à cette coutume que nous avons de juger de tout par ce que nous éprouvons en nous-mêmes », attribuer la même imperfection à tout être ? Il y aurait là encore une généralisation hâtive. Remarquons que l'impuissance des esprits particuliers vient de ce qu'ils ne sont pas par eux-mêmes ; mais supposé qu'un esprit soit par lui-même « rien ne lui manqueroit, en sorte que tout ce qu'il voudroit seroit » (p. 114). Et, comme un tel Esprit existe, car il faut bien un premier être qui, principe de tout, soit aussi son propre principe, il faut admettre « que cet esprit qui est par lui-même n'a besoin que de sa volonté pour tout faire et que rien ne lui manquant, dès qu'il veut que ce qui est capable d'être mû soit en mouvement cela doit nécessairement arriver. » (p. 114.) Inutile de supposer des esprits intermédiaires qui auraient précisément la fonction de mouvoir. De tels esprits, n'étant pas par soi, à cause même de leur rang, ne pourraient être « la véritable cause de quoi que ce soit. » A l'être seul qui est par lui-même peut appartenir un privilège de cette sorte. La cause directe, immédiate du mouvement n'est donc autre que Dieu lui-même. « L'on a bien dit, quand on a dit qu'il s'étoit tellement enchâssé dans ses ouvrages, qu'on ne peut les considérer sans le connoître. En effet, on ne peut connoître la nature sans avoir connu le mouvement ; et vous voyez que nous n'avons pu connoître le mouvement que nous n'ayons reconnu la divine puissance qui le cause (p. 116). »

Cordemoy termine ses dissertations sur la causalité des êtres par le passage suivant qui les résume et en exprime bien l'esprit. « Nos sens nous faisoient assez voir que les corps pouvoient être mûs ; mais nos raisonnements nous ont appris qu'ils ne le pouvoient être par d'autres corps, ni par des âmes faibles comme les nôtres, ni même par aucun esprit créé, pour excellent qu'il fût. Ainsi nous sommes parvenus à ce premier Esprit et nous avons été obligés non seulement d'avouer qu'il a commencé le mouvement ; mais nous avons évidemment reconnu qu'il le continue. Nous avons appris que sa seule puissance en est capable, et nous la devons admirer surtout en ce point, qu'ayant posé les lois entre les corps, suivant lesquelles elle les meut diversement, à cause de la diversité de leurs rencontres, elle a aussi posé entre nos âmes et nos corps des loix qu'elle ne viole jamais ; et tandis que ces corps sont constitués d'une certaine façon, elle en dirige toujours certains mouvements selon nos désirs ; ce qu'elle fait avec tant de promptitude, et si conformément à nos volontés, que ceux qui précipitent leurs jugements croyent qu'ils ont opéré d'eux-mêmes ce qu'ils ont simplement désiré, parce que cette première puissance l'a opéré dès l'instant qu'ils l'ont désiré. » (p. 117, 118.)

On le voit, tout n'est que par Dieu, c'est lui qui agit dans les êtres, fixe et maintient les relations qu'ils soutiennent entre eux. Avec une telle conception, l'union de l'âme et du corps, de même que leurs actions particulières réciproques, peuvent s'expliquer de la façon la plus satisfaisante, d'après Cordemoy. Et il y a là comme une application particulière de ses analyses qu'il entreprend aussitôt, persuadé qu'il est d'avoir trouvé peut-être la solution d'une question jusqu'à lui mal résolue (1). « L'union de notre âme et de notre corps, dit-il, et la manière dont ils agissent l'un sur l'autre sont deux choses que l'on a toujours admirées sans les expliquer. Je n'ose dire que j'en ai découvert le secret : mais il me semble n'avoir plus rien à désirer sur ce point ; et quelques-uns de mes amis, à qui

---

1. Cf. Renaudot : *Bureau d'adresse*, édition de 1660. *XVIe Conférence*, dans laquelle sont exposées différentes explications de l'action des esprits sur les corps. Toutes sont d'inspiration scholastique.

j'ai communiqué plusieurs fois mes pensées sur ce sujet depuis sept ou huit ans, me veulent persuader qu'elles sont véritables. » (p. 120.)

D'abord quelle peut être la nature d'une telle union de l'âme et du corps ? On dit « que deux corps sont unis quand leurs étendues se touchent mutuellement et avec un tel rapport que l'un suive nécessairement les déterminations de l'autre. » On ne se demande pas comment cela se fait, l'attestation de l'existence de ce rapport et de sa persistance suffit. De même, pour dire que deux esprits sont unis, il suffit de constater la présence continue d'un pareil rapport de dépendance réciproque entre leurs pensées et leurs volontés. Si l'on prend ensuite deux substances de natures distinctes, tels que le corps et l'esprit, il est évident que leur union se fera non par ce en quoi elles s'opposent, mais seulement par ce qui les rapproche, « par ce qu'elles ont de rapportant. » Or, ce qu'il y a « de rapportant » entre l'âme et le corps, c'est seulement la corrélation qui existe entre certains mouvements de l'un et certaines pensées de l'autre ; par là seulement donc peut se faire leur union. « Si cet esprit dont la nature est de penser, a quelques pensées auxquelles le corps puisse avoir du rapport par son étendue, par son mouvement ou par autre chose de sa nature, par exemple, si de ce que cet esprit voudra que ce corps soit mû en un certain sens, ce corps est tellement disposé, qu'en effet, il y soit mû ; ou si, de ce qu'il y aura de certains mouvements en ce corps, il vient de certaines perceptions en cet esprit, on pourra dire (par quelque puissance qu'ils ayent été ainsi disposés) qu'ils sont unis : et tandis qu'ils auront ce rapport entre eux, on pourra dire que leur union continue » (p. 127.) Ce qui caractérise une telle union, c'est qu'au lieu de se faire seulement du dehors, par les extrémités, comme c'est le cas pour les corps, et ainsi d'être partielle, elle est, au contraire, totale, puisque il n'y a pas d'états du corps qui ne puissent être l'objet d'une pensée. Quant au lien qui la constitue, il n'est, on le sait, qu'une manifestation particulière et constante de l'action divine qui s'étend à tout. Rien n'arrive que par elle, c'est elle qui « tient l'esprit et le corps toujours disposés à recevoir divers changements à l'occasion l'un de l'autre. »

Par une telle conception Cordemoy se croit en mesure de résoudre une difficulté souvent objectée aux cartésiens[1] : comment les esprits inétendus par essence peuvent-ils, cependant, être dans le lieu, être transportés, comment peuvent-ils être présents aux corps tout entiers qu'ils animent ? Il répond que ce qui est dans le lieu et est transporté, c'est non l'esprit, mais le corps auquel il est uni par un lien nécessaire de dépendance, et que l'esprit peut être regardé comme présent à tout le corps puisque chaque état du corps peut se trouver correspondre à une pensée. Cette union n'étant qu'un rapport, la distinction des substances persiste tout entière, aucune confusion ne se produit. De même, on peut soutenir avec raison que Dieu est partout, puisque chaque mouvement exprime un acte de sa volonté. Seulement cette relation n'implique aucune dépendance de sa part, « puisque rien n'arrive en la matière que ce qui plaît à cet esprit souverain » (p. 126). puisque sa volonté n'est soumise à aucune condition,

---

1. Cf. *Lettres de Morus à Descartes*. et le P. Daniel : *Voyage du monde de Descartes*, p. 35 sqq.

est absolue, tandis qu'il y a dépendance pour l'esprit de l'homme dont la puissance est bornée, qui subit sa nature humaine. C'est parce que Dieu est volonté souveraine et toute puissante qu'il peut être présent à toutes les parties du monde et qu'il peut en même temps s'en distinguer et le dominer ; c'est parce que l'homme n'est pas par lui-même qu'il est lié intimement à son corps, qu'il en dépend.

L'action mutuelle des esprits sur les corps et des corps sur les esprits doit être interprétée et représentée d'une façon analogue. Souvenons-nous, d'abord, qu'il n'y a pas de causalité transitive, que pour un corps agir sur un autre corps, c'est être l'occasion d'un mouvement dans cet autre corps, que pour un esprit agir sur un autre esprit, c'est être l'occasion d'une nouvelle pensée de cet esprit. Dès lors, ce sera un axiome que toute modification produite par une action sur un objet devra être de la nature de l'objet et non de celle de la cause. Par exemple, si un corps agit sur un esprit, cette action devra se traduire dans cet esprit par un changement de pensée : si un esprit agit sur un corps, cette action se traduira dans le corps par un changement de figure ou de mouvement. On ne doit donc rien voir de plus dans l'action réciproque du corps et de l'âme qu'un rapport de conditionnalité nécessaire. Les états de l'un sont, par suite de leur union, les occasions déterminantes de la production des états de l'autre, à cela se réduit leur causalité. Action et passion sont synonymes d'état déterminant et d'état déterminé. Et, remarquons-le encore une fois, l'action d'un corps sur un autre corps, bien que plus apparente, ne doit pas nous faire illusion. Là aussi, nous le savons, il n'y a pas production, mais seulement succession d'états. L'action réelle s'y trouve tout aussi absente qu'entre le corps, et l'esprit « Comme on est obligé de reconnoître que la rencontre de deux corps est une occasion à la puissance qui mouvoit le premier, de mouvoir le second, on ne doit point avoir de peine à concevoir que notre volonté soit une occasion à la puissance qui meut déjà un corps, d'en diriger le mouvement vers un certain côté répondant à cette pensée. » (p. 135.)

La nature de l'union du corps et de l'âme maintient à chacune de ces substances une existence à part [1]. Aucun passage, en effet, de l'une dans l'autre, puisque leur action se ramène à un rapport d'états qui n'existe que par une volonté supérieure, celle de Dieu. Il y a des pensées en nous, il y a des mouvements dans notre corps ; les uns ou les autres sont respectivement, par rapport à la volonté divine, l'occasion de la production des uns ou des autres, mais une pensée reste « une façon d'être » propre à l'âme, un mouvement reste une

---

[1]. D'après Bouiller : *Histoire de la Philosophie cartésienne*, éd. in-8, I, 558. « C'est De la Chambre que Cordemoy combat sans le nommer dans ses *Dissertations sur le Discernement de l'âme et du corps* dont le but est de dissiper cette confusion de ce qui est essentiel au corps avec ce qui est essentiel à l'âme. Sans soutenir que l'âme soit matérielle, De la Chambre, voulait cependant que l'âme ait une extension, et, par conséquent, des parties, une figure et une grandeur, parce que ce sont les suites nécessaires de la quantité. » Il combattait aussi l'automatisme cartésien, accordant le raisonnement aux animaux. Il avait été réfuté sur ce point, dès 1646, par un médecin Pierre Chanet, de La Rochelle, dans un *Traité de l'Instinct*. De la Forge cite à plusieurs reprises ce dernier auteur dans son *Traité de l'Esprit*. Voir *Dictionnaire philosophique de Franck*, art. de De la Chambre, et Haureau : *Histoire littéraire du Maine*, III. Haureau ne fait aucune allusion à la réfutation de De la Chambre par Cordemoy.

façon d'être » propre au corps [1]. Si l'on se place au point de vue de la connaissance, la perception d'un corps se réduit à l'apparition en nous de tel ou tel ensemble d'images, à l'occasion de tel ou tel mouvement [2]; toute perception directe et immédiate devient impossible. Mais il se trouve qu'une porte s'ouvre à l'idéalisme, et Cordemoy ne craint pas de s'y engager. Il montre contre ceux qui nient l'existence de l'esprit, qui est incontestable, puisqu'elle est liée à celle de la pensée, que s'il y a une existence qui est douteuse, c'est bien celle qu'ils considèrent comme certaine, à savoir : celle du corps. Qui me garantit, en effet, que la représentation que j'ai du monde matériel correspond à un monde réel ? Les illusions que nous donnent les songes n'introduisent-elles pas un motif de suspicion légitime ? « Car, enfin, pourquoy me persuader que j'ay maintenant un corps étendu de cinq pieds ? J'ay songé quelquefois que j'en avois un composé de tant de parties, que leur étendue étoit de plus de cent pieds et même qu'il touchoit aux nues. Qui m'assurera, dis-je, maintenant du peu qui me semble rester de ce grand corps ? » (p. 141.)

Inutile de faire appel au témoignage des sens, ce témoignage est trop contestable. « C'est, me direz-vous,

---

[1]. « Chaque chose agissant selon sa nature, nous ne connoîtrons jamais l'action d'un agent quand nous voudrons l'examiner par les notions que nous avons d'un autre agent de nature toute différente. » (p. 131.)

[2]. « Si ce corps, ou son mouvement, ou sa figure, ou autre chose dépendante de sa nature peut être aperçu de quelque esprit, en sorte qu'à son occasion cet esprit ait des pensées qu'il n'avoit pas auparavant ; on pourra dire que ce corps a agi sur cet esprit, puisqu'il luy a causé tout le changement, dont il étoit capable suivant sa nature. » (p. 130.)

que vous sentiez ce corps ? Mais je sentois les cent pieds comme je sens les cinq : et enfin, pour ne point trop écouter mes rêveries, ceux qui sentent du mal au bout des doigts quand on leur a coupé la main, ne s'imaginent-ils pas (quoy que tout éveillés) qu'ils ont des parties étendues, où ils n'en ont point ; et cela étant, je demande encore un coup où est la certitude que j'ay de l'étendue, où je croy maintenant en avoir; si toute la raison que j'ay de le croire, est que je le sens. » (p. 142). Du moment que l'existence de la pensée est indépendante de celle du corps ? pourquoi maintenir l'existence incertaine de ce corps, n'est-elle pas superflue ? Ce pas devant lequel Descartes avait hésité, Cordemoy le fait. « Ainsi ma pensée demeure certaine, tandis qu'à parler en philosophe ce que je croy de mon corps, reste fort douteux, et quand même ce corps que je m'imagine avoir, ne seroit point; je ne cesserois point d'être quelque chose tandis que je serois pensant. Car de même que celuy à qui l'on a coupé la main, conserve les mêmes pensées qu'il avoit à l'occasion de ses doigts, puisqu'il les sent comme s'il les avoit encore ; je pourrois avoir perdu tous les membres l'un après l'autre, et continuer de croire que je les ay tous encore. » (p. 143.) La foi seule peut nous garantir que le corps existe. Elle nous enseigne que Dieu s'est fait homme et a eu un corps, il faut donc que j'aie un corps moi aussi, puisque être homme c'est avoir un corps. Cet idéalisme, nous le verrons, Cordemoy, logique avec son occasionalisme, le portera aussi loin que possible [1]. Il fut remarqué et noté dès son apparition,

---

1. Cf. plus loin, p. 92, 93.

bien qu'il fût seulement indiqué par son auteur. Dans le compte rendu du *Journal des Savants* (7 juin 1666.) on lit en effet : « Le sixième discours fait voir que l'existence de l'âme est plus certaine que celle du corps parce qu'on ne peut pas douter qu'on ne pense, puisque le doute même est une pensée, mais on peut douter qu'on ait un corps pour plusieurs raisons que cet auteur rapporte et qui lui paroissent si fortes, qu'il conclut qu'il ne lui est pas évident par la lumière naturelle qu'il ait un corps. » En rattachant l'idéalisme à l'occasionalisme, Malebranche n'innovera pas [1].

Si notre être comprend à la fois une âme et un corps absolument séparés l'un de l'autre, et, cependant, soutenant entre eux certaines relations précises, il devra y avoir en nous trois vies : celle de l'âme, celle du corps et celle du composé. Quiconque veut bien se connaître devra dès lors discerner avec justesse les états qui se rattachent à chacune de ces trois vies et Cordemoy, dont le livre a précisément pour objet la connaissance de soi-même, essaye de faire cette répartition, s'inspirant beaucoup du *Traité des Passions de Descartes* [2]. A l'âme seule appartiendront les idées et les différentes opérations que leur formation implique, les déterminations bonnes ou mauvaises de la volonté et même les mouvements d'amour, de haine, de crainte. Unie ou non à un corps, l'âme peut avoir ces états, ils ne

---

1. Cf. Pillon, *Année philos.*, 1891, p. 73.
2. 1° Ce n'est pas assez de sçavoir que j'ay un corps et une âme pour me bien connoitre Il faut que je tâche à bien démêler toutes les choses qui m'appartiennent comme ayant un corps, d'avec celles qui m'appartiennent comme ayant une âme. 2° il faut que j'examine comment je suis tout ce qui je suis par leur union et comment ils agissent l'un sur l'autre. » (p. 145.)

dépendent que d'elle seule. Au corps seront attribués tous les actes de mon être, tels que se remuer, veiller, se nourrir, etc., que les seules fonctions corporelles suffisent à produire. Le corps est un véritable automate. Réduit à lui-même, sans aucune âme qui l'éclaire de sa perception, il serait capable des mêmes opérations. « Toutes les parties de mon corps sont arrangées de sorte que, suivant les lois de la mécanique, cela arriveroit aussi nécessairement, qu'il arrive à un aymant de se reculer d'un autre aymant, lorsqu'on luy en présente un certain côté. » (p. 160.) Mais il y a des états tels que les sensations, le plaisir, la peine, les passions qui ne se comprennent que par la coopération des deux substances : âme et corps ; ces états devront donc être rapportés spécialement à l'union de ces deux substances. Dans de tels états rentrent certainement des mouvements du corps, puisqu'il est facile d'indiquer les mouvements de notre organisme qu'ils supposent, mais il y entre aussi de l'âme, du conscient. « Il n'est pas possible que je les sente et que je m'en aperçoive dès qu'ils arrivent sans avoir une âme et sans que cette âme soit unie au corps que j'appelle mien. » (p. 165.) Si, par exemple, j'éprouve de la douleur quand on me pique au bout du doigt, je ne puis pas dire que cela vienne simplement de ce que je suis un corps, car, alors, quels que soient les mouvements qui se produiroient dans mon organisme je ne les sentirois pas (p. 175 et 197). D'un autre côté, si je n'étais qu'une âme, « je pourrois bien m'appercevoir de tout ce qui se passe dans le corps que je viens de décrire, sans prendre aucune part à la destruction de ce corps ; et n'ayant aucun intérêt à sa conservation, j'en connoîtrois le désordre, comme celui de quelque autre machine sans en recevoir aucune altération fâcheuse et cela n'est pas sentir de la douleur. » Si donc « je sens de la douleur », c'est qu'en moi il y a une vie particulière provenant de l'union d'une âme et d'un corps, c'est que « par la puissance qui a fait ce corps et cette âme ils sont en telle disposition, qu'il y a un rapport nécessaire entre les pensées de l'une et les mouvements de l'autre, en sorte que cette âme ait intérêt que les mouvements de ce corps soient toujours justes et les organes qui y servent bien ordonnés, ce qui fait qu'elle ne peut s'apercevoir de l'état violent et contraire à l'économie de ce corps qu'avec douleur. » (p. 177.) Ce qu'on vient de dire de la douleur pourra se répéter, *mutatis mutandis* de la passion et autres états. Si j'ai des passions, c'est que mon âme n'est pas indifférente à ce qui maintient l'état bon ou mauvais de mon organisme, qu'elle s'y attache ou le repousse, « qu'elle s'y unit ou s'en sépare de volonté. » « Séparée du corps, l'âme pourroit aimer beaucoup et même infiniment sans que cela se dût appeler passion, et je crois ne devoir icy donner ce nom qu'aux altérations que mon âme souffre à cause de mon corps. » (p. 186.) De même, si nous étions seulement des corps, tous les mouvements liés à la sensation pourraient avoir lieu, mais il n'y aurait « ni appercevance, ni sentiment, ni choix. » Mais qu'une âme soit unie au corps, et il est « convenable que cette âme s'intéresse aux mouvements qui sont dangereux ou utiles au tout. » De même encore, si je n'étais constitué que par l'âme, mon imagination, comme l'âme, échapperait au lieu, à l'espace même, ne mettrait aucune borne à ses représentations ; mais je suis constitué par une âme unie à un corps, mon imagination se trouve, dès lors, bornée comme les relations de mon corps, ne peut avoir d'autre domaine que ce qui le meut et l'affecte.

On peut remarquer que dans la description des états de cette troisième vie qui est la vie proprement humaine, Cordemoy tend à plus fusionner que ne l'avait fait Descartes le corps et l'âme, à atténuer dans le fait cette opposition de la pensée et de l'étendue, sous l'influence de laquelle l'auteur du *Traité des Passions* était conduit à juxtaposer plutôt le corps et l'âme qu'à les pénétrer. Pour lui, l'âme n'assiste pas seulement aux mouvements corporels, elle y prend réellement part, elle en est affectée dans sa nature. Les émotions, passions, ne sont plus seulement une simple expression psychologique, une simple réverbération consciente de l'agitation de l'organisme, elles sont, en même temps, une agitation profonde de l'âme qui se produit parce que le bon état de l'organisme est en jeu, et qu'il importe à la vie même de l'âme dans sa condition humaine. À mesure que l'attention se dirigeait sur cette troisième vie, on ne pouvait pas ne pas en faire une analyse plus complète, et l'occasionalisme, en rejetant toute causalité transitive, favorisait une telle analyse ; il conduisait à examiner avec plus de soin les variations relatives des faits, à moins faire appel à des explications illusoires, à se rapprocher davantage de la réalité. Ce sont les phénoménistes, c'est-à-dire des philosophes ayant une opinion analogue à celle des occasionalistes sur la causalité et se rattachant ainsi à eux, qui les continueront sur ce point, et donneront tout son développement à l'étude des rapports de l'âme et du corps.

CHAPITRE V

L'OCCASIONALISME DE CORDEMOY
RAPPORTS DE NOTRE AME AVEC LES AUTRES AMES ET AVEC DIEU

L'union de l'âme et du corps a une conséquence importante : c'est que pour entrer en communication avec les autres hommes et, par suite, pour les connaître, il nous faut un intermédiaire en partie matériel : la parole. « Il est évident que c'est de ce rapport si nécessaire que l'Auteur de la nature entretient entre le corps et l'âme qu'est venue la nécessité de faire des signes pour communiquer ses pensées : car, puisque l'âme ne peut avoir de pensée, à l'occasion de laquelle il ne se fasse un mouvement dans le corps, et que, d'ailleurs, elle ne peut recevoir aucune idée de ce qui est au dehors, que par les mouvements qui sont excités dans le corps qu'elle anime, il faut nécessairement que deux âmes, unies à deux corps différents, expriment leurs pensées par des mouvements ou si vous voulez par des signes extérieurs (II, p. 27.) C'est donc par l'étude de la parole que l'on pourra arriver à se représenter la nature des autres êtres, et cette étude conduira Cordemoy à préciser ses idées sur la nature des rapports des esprits entre eux et à fixer la nature de notre intelligence et de notre activité.

On peut d'abord distinguer un langage naturel, qui n'est autre que l'expression physique des passions [1]. Les passions, en effet, sont les affections que l'âme éprouve à l'occasion de l'état où se trouve le corps. Cet état du corps est donc lié nécessairement au sentiment qui lui correspond, il le manifeste, et, dès lors, qu'on constate chez d'autres les mouvements que nous avons remarqués en nous quand nous avions certaines passions, et nous pourrons juger qu'ils éprouvent ces mêmes passions. Aussi le meilleur moyen de faire connaître ses émotions et, par suite, de les faire partager, est-il de supprimer en nous toute contrainte. « C'est là la manière d'exprimer ses pensées la plus naïve, c'est aussi la première de toutes les langues et la plus universelle qui soit dans le monde, puisqu'il n'y a point de nation qui ne l'entende. » (II, p. 29.)

Cependant, pour être naturel et primitif, ce langage n'est pas toujours vrai. Nous pouvons contraindre les mouvements de nos yeux, de notre visage, de nos membres et modifier ainsi leur rapport avec les états de notre âme; car ce rapport n'est pas si nécessaire qu'il

---

1. « S'il est vray que certains mouvements du visage et certains cris suivent naturellement certains états du corps, par le rapport qu'il y a entre ses parties, il faut croire que les pensées qui sont jointes naturellement à ces mouvements du visage et à ces cris, sont les passions que l'âme souffre à l'occasion de l'état où est le corps ; tellement que si un homme a bien observé ses yeux, son visage, et tout l'extérieur de son corps pendant qu'il a eu cretaines passions, il a pu, voyant les mêmes mouvements dans un autre homme, juger que cet homme sentait les mêmes passions. » (II, p. 28, cf. p. 18, 96.) L'étude des phénomènes d'expression ne fut pas négligée au xviie siècle. Beaucoup de cartésiens s'en occupèrent. Cureau de la Chambre lui a consacré un livre : *L'art de connoistre les hommes*, in-8. Paris, 1659. D'après Bayle (*Œuvres complètes*, I, 201.) le *Discours sur la parole* de Cordemoy eut beaucoup de succès.

ne puisse être transformé, en substituant aux mouvements ordinaires les mouvements contraires [1]. Ce changement est pénible au début, il demande alors un réel effort de la volonté ; toutefois il peut devenir facile, grâce à l'habitude « qui rend aisé tout ce qui paroît d'abord le plus difficile » (p. 20.) Un autre langage qui, lui, sera notre œuvre est donc possible. La liaison entre les mouvements et les idées, c'est nous qui l'aurons voulue, qui l'aurons établie ; mais il faudra que d'autres âmes connaissent cette liaison ou la devinent, pour qu'elle devienne un rapport de signe à chose signifiée, pour que le langage ordinaire soit créé (II, p. 17.) L'origine de la parole n'est pas autre : « exprimer par des choses extérieures et corporelles auxquelles on fait signifier par institution ce qu'on pense est, en général, ce qu'on appelle parler » (II, p. 30) ; et si les sons émis par la voix sont les signes préférés, c'est pour une simple raison de commodité. Qu'un tel langage soit d'institution, qu'il soit l'œuvre de l'homme, c'est ce qu'il est facile de constater. C'est

---

[1] « Cette modification du rapport entre l'âme et le corps est limitée à quelques états. « Il y a trois sortes de correspondances entre l'âme et le corps. La première est naturelle, et c'est cette correspondance nécessaire, par laquelle certaines sensations naissent toujours en l'âme, dès que certains mouvements sont excités dans le cerveau, comme des mouvements sont excités dans le corps dès que l'âme en a la volonté ; or cette correspondance ne peut cesser absolument qu'avec la vie, et ce qui la change entièrement donne la mort. — Outre cela il y a une seconde correspondance entre les idées que l'âme a des choses, et les impressions que ces choses laissent dans le cerveau ; cette correspondance non plus que la première ne peut changer en son tout, et, tandis que l'âme est unie au corps, jamais elle n'a l'idée des choses corporelles, que leur impression ne soit dans le cerveau. Mais il y a une troisième correspondance entre le nom de chaque chose et son idée, qui n'étant que d'institution se peut changer » (p. 10.)

un fait qu'on peut apprendre une langue nouvelle et même en inventer une ; et apprendre une langue ou en inventer une, n'est autre chose que convenir que certains caractères signifieront certaines pensées (II, p. 31.) Cette convention est toujours limitée à un groupe déterminé d'hommes ; qu'on l'ignore et les mots prononcés n'ont plus pour nous aucun sens ; ce sont de simples sons, de simples mouvements de notre cerveau, dont nous avons le sentiment, sans doute, mais qui restent étrangers à notre intelligence. Ainsi un homme qui ne connaît pas la langue d'un pays où il se trouve, veut-il l'apprendre ? et tous ses efforts tendront à retrouver la convention qui a présidé à sa formation, à constater, par exemple, que tel mot est toujours employé pour désigner telle qualité de cette chose, tel autre mot pour traduire telle action. Ce n'est pas autrement que procèdent les enfants pour apprendre la langue du pays où ils naissent. Ils n'apportent, en venant au monde, que ce que la nature donne à tous les hommes pour exprimer la douleur, la joie ou les autres passions, et cela leur suffit. Les pleurs ou les rires de la nourrice, interprétés d'après leur propre expérience, leur révéleront d'abord ses émotions ; puis la nécessité où ils se trouveront d'agir et, par suite, de posséder tel ou tel objet, les amènera à distinguer la façon dont on les nomme. Et ce travail de leur part continue, quelque aide qu'on leur fournisse. « On s'aperçoit souvent qu'ils savent les noms de mille autres choses qu'on n'a point eu dessein de leur montrer ; et ce qu'il y a de plus surprenant en cela, c'est de voir, lorsqu'ils ont deux ou trois ans, que, par la seule force de leur attention, ils soient capables de démêler dans toutes les constructions qu'on fait en parlant d'une même chose le nom qu'on donne à cette chose [1]. » Aussi leur langage va se développant à mesure que leur désir de connaître augmente, à mesure que leur attention s'applique à des êtres plus nombreux, surtout aux qualités et propriétés des choses, aux actions des êtres. Rien de mécanique dans tout cela, sauf l'émission des sons, qui ne constitue que le matériel du langage ; rien d'analogue à ce qui se passe chez les animaux, puisque, au lieu d'émettre, de répéter seulement les sons, il les interprète ; il y a là une création de la raison [2]. On doit admettre que, « dès la naissance, ils ont la raison tout entière, car enfin cette manière d'apprendre à parler est l'effet d'un si grand discernement et d'une raison si parfaite qu'il n'est pas possible d'en concevoir un plus merveilleux [3]. » Qu'on

---

1. II, p. 36.
2. « Les bêtes n'ont pas besoin d'une âme pour crier, ni pour être émues par des voix, ni même pour imiter le son de nos paroles ; si le cry de celles qui sont d'une même espèce les dispose à s'approcher et fait reculer celles qui sont d'une autre espèce, on n'en doit chercher la cause que dans leur corps, et la différente construction de leurs organes ; mais en même temps je reconnais que dans les hommes le mouvement des parties qui servent à la voix, ou de celles qui en sont ébranlées, est toujours accompagné de quelques pensées, et que dans la parole il y a toujours deux choses, sçavoir la formation de la voix qui ne peut venir que du corps, et la signification ou l'idée qu'on y joint, qui ne peut être que de la part de l'âme. » (Préf. du vol II, n° 4 cf. II, p. 83.)
3. II, p. 44, cf. p. 90 : « J'admire les efforts faits chez les enfants dès le premier âge pour leur faire discerner la signification de chaque mot ; surtout, l'ordre qu'ils suivent pour cela me paraît surprenant, en ce qu'il est tout semblable à celuy de la grammaire : de sorte que voyant combien cet art imite la nature, je n'ay pas de peine à découvrir comment ceux qui nous en ont donné des règles, les ont apprises des enfants. » (Préf. n° 2, cf. p. 39.)

n'objecte pas que la raison semble souvent absente de la conduite des enfants ; ce qui leur manque, ce n'est pas la raison, mais l'usage des choses au milieu desquelles ils vivent, et, bien plus, ce que l'on trouve de déraisonnable chez eux n'est-ce pas parfois ce qui est contraire à des coutumes longues à acquérir et qui correspondent bien peu « à ce que la nature bien ordonnée exigeroit des hommes [1] ? »

Le langage est donc, puisqu'il est une convention, la manifestation extérieure de l'activité d'un esprit. Ce qu'il y a de physiologique en lui peut expliquer l'émission des sons, le langage des animaux, mais non le sens donné aux mots, leur interprétation, qui suppose la raison [2] ; c'est lui qui nous assure que les autres hommes ont une âme comme nous, qu'à la différence des animaux, ils ne sont pas de simples automates. « Maintenant il ne m'est plus permis de douter que les corps qui ressemblent au mien, ne soient unis à des âmes, et, qu'en un mot, je suis assuré qu'il y a d'autres hommes que moy. » (II, p. 6, 7, 33.)

Comme le langage implique une liaison voulue et maintenue entre deux choses bien distinctes : l'idée et le mot, qui sont l'une un fait intellectuel, l'autre un fait physique, il se trouve qu'il nous donne aussi le secret de l'union de l'âme et du corps. « Car enfin, si l'on conçoit que les hommes puissent par institution joindre certains mouvements à certaines pensées, on ne doit pas avoir de peine à concevoir que l'Auteur de

---

1. « Dans la parole il y a deux choses, scavoir la formation de la voix qui ne peut venir que du corps : et la signification ou l'idée qu'on y joint qui ne peut être que de la part de l'âme. »
2. II, p. 44.

la Nature en formant un homme unisse si bien quelques pensées de son âme à quelques mouvements de son corps, que ces mouvements ne puissent être excités dans le corps qu'aussitôt des pensées ne soient excitées en l'âme, et que, réciproquement, dès que l'âme veut que le corps soit mû d'une certaine façon, il le soit en même temps. » (II, p. 27, cf. p. 100.)

Que cet instrument de communication qu'est le langage humain soit bien imparfait, c'est ce qui résulte de sa double nature : il se compose de signes matériels et d'idées, comment, dès lors, cet intermédiaire obligé qu'est le mot, si différent qu'il est de l'idée, pourra-t-il en être une expression exacte ? (p. 104.) L'intervention du corps dans la communication d'hommes à hommes ne peut qu'être une cause de confusion et de déformation pour les pensées. C'est ce qui explique que le difficile n'est pas de comprendre ce que les autres pensent, mais de débarrasser la pensée des signes ou des mots qui ne lui conviennent pas; et la lenteur de l'intelligence ne lui est pas inhérente; c'est un accident qui vient d'une difficulté naturelle qu'ont les cerveaux de certains individus à reproduire les modifications organiques qui accompagnent les idées, et, par suite, à exciter le souvenir des mots appropriés [1]. Deux esprits qui ne seraient pas unis à des corps, qui

1. « C'est aussi de la disposition du cerveau et des autres parties qui servent à la voix, que vient la facilité ou la difficulté de l'expression ; et la peine que plusieurs ont à parler procède seulement de ce que les parties de leur cerveau qui répondent aux pensées de l'âme, ou celles qui servent à la voix, sont mal disposées, mais non pas de leurs pensées qui s'expliquent toujours clairement par elles-mêmes et ne seroient jamais obscures, si elles étoient séparées des signes ou des voix qu'on employe pour les faire entendre et qui, souvent, ne leur conviennent pas. » (II, p. 111, sqq.) Il est amené ainsi à

n'auraient pas à faire usage de signes matériels se livreraient bien plus facilement leurs pensées « puisqu'il y a naturellement bien plus de proportion entre les pensées de deux esprits semblables qu'entre les pensées et les mouvements de deux corps. » (II, p. 104, 129, 140.) Dès lors, que des esprits cessent d'être unis à des corps, et la connaissance réciproque de leurs pensées se fera plus directement et plus sûrement. Il leur suffira pour cela de le vouloir. Le langage, en effet, étant une convention, consistant surtout dans la signification, dépend absolument de la volonté ; il ne dépend que de nous de révéler ou de ne pas révéler nos pensées [1]. La seule volonté d'un esprit de communiquer ses pensées à un autre esprit suffira donc pour réaliser cette communication. Des esprits purs, qui n'ont pas à compter avec un mécanisme corporel, n'ont rien à mettre de plus dans leur langage ; ce qui se passe en nous peut nous faire soupçonner ce qui se passe ailleurs. La communication de purs esprits, qui est directe, n'est pas « plus malaisée à concevoir » que la communication par des signes des hommes entre eux. Ces esprits purs pourront de la même façon se faire entendre aux esprits humains, et la chose doit avoir lieu, sinon à quelle origine rapporter toutes ces pensées sublimes qu'ont eues « ces grands personnages admirés dans l'Église pour la sainteté de leur vie et pour la pureté

---

faire de l'éloquence un don naturel et à en étudier à ce point de vue les conditions.

1. « Or, comme nous sommes assurés que nous ne disons nos pensées que quand il nous plaît, nous devons croire que si nous étions en état de n'avoir plus besoin de signes ni de la voix, nous pourrions, par notre seule volonté, découvrir ou cacher nos pensées. » (II, p. 140.)

de leur doctrine ? » Ces pensées, qui dépassent la nature, ils n'ont pu les recevoir des autres hommes. Dieu seul ou les anges pouvaient les leur donner. Ce qu'on appelle inspiration n'a pas d'autre origine. Dira-t-on que ces esprits nous ne les connaissons pas ? mais les hommes, non plus, nous ne les connaissons pas. C'est le langage qui nous révèle l'existence de ces derniers ; un langage plus direct, qui, bien que moins sensible, n'en est pas plus malaisé à concevoir, peut non moins sûrement nous donner l'existence des premiers [1].

Mais il ne faut pas oublier que l'action d'un esprit sur un esprit, tout aussi bien que l'action d'un corps sur un corps, exige l'intervention divine. Si nous voulons mouvoir notre corps, notre volonté se réduit à donner l'occasion à Dieu de mouvoir ce corps conformément à notre volonté. L'action d'un esprit sur un autre est de même nature et la communication que demande le langage ne fait pas exception : « La volonté que nous avons qu'un esprit connoisse ce que nous pensons est une occasion à la première Puissance, de faire que tout

---

[1]. « Si toute la raison que nous avons de croire qu'il y a des esprits unis aux corps des hommes qui nous parlent, est qu'ils nous donnent souvent de nouvelles pensées que nous n'avions pas, ou qu'ils nous obligent à changer celles que nous avions, pouvons-nous douter, lorsqu'il nous vient de nouvelles pensées qui sont au-dessus de nos lumières naturelles, et contraires aux sentiments que le corps peut exciter en nous ; pouvons-nous, dis-je, lorsque des hommes ne nous les inspirent pas, douter qu'elles ne nous soient inspirées par d'autres Esprits ? Encore un coup, je n'estime pas que cela se puisse raisonnablement ; et la coutume que nous avons d'en recevoir par l'entremise de la parole, qui est une manière sensible, ne nous doit point faire méconnoître celles qui nous sont inspirées par une voye différente de celle des sens. » (II, p. 140.)

se dispose de sorte que cet esprit l'aperçoive (II, p. 142)[1]. En un mot, tout ce qui dépend de notre volonté, « c'est de se déterminer à une chose ou à l'autre, » la suite de cette détermination est l'œuvre de Dieu; il est la cause totale, rien ne se réalise que par lui.

La conséquence de cette intervention divine qui, on le voit, s'étend à tout, c'est que, si nous sommes maîtres de l'usage de nos pensées, ainsi que nous en avons « la connaissance claire » (II, p. 140)[2], comme, en même temps, nous ne pouvons sortir de nous-mêmes que par Dieu, comme nous n'avons d'idées des autres êtres que celles qui sont déterminées en nous par Dieu à leur occasion, notre connaissance se trouve bornée à ce qu'il veut bien nous faire connaître. « Il est aussi impossible aux âmes d'avoir de nouvelles perceptions sans Dieu, qu'il est impossible aux corps d'avoir de nouveaux mouvements sans lui » (II, p. 143.) Tout ce qu'il nous est utile de savoir des choses, c'est-à-dire, « tout ce en quoy les choses nous peuvent nuire ou profiter », il nous le découvre, mais la substance des choses (II, p. 145), même la nôtre, la nature de notre volonté, nous demeurent cachées[3]. Notre certitude est limitée à quel-

---

1. « Il est bon de remarquer que, bien que Dieu ne nous fasse pas concevoir la substance de nos Esprits mêmes, ni comment ils veulent c'est-à-dire, comment ils se déterminent, néanmoins nous connoissons clairement que nous avons un Esprit, et que notre Esprit a le pouvoir de se déterminer. Or comme nous sommes assurés que nous ne disons nos pensées que quand il nous plaît... » (II, p. 140.)

2. Cf. II, p 122. « Pour s'accoustumer à ne dire que la vérité, c'est un puissant motif que de se représenter souvent que nous n'avons la facilité de nous expliquer, que parce que Dieu à qui nous devons nos pensées et les mouvements de notre langue, veut bien exciter les uns dès que nous voulons faire entendre les autres. »

3. « Quant au pouvoir de connoître, peut-être ne nous l'a-t-il pas

ques pensées. Il existe un monde extérieur, mais cette existence, nous le savons, ne nous est assurée que par la foi [1]. Quant aux vérités qui dépassent la nature, « nous avons seulement des notions très distinctes des raisons pour lesquelles nous ne saurions les concevoir et des raisons pour lesquelles nous les devons croire. » L'idéalisme, auquel l'occasionalisme a conduit Cordemoy, voisine avec l'agnosticisme.

Dieu, qui a limité notre connaissance, veut, pour que nous puissions l'aimer, que notre liberté soit entière. « Nos âmes qui dépendent de lui pour leur être et pour leur conservation, n'en dépendent nullement pour l'usage de leur volonté dont il laisse la détermination toute libre : et j'ose avancer comme une chose qui paroîtra manifeste à tout homme de bon sens qui la donné aussi grand, du moins en ce monde. Mais il est certain que nous avons assez de connoissance, pour ne pouvoir manquer, si nous usons bien de nos lumières et du pouvoir que nous avons de ne juger de rien, qu'après l'avoir bien connu. Car enfin, Dieu nous donne toutes les lumières dont nous avons besoin ; nous avons des idées très distinctes, pour connoître les choses de la nature, autant qu'il est utile de les connoître, puisque nous pouvons, lorsque nous usons de prudence, discerner en quoy chacune nous est utile ou dommageable ; et bien que suivant ce que j'ay déjà remarqué, il ne nous donne pas l'avantage de connoître la substance des choses, néanmoins il nous découvre si bien en quoy elles nous peuvent nuire ou profiter que pour en bien user nous n'avons qu'à le voir. » (II, p. 145.) Le caractère illusoire de la sensation vient, d'après lui, de ce que les sensations nous ayant été données pour percevoir les objets, il est tout naturel que nous les confondions avec les objets, sinon elles ne rempliraient pas leur destination, seraient inutiles (Cf. le 3ᵉ de ses petits traités posthume intitulé : *Des sensations qui regardent les corps et d'où vient que l'âme confond ses sensations avec leurs objets.*) C'est l'utilité qui inspire aussi le choix des premiers mots, II, p. 42.

1. Cf. plus haut, p. 77 et 1, p. 145.

voudra considérer attentivement, que comme le corps est une substance à qui l'étendue convient naturellement, si bien que quant aux effets physiques il cesseroit d'être corps, s'il cessoit d'être étendu ; de même l'Esprit est une substance, à qui le pouvoir de se déterminer de soy-même convient si naturellement, qu'il cesseroit d'être Esprit, s'il cessoit de vouloir ; et Dieu l'a fait de cette sorte, pour en être aimé. » (II, p. 143.) D'où une nouvelle question à préciser qui s'offrait aux méditations de Cordemoy. Quelle est la part exacte dans l'acte humain qui revient à l'homme, quelle est celle qui revient à Dieu ? Il la néglige dans sa dissertation de la parole, mais nous trouvons un essai fait par lui pour la résoudre dans de petits traités philosophiques publiés avec d'autres petits traités divers après sa mort, en 1691[1]. Sont-ils, oui ou non, antérieurs aux ouvrages de Malebranche, ont-ils, oui ou non, subi son influence ? c'est ce qu'il est difficile de fixer. L'analogie de doctrine des deux philosophes est, en tout cas, frappante.

1. *Divers traités de métaphysique, d'histoire et de politique* par feu M. de Cordemoy, conseiller du Roy, lecteur ordinaire de Monseigneur le Dauphin de l'Académie française, 1 vol. in-12, Paris, 1691. Les titres des trois traités de métaphysique sont : 1° *Ce qui fait le bonheur ou le malheur des esprits* ; 2° *Que Dieu fait tout ce qu'il y a de réel dans nos actions sans nous ôter la liberté* ; 3° *Des sensations qui regardent les corps et d'où vient que l'âme confond ses sensations avec leurs objets*. Ces trois petits traités se réduisent à une série de propositions successives, brièvement expliquées. Ils s'offrent plutôt comme des plans, que comme des dissertations. Ce sont peut-être des plans de conférences de Cordemoy, et, en ce cas, ils seraient antérieurs aux ouvrages de Malebranche malgré leur publication tardive. On peut alléguer en faveur de cette dernière supposition que, depuis 1667, date de sa nomination comme lecteur du Dauphin, Cordemoy ne s'occupait plus de philosophie, cf. plus haut, p. 38.

S'appuyant tacitement sur le principe qui lui a servi à fonder son atomisme, à savoir que l'existence entraîne l'individualité de ce qui est, Cordemoy pose que, du moment que corps et esprits existent, ils sont indépendants dans leur substance de Dieu. La substance des êtres ne peut être que leur substance à eux et non celle de leur Créateur. Ils n'agissent, n'ont d'efficace que par lui, mais ils n'en sont pas moins distincts de lui dans leur activité [1]. Cette indépendance se trouve encore accentuée chez les êtres pensants par la liberté, qui n'en est qu'une manifestation plus haute. En effet, tandis que les corps ne connaissent pas la fin que Dieu, qui est non seulement tout-puissant, mais aussi « tout sage », a fixée à l'univers, c'est-à-dire, lui-même, tandis qu'il leur suffit « d'être dans les différents états qui conviennent à cette fin », les esprits, au contraire, connaissent cette fin et ont besoin d'action pour aller à elle. C'est pourquoi les esprits, non seulement sont capables de passion, c'est-à-dire ont des sensations, des perceptions et sont affectés d'une infinité de manières différentes, mais sont aussi capables d'action, veulent. Dans cette action, tout ce qui est impulsion, tendance, mouvement, vient de Dieu. C'est lui qui est le principe de ce mouvement incessant qui porte les esprits vers leur fin et fait qu'ils en ont un désir con-

---

1. « Quoique Dieu fasse tous les corps et leur étendue et qu'ils ne subsistent que par luy, on ne dit pas qu'il soit corps ni qu'il soit étendu, et l'extension appartient au corps, comme sa substance lui appartient quoique Dieu l'ait faite. De même quoique Dieu fasse les esprits et leurs pensées, il n'est ny leur être, ni leurs pensées. Dieu n'est pas ce qu'ils sont, leur substance est à eux, c'est bien lui qui les fait penser, mais c'est eux qui pensent. » (*Traité*, II, n° 3, cf. plus loin, p. 157 note 1.)

tinu. C'est grâce à lui qu'ils peuvent, quand l'obscurité de leur connaissance les rend incertains, mettre un arrêt à leur marche en avant, délibérer, se décider. Tout ce qu'il y a de « réel » (*Traité*, II, n° 7), d'efficace, en un mot, dans notre activité, vient de lui. Seulement, comme toutes ces actions sont nos actions, il y a toujours en elles un élément particulier qui les rend nôtres, et cet élément c'est notre consentement. Tout développement de notre volonté demande notre consentement. Dieu n'agit en nous que si nous lui en donnons l'occasion ; s'il nous incline, il ne nous nécessite pas (*Id.*, n. 7.) Ces actes peuvent donc nous être attribués. Si nous choisissons mal «c'est un défaut dont nous sommes seuls coupables. Dieu avoit fait ce qui étoit de lui et ce qui suffisoit pour bien agir et nous n'avons pas usé du pouvoir qu'il avoit mis en nous » (*Id.*, n. 7, cf. n° 8.) Nous avons le mérite et le démérite de notre conduite. Que nous laissions faire Dieu, ou, qu'au contraire, nous lui résistions, nous intervenons toujours et décidons du caractère de l'acte (*Id.*, n° 8). Comme notre bonheur consiste dans un progrès de plus en plus grand vers notre fin vraie, nous nous trouvons en être par la liberté les vrais agents. L'intelligence nous fait connaître notre fin et divers moyens pour l'atteindre, et l'impulsion divine nous y porte ; mais c'est la volonté qui, libre, maintient ou non notre activité dans la direction de cette fin, utilise bien ou mal les moyens que sa poursuite impose. Que par ignorance ou par faiblesse notre volonté s'abandonne, qu'elle se laisse absorber par la jouissance que donne un moyen quelconque, et, bientôt, se produit en nous l'illusion que ce moyen est notre fin véritable, et nous nous y attachons avec « toute l'ardeur et la pente que nous avions naturellement pour notre fin. » Et, bientôt encore, la satisfaction éprouvée nous apparaît sans proportion avec celle que nous désirions, et la souffrance envahit notre être ; pour nous être arrêtés à un bonheur passager, nous avons trouvé la douleur. La chute d'Adam a retenti sur toute sa postérité. Le dérèglement de notre nature actuelle, qui en est la conséquence, fait que le plus souvent notre volonté est faussée, pervertie, que la souffrance est, en général, notre lot. Mais Dieu, par son incarnation, a permis le relèvement de notre nature ; un secours surnaturel rend possible une bonne utilisation de notre liberté, en nous apportant cette volonté du bien qui ne nous appartenait plus.

Ainsi, nous sommes libres même dans notre condition actuelle, et, en tant que libres, nous sommes vraiment les agents de notre destinée, les artisans de notre bonheur. Seulement, souvenons-nous-en, pour être libre, notre volonté n'en est pas moins privée de toute efficacité. Toute action vient de Dieu, lui seul agit dans tout le sens du mot. Agir, pour nous, ce n'est pas produire un acte, c'est seulement donner occasion à la puissance divine de produire cet acte, nous ne pouvons rien sans la collaboration agissante de Dieu ; sans elle, nous ne pourrions avoir que l'usage de nos idées et usage limité encore, puisque nos idées nous sont données, naissent en nous en vertu de lois établies par Dieu, et dépendent constamment de sa volonté. Cela suppose que Dieu veuille bien, tout en restant la puissance absolue, se conformer à nos décisions, à nos déterminations, même à nos désirs. La difficulté se trouve ainsi transportée en Dieu lui-même, et, au sujet de cette difficulté Cordemoy répondrait probablement que la limitation de notre intelligence ne nous permet pas de la résoudre [1], et il proposerait, sans doute, la solution de Descartes, qui était celle de son protecteur Bossuet et de la plupart des cartésiens [2], à savoir : que, quand l'analyse conduit à des vérités qui semblent s'opposer, cette opposition, toute relative à notre connaissance, ne leur enlève pas leur caractère de vérité, ne doit pas être une raison de les abandonner.

On le voit, la théorie des causes occasionnelles se trouve exposée aussi nettement que possible par Cordemoy, bien que ses courts ouvrages n'en donnent pas de longs développements. Les indications de Descartes ont été suivies ; ses vues sur la causalité, sur l'activité des êtres, ont été précisées en un certain sens, et Dieu est devenu le Principe premier par lequel non seulement tout existe, mais aussi tout agit. Seulement, chez Descartes, l'indépendance des créatures par rapport à leur Créateur reste hésitante. La continuité mécanique qu'il mettait dans le monde matériel mena-

---

[1]. Peut-être aussi voyait-il là une de ces vérités de foi dont l'objet est de venir en aide à notre ignorance et que nous devons accepter sans les discuter. « Si d'un côté dans ce que la foy nous enseigne, il se trouve des choses au-dessus de nos lumières naturelles, nous avons d'ailleurs des signes si évidents de l'obligation que nous avons de soumettre notre Esprit à l'autorité qui nous les propose, et de si grandes convictions de ne pouvoir comprendre tout ce qui est, que nous avons sujet de prendre tout ce qui est dit de cette part pour des vérités infaillibles, en un mot, pour des notions que nous tenons de la grâce... » (*Discours de la Parole*, II, 145.)

[2]. Cf. Descartes, *Principes*, 40. Louis de la Forge, *Traité de l'Esprit* éd. in-12 168. — Bossuet. *Traité du libre arbitre*, Régis, etc.

çait toujours l'individualité des êtres [1]. Ce monde tendait à n'être qu'un immense atome mû par Dieu. De même, à certains moments, il soumettait tellement l'activité humaine à la Providence, que l'initiative dans cette activité finissait par disparaître, que l'homme n'était plus qu'un instrument entre les mains divines [2]. Grâce à son atomisme, Cordemoy, au contraire, rend l'existence des êtres distincte de celle de leur créateur; leur substantialité fait leur individualité et leur indépendance; l'absence même d'efficacité transitive en eux est une garantie de cette indépendance, puisque toute pénétration, toute continuité entre eux se trouvent supprimées ; et cet isolement devient la raison d'être de la liberté humaine : un tel isolement

---

1. Cf. Pillon. *Année philosophique*, 1894, p. 113. « L'indivisible unité de la substance étendue est le grand principe du spinozisme, c'était celui du panthéisme de l'École d'Élée. Comment l'esprit est-il conduit à poser ce principe malgré les apparences sensibles ? En remarquant la continuité qui caractérise l'espace infini dans l'intuition que nous en avons et qui n'y permet aucune séparation, aucune distinction réelle de parties »... De la continuité spatiale et de l'impossibilité du vide reconnues par Descartes, Spinoza déduit son principe de l'indivisible unité de la substance étendue. (*Éthique*, 1re partie, scolie de la proposition XV). » D'après Voltaire (*Dict. phil.*, art. Dieu), la vérité de l'atomisme prouve la fausseté du spinozisme « Il me semble qu'on pourrait battre le rempart du spinozisme par un côté que Bayle a négligé. Spinoza a pensé qu'il ne peut exister qu'une seule substance et il paraît par tout son livre qu'il se fonde sur la méprise de Descartes que tout est plein. Or il est aussi faux que tout soit plein qu'il est faux que tout soit vide. Il est démontré aujourd'hui que le mouvement est aussi impossible dans le plein absolu, qu'il est impossible que dans une balance égale un poids de deux livres élève un poids de quatre. Or, si tous les mouvements exigent absolument des espaces vides que deviendra la substance unique de Spinoza ? »

2. Cf. *Lettres*, II, L. X. à la Princesse Élisabeth.

chez un être actif et inte... ...nt ne pouvant se traduire que par la liberté. San... ...oute, Dieu reste le seul agent efficace, et il est montré encore plus fortement qu'il est présent par son activité infinie à tout, que toute efficacité vient de lui. Mais, de même que cette toute-puissance divine fait que dominant les êtres, elle reste distincte d'eux, ne peut être altérée en rien par leur contact [1], de même elle se doit, agissant sur des êtres autres qu'elle, d'en tenir compte, de ne pas supprimer leur individualité ; sa perfection lui défend de ne pas rester fidèle à ses décisions, de violer une séparation qu'elle a établie. Et c'est ainsi que les êtres, pour n'être que des causes occasionnelles, n'en jouent pas moins un rôle. Dieu, malgré sa toute-puissance, se trouve lié dans son action à ses créatures [1]. Celles-ci, quand elles sont libres, se trouvent être les collaboratrices de Dieu, mais Dieu est aussi leur collaborateur. Il leur a donné la perfection de la liberté, il ne la leur retire pas, il accepte, en quelque sorte, leurs volontés, leur destinée est leur œuvre ; il y a quelque chose dans le monde dont la réalisation dépend d'eux.

C'était donc comme un système de la contingence que l'occasionalisme se présentait, et on comprend les reproches que lui fera bientôt Leibnitz d'introduire le miracle dans l'univers. Creuser entre la cause

---

1o « Dieu n'est pas uni à la matière comme nos âmes sont unies à nos corps ; car il est sans dépendance de la matière ; et ce qui arrive en elle ne peut causer en luy les altérations que nôtre âme ressent par les changements du corps. La raison de cette différence est, qu'il n'arrive rien en la matière que ce qu'il plait à cet Esprit souverain : ainsi la cause des changements de la matière est sa volonté qu'il savait avant que ces changements fussent. » (I, p. 126.)

et l'effet une séparation de nature, montrer que l'un ne sort pas de l'autre, que le rapport qui les unit est, comme on le dira plus tard, synthétique et non analytique, n'était-ce pas, en effet, rompre la chaîne continue des phénomènes, mettre une place pour le libre arbitre. Aussi la tendance de Leibnitz à réduire de plus en plus les vérités de fait à des vérités de raison, à rendre analytiques les relations de causalité, le conduira-t-il à restreindre, en même temps, la contingence, à tout soumettre de nouveau au déterminisme. Le mérite de Cordemoy semble être d'avoir indiqué quelle pouvait être une des directions possibles du cartésianisme, tandis que Spinoza en montrait une autre, et son analyse de la causalité s'imposera aux esprits. Désormais, on ne se demandera plus le nombre d'espèces de causes qu'on peut distinguer ; c'est le rapport lui-même de la cause et de l'effet qui retiendra l'attention, et on sait quelles en furent les conséquences en philosophie.

D'un autre côté, les conséquences de l'occasionalisme, au point de vue de la connaissance, Cordemoy les voit aussi. Il comprend nettement que, si entre la cause et l'effet il y a solution de continuité, la perception ne peut plus exprimer qu'un état du sujet, que nous ne pouvons sortir de nous-mêmes, que la réalité extérieure nous échappe, que nous n'en saisissons que des symboles. Seulement n'ayant sans doute pas subi, de même que Malebranche, l'action de saint Augustin et de Platon, continuant à considérer avec Descartes les idées comme existant en nous, comme des modes de notre esprit, il a un idéalisme plus voisin de celui de Berkeley et des phénoménistes que de celui de l'auteur de la *Recherche de la vérité* [1]. Mais ce dernier n'en trouvait pas moins déjà affirmée chez lui la possibilité de nier le monde extérieur, et la nécessité pour tout ce qui regarde l'être de s'en tenir à ce que nos états intérieurs nous manifestent, à ne pas chercher à le pénétrer, même quand il est notre être propre.

Nous avons à étudier maintenant l'action immédiate qu'ont pu exercer sur les contemporains les petits livres de Cordemoy.

1. Cf. plus loin, p. 156.

CHAPITRE VI

LOUIS DE LA FORGE. SON OCCASIONALISME

Un autre cartésien, Louis de la Forge [1] se trouvait émettre, en même temps que Cordemoy, des idées

---

1. On a très peu de renseignements sur la vie de ce philosophe. Il était originaire de la Flèche. Il vint s'établir à Saumur où il exerça la profession de docteur en médecine. Il y tint au point de vue intellectuel une grande place (cf. plus loin, p. 115, note 3). En 1660, il entra en relation avec Clerselier, lui proposant de mettre en état d'être publié le *Traité de l'Homme* de Descartes. Celui-ci accepta et le volume parut en 1664 (cf. préface de Clerselier au *Traité de l'Homme*). A la fin de 1665, il livra au public son *Traité de l'Esprit de l'Homme* dont le succès fut grand: il fut traduit en latin, dès 1666, par Flayder et plusieurs fois en allemand, en 1673, 1674. Peu de temps après, vers 1666, il mourut, comme nous l'apprend Clerselier dans sa préface au vol. III des *Lettres* de Descarte2, (cf. plus loin, p. 106, note 1). Clerselier l'avait en haute estime et fait de lui le plus grand éloge. « Nous avons fait en sa personne, dit-il, une perte que l'on ne sauroit trop regretter. Car outre que par ce qu'il a fait on peut juger de ce qu'il pouvoit faire, il m'avoit communiqué quelques-unes de ses desseins qui n'alloient pas à moins qu'à achever ceux que M. Descartes s'étoit proposés lui-même et je lui voyois un génie capable de tout exécuter. Mais, au lieu d'employer inutilement nos regrets, tâchons plutôt d'imiter sa vertu et d'approcher le plus que nous pourrons de la science et de la sagesse qu'il s'étoit acquise ; elle avoit commencé en luy par la haute estime qu'il avoit eue pour M. Descartes, elle s'estoit accrue par la lecture de ses ouvrages, et elle s'es-

analogues sur l'activité des êtres et aboutir également à l'occasionalisme. Le livre de Cordemoy parut en 1666, et, dans un passage de ce livre, il dit qu'il y a déjà sept ou huit ans qu'il a fait part de ses idées à quelques-uns de ses amis [1]. Le livre de la Forge parut à la fin de 1665, et un témoignage du temps établit que sept ans auparavant, en 1658, il exprimait et soutenait une opinion du même genre sur la causalité des êtres [2]. Les formations des doctrines des deux philosophes sont donc contemporaines. Qu'il y ait eu entre eux quelque communication, la chose est possible. De la Forge habitait la province, et il avoue « avoir peu fréquenté la cour et l'Académie [3] »; mais ce peu pouvait suffire à son esprit inquiet et curieux pour l'informer des idées nouvelles. D'ailleurs, il était en relation étroite avec M. de Montmor, auquel il dédie son *Traité de l'Esprit;* et M. de Montmor, que des circonstances particulières attachaient à Saumur, tenait à Paris une de ces assemblées cartésiennes que fréquentait Cordemoy [4]. Enfin, à partir de 1660, de la

toit perfectionnée par les réflexions qu'il avoit faites dessus : que si nous ne sommes pas capables de ces profondes méditations au moins le sommes-nous de profiter de celles des autres ». Préf. au vol. III des *Lettres.* Cf. *Revue d'Anjou*, 1904. *Le cartésianisme à Saumur: Louis de la Forge*, par J. Prost. Seyfarth, dans l'ouvrage que nous indiquerons, ne donne aucun détail sur sa vie.

1. Cf., plus haut, p. 71.

2. « Hic enim illam opinionem aperuit circa annum, 1658, nec est quod uni mihi tunc aperuisse opinor » J. Gousset : *Causarum Primæ et secundarum realis operatio...* Leovardiæ 1716. Cf. plus loin, pp. 99 et 167.

3. Cf. Préface, *initio*.

4. Henri-Louis-Habert de Montmor, maître des requêtes. Grand admirateur de Descartes, il tenait chez lui des assemblées cartésiennes. Cf. Baillet, *Vie de Descartes*, II, pp. 266, 267, 346, 442, 432. Du

Forge fut, à l'occasion de la publication du *Traité de l'Homme* de Descartes, en correspondance avec Clerselier [1]. L'objet même de l'unique lettre de cette correspondance qui ait été conservée, est la question de l'union de l'âme et du corps, et il n'y aurait rien d'étonnant que Clerselier ait informé son ami de l'opinion sur ce sujet d'un cartésien aussi important que Cordemoy. Mais que cette communication ait été réelle, il n'y a pas de témoignage formel à notre connaissance qui l'établisse [2]. Aucune allusion n'y est faite dans leurs ouvrages, et des indications par lettres ou dans des conversations ne pouvaient qu'exciter le mouvement de leurs réflexions et non nuire à leur originalité respective qui se manifeste, d'ailleurs, dans leurs argumentations. Toutefois, il est incontestable, comme nous le verrons, qu'il y a eu une modification dans les idées de de la Forge entre 1658 et 1665. Ce sont les mêmes conceptions qui se retrouvent dans son livre que celles qu'il exposait dans sa conversation à Gousset, mais présentées avec moins de hardiesse et sous un aspect un peu différent. Une action modératrice s'est exercée sur lui. Peut-être, à côté

---

passage à Saumur, il aurait, malade, dû sa guérison, à un pèlerinage à Notre-Dame-des-Ardillers, église située près de cette ville et à laquelle était appuyé un couvent d'oratoriens très connu. Ces oratoriens étaient en relation avec de la Forge. L'exemplaire du *Traité de l'Esprit* qui est à la bibliothèque de Saumur porte écrit sur la première page : « Ex dono Ludovici de la Forge », et vient de ce couvent dont il a l'inscription.

1. Cf. préface du *Traité de l'Homme*.
2. L. Stein, cependant, dans un article sur l'origine de l'occasionalisme (*Archive für Geschichte der Philosophie*, vol. I, 1888, pp. 53-61) suppose la réalité de cette communication ; mais il n'en donne aucune preuve.

d'une réflexion mieux informée, une part revient-elle dans cette action à une influence plus ou moins directe de Cordemoy.

C'est dans le *Traité de l'Esprit* de de la Forge, que nous étudierons d'abord son occasionalisme ; une œuvre écrite présente un caractère plus définitif et plus personnel qu'une simple conversation.

Remarquons, d'abord, que, tandis que Cordemoy offre ses conceptions, comme étant le fruit de ses réflexions personnelles, de la Forge, du moins dans son livre, a le souci constant de rester fidèle à Descartes [1]. Il veut simplement poursuivre sa pensée, compléter son œuvre, et il multiplie les références qu'il croit nécessaires pour établir et prouver sa fidélité. C'est, d'ailleurs, comme un continuateur modeste du grand philosophe que, d'une façon générale, il se présente. Sa première préoccupation avait été de travailler à rendre possible la publication du *Traité de l'Homme*, resté inachevé et inédit, en donnant les figures nécessaires à l'intelligence du texte et en joignant des notes explicatives [2]. Mais ce Traité n'était qu'une partie de l'ou-

---

1. « Je ne cite presque aucun auteur que celuy dont je pretens débiter les pensées avec si peu de soin mesme que j'ai peur d'avoir quelquefois transcrit ses paroles sans le nommer. » « Venons maintenant à ce qu'il peut y avoir icy de particulier pour le corps et l'esprit de l'Homme (il s'agit de leur causalité) : mais il me semble qu'il ne sera pas hors de propos de faire voir auparavant que tout ce que je viens de dire est conforme à la pensée de M. Descartes. » (p. 259.) « Je ne croy pas que ces passages permettent de douter que ce que j'ay dit de la cause du mouvement et de sa nature ne soit conforme à la pensée de M. Descartes. » (263) cf. également préface.

2. Ces notes excitèrent l'admiration de Clerselier. « C'est icy, écrit-il, où M. de la Forge a principalement fait voir l'étendue et la force de son esprit, dans les savantes remarques qu'il a faites, qui sont tel-

vrage entier que s'était proposé Descartes ; ce dernier devait comprendre, outre une partie relative au corps, deux autres relatives l'une, à l'Esprit, et l'autre à leur union et « à la constitution de ce Tout substantiel qu'est l'homme ¹. » La première seule avait été donnée, et encore d'une façon incomplète, et il restait les deux autres. Il sembla à de la Forge qu'il était possible à un disciple bien pénétré de la pensée du maître d'achever cet ouvrage en utilisant tous les matériaux que fournissaient « les livres qu'il avoit luy-même fait imprimer et les deux volumes de lettres qu'un de ses amis venait de donner ². « Bien que, dit-il, Descartes n'ait jamais sur cela déclaré entièrement sa pensée ; soit pour laisser quelque sujet à ses disciples sur lequel ils peussent exercer leur esprit, soit pour ne pas donner davantage de prise aux calomnies de ses envieux, il n'a peu toutefois en parler si sobrement, qu'il ne nous ait laissé

les qu'il n'y a point de difficultés qu'il n'ait résolues, point de scrupules qu'il n'ait levés, point d'obscurités qu'il n'ait éclaircies ; de sorte que je pourrois quasi dire que son commentaire est un texte parfait, qui dit tout et ne suppose rien, qui ne laisse rien en arrière et qui contient la solution de toutes les questions plus difficiles que l'auteur n'a fait simplement que proposer et qu'il s'étoit réservé d'expliquer en un autre temps. » Préface du *Traité de l'Homme.*

1. *Traité de l'Homme*. p. 1, cf. plus haut p. 29, note 1.
2. *Traité de l'Esprit*, p. 2. Nous citons d'après l'édition in-12, chez Abraham Wolfgang. Amsterdam, sans date. Le titre complet de l'ouvrage est : *Traité de l'Esprit de l'Homme, de ses facultés et fonctions et de son union avec le corps,* suivant les principes de *René Descartes* par *Louis de la Forge*, docteur en médecine, demeurant à Saumur. La première édition parut à Paris, 1666, chez Théod. Girard in-4°, de 453 pages, avec portrait de l'auteur Il y en eut une autre édition à Genève, en 1725, in-8°. Dès 1669 il était traduit en latin par Flayder (Amsterdam, Elzevir in-4°), et il le fut plusieurs fois en allemand en 1673, 1674.

plusieurs marques dans ses Escrits, par où nous pouvons assez aisément reconnoistre comment il en auroit parlé, s'il en avoit voulu escrire » (*Traité de l'Esprit*, p. 3). D'où son *Traité de l'Esprit de l'Homme* auquel il renvoie déjà dans ses notes du *Traité de l'Homme*. Il y travailla longtemps. Dès 1662, bien qu'il fût encore inachevé, il en envoyait une copie à Clerselier [1] ; mais il ne le publia qu'à la fin de 1665. Il y avait consacré sept années, d'après Gousset [2].

Après avoir dit en quoi consiste la nature de l'esprit, quelles en sont les fonctions, si on le considère en lui-même et séparé du corps, il est amené à parler de « l'union de l'Esprit avec le corps et des fonctions qui en résultent. » Il y a là une question importante, suivant lui, et difficile ; c'est de son élucidation que dépend la conception claire de la nature de l'homme et de son individualité [3].

---

1. Cf. préface au *Traité de l'Homme*. Clerselier en tête de sa lettre à de la Forge (4 décembre 1660 *Lettres* de Descartes, t. III, lettre 125) prétend que c'est lui qui aurait amené de la Forge à entreprendre son *Traité de l'Esprit* (cf. plus loin p. 141, note 1). D'après Gousset, de la Forge avait ce livre sur le métier depuis 1658 « Pressit utique Forgius fœtum quem lamberet in septimum annum nec publicæ luci exposuit, nisi anno LXV desinente » (*op. cit.* p. 10.) Clerselier, par ses encouragements, vainquit probablement les derniers scrupules de la Forge.

2. Cf. p 103, note 2.

3. « Il est donc très important de la bien faire connoistre, non seulement parce que la connoissance en est très belle. (à la considérer en elle-même)... mais encore parce que sans elle il n'est pas possible de bien comprendre la nature de l'Homme, qui n'est rien autre chose qu'un composé d'un Esprit et d'un corps, ny de concevoir ce que l'Esprit de l'Homme a de particulier et de différent des autres Esprits. » (p. 186.)

Il critique d'abord l'explication donnée par la philosophie de l'École. Pour cette philosophie, en effet, l'essence de l'esprit est « de n'être pas étendu », et, cependant, dès qu'il s'agit de rendre compte de son union avec le corps, elle ne craint pas de lui attribuer une présence locale dans ce corps. Or, comme il ne peut y avoir de présence locale sans étendue, on se trouve ainsi attribuer à l'esprit, quand il est uni au corps, ce qu'on nie convenir à son essence, on se contredit et n'explique rien. C'est en vain qu'on parle d'une étendue virtuelle de l'esprit ; une étendue virtuelle impliquant distinction possible et juxtaposition de parties, est encore de l'étendue, et il reste toujours que « c'est par ce en quoy deux substances sont formellement opposées » qu'on veut les concevoir unies. Remarquons, d'ailleurs, que, même quand il s'agit de l'union de deux corps, une telle explication est insuffisante ; elle implique une pénétration réciproque, que tout corps par sa nature exclut. Enfin, si on ne trouve aucune difficulté à admettre la présence dans la matière de formes ou entités, à la fois distinctes de leurs sujets et inétendues, pourquoi en voit-on à reconnaître l'union au corps humain d'une âme ayant précisément ces mêmes caractères? Descartes n'a-t-il pas dit qu'il ne concevait pas l'union de l'âme et du corps autrement que l'École conçoit celle de la pesanteur et de la matière, et que c'est, parce qu'on en a troublé l'idée, en voulant se représenter les autres unions sur son modèle, qu'on en a rendu la connaissance plus difficile ?

Supposer avec certains disciples de Descartes que « l'alliance de l'Esprit et du corps se fait par le moyen d'un certain mode qu'ils appellent union, lequel sert comme de lien et de ciment pour joindre ces deux substances » (p. 191) n'est pas plus acceptable : car, ou bien ce mode ne représente rien autre que le fait particulier de l'union, et, alors, ce n'est pas apporter une explication, c'est constater simplement avec tout le monde ce qui est ; ou bien, on entend par ce mode quelque chose qui est réellement distingué des substances et grâce à l'intervention duquel seulement elles sont unies ; mais alors, outre qu'on est infidèle à Descartes, qui ne veut pas de qualités de ce genre, on n'aboutit qu'à reculer la difficulté, car ce mode lui-même, qu'il soit étendu ou inétendu, comment s'en représentera-t-on l'union avec l'esprit ou le corps ? Il faut bien que pour les unir, il leur soit d'abord uni.

Comment rendre compte de cette union ? Remarquons qu'une telle union ne supprime pas la distinction des deux substances, qui « demeurent après leur union ce qu'elles estoient auparavant.. retiennent tout ce qu'elles avoient de différent l'une de l'autre selon leur estre absolu » (p. 193). De plus, elle ne peut avoir sa raison dans ce qui les oppose, puisqu'elle doit les rapprocher, ni dans ce qui fait leur être propre, puisqu'elles doivent rester distinctes. Elle ne peut exprimer, dès lors, qu'un rapport. « Toute sorte d'union dit un certain rapport, ressemblance et dépendance, au moyen de laquelle nous considérons deux choses comme n'en faisant qu'une d'une certaine façon. » (p. 195.201.) Ce rapport ne devra pas être pris entre attributs essentiels, car deux êtres, tels que deux corps, peuvent avoir les mêmes attributs essentiels, et ne pas être unis. Il reste donc qu'il soit pris entre attributs relatifs ; eux seuls peuvent rattacher les êtres les uns aux autres. Ce seront, d'une façon générale, pour toutes espèces d'êtres, les rapports d'action et de passion « qui sont de tous les attributs respectifs les seuls qui sortent de leur sujet et qui puissent s'attacher à un autre. » (p. 198.) Ce seront, en plus, pour chaque sorte d'êtres : pour les corps, la proximité qui, leur permettant d'agir les uns sur les autres, établit entre eux de la dépendance ; pour les esprits, l'amour ; et pour les esprits et les corps, la volonté, « en tant que cette volonté sort hors de son sujet par ses opérations » « Tout de mesme que deux corps sont unis lorsqu'ils sont aussi proches qu'ils peuvent estre pour agir et pâtir dépendemment l'un de l'autre, soit qu'ils agissent ou pâtissent en mesme temps et de la mesme manière, soit que, quand l'un agit l'autre pâtisse ; et, comme deux Esprits sont en parfaite union lors qu'ils s'aiment tellement qu'ils viennent à ne vouloir plus rien et à n'avoir plus aucune pensée que l'un pour l'amour de l'autre : nous devons dire de mesme que le corps et l'Esprit sont unis, lorsque quelques mouvements du premier se font dépendemment des pensées du second, et que réciproquement, quelques pensées du second, dépendent des mouvements du premier, soit que la cause de cette dépendance vienne de la volonté de l'Esprit qui est uny, soit qu'elle procède d'une autre volonté qui est supérieure à la sienne. » (p. 196.) L'originalité des êtres unis est ainsi respectée, puisque ce n'est que par certains de leurs états qu'ils sont liés l'un à l'autre, et cette liaison est aussi étroite qu'elle peut l'être, puisque ces êtres ne sauraient échapper à cette dépendance partielle qui est entre eux, qui a la persistance même et la force de la cause qui l'a établie et la maintient. De plus, cette cause n'étant

« que le décret de Dieu par lequel il s'est résolu de gouverner toutes ses créatures, de la manière que nous voyons qu'elles le sont » et la Nature « n'étant autre chose que l'ordre selon lequel Dieu régit ses créatures » (p. 200)[1] cette union, suite d'un tel ordre, devra être considérée comme aussi naturelle « qu'aucune autre qui puisse exister dans le monde. »

Qu'on n'objecte pas à notre explication la difficulté de rendre compte des cas d'extase, de léthargie, de profonde méditation, dans lesquels l'esprit semble momentanément se détacher du corps? Une telle objection a de la valeur contre ceux qui, avec Clauberg, ne voient dans l'union de l'âme et du corps qu'un commerce et concours actuel d'opérations; mais elle n'en a pas, si on la réduit à une dépendance réciproque des opérations des deux substances; car cette dépendance peut exister encore qu'il y ait rupture momentanée dans les relations : il suffit que la cause, c'est-à-dire, la volonté qui l'a établie, persiste, et que le corps soit toujours organisé pour correspondre à l'esprit. La durée de l'union n'a pas d'autres limites.

Cette dépendance réciproque du corps et de l'âme qui constitue leur union n'est autre qu'une relation de causalité, puisqu'il s'agit d'action et de passion, et une telle causalité est équivoque et non univoque, puisque l'effet y est toujours différent de sa cause, puisque le corps ne peut produire dans l'esprit que des pensées et non des mouvements, et l'esprit produire dans le corps des mouvements et non des pensées. « L'esprit, en effet,

---

[1] « Par la nature considérée en général, je n'entends maintenant autre chose que Dieu même ou bien l'ordre et la disposition que Dieu a établis dans les choses créées. » (Descartes, *Méditation*, VI°.)

ne peut être meu ny le corps penser. » (p. 283.) Que cette causalité n'en soit pas moins réelle, bien qu'équivoque, c'est là un fait incontestable : « Dieu n'est pas moins créateur de toutes choses et les ouvriers auteurs de leurs ouvrages, quoique toutes ces choses ne soient que les causes équivoques de ces effets. » (p. 204.) Mais comment dans le monde une telle causalité équivoque a-t-elle lieu? D'où vient son efficacité? C'est à cette question que de la Forge, comme Cordemoy, ramène le problème de l'union de l'âme et du corps, et c'est l'occasionalisme qui lui en donne également la solution.

Il établit d'abord que, malgré la croyance ordinaire, la causalité entre corps est tout aussi difficile à se représenter que la causalité entre esprit et corps [1]. Qu'un corps puisse se mouvoir, communiquer son mouvement, la chose semble à tous de la plus grande évidence, et, cependant, à quoi se réduit cette évidence ? à la vue, à la constatation sensible d'un effet. Mais en est-il de même de la cause? celle-ci est-elle aussi manifeste ? « Nos sens nous font-ils voir quelle est la cause qui porte les choses pesantes en bas, et les légères en haut, et comment un corps a la puissance d'en mouvoir un autre ? Nos sens nous apprennent-ils com-

---

[1] « Si je disois qu'il n'est pas plus difficile de concevoir comment l'Esprit de l'Homme, sans estre estendu, peut mouvoir le corps et comment le corps, sans estre une chose spirituelle, peut agir sur l'Esprit ; que de concevoir comment un corps a la puissance de se mouvoir et de communiquer son mouvement à un autre corps; je ne pense pas que je trouvasse créance dans l'Esprit de beaucoup de gens, cependant il n'y a rien de plus véritable, et c'est ce que j'entreprens de faire voir dans ce chapitre. » (p. 245.) On le voit, c'est bien la question de la causalité en général que de la Forge étudie dans son livre; par suite, on ne peut pas dire, comme certains, qu'il limite les causes occasionnelles au rapport de l'âme et du corps.

ment le mouvement peut passer d'un corps dans un autre? Pourquoy il n'y en passe qu'une partie, et pourquoy un corps ne peut communiquer son mouvement, de mesme qu'un maistre communique sa science, sans rien perdre de ce qu'il donne? Ce n'est donc pas une chose si évidente qu'on pourroit bien penser, que la cause du mouvement des corps; et c'est la raison pourquoy j'ay dit au commencement qu'il n'estoit pas plus difficile de concevoir comment l'Esprit meut le corps, que de sçavoir comment un corps en meut un autre.» (p. 247.) S'adressera-t-on à l'entendement seul capable, dira-t-on, de nous fournir une connaissance des corps et, par suite, de nous montrer la causalité qui est en eux? Mais l'entendement ne peut affirmer des corps que ce dont l'imagination, qui en a pour objet la représentation, peut lui donner une idée claire et distincte, et telles sont les idées, d'étendue, grandeur, figure, mouvement et repos, situation et liaison de parties. Toute autre idée des corps est obscure et confuse, et, par suite, ne peut en exprimer une qualité réelle, et tel est le cas de la pesanteur et de toute force motrice qu'on leur attribue. A supposer même que de telles qualités soient réelles, échappant à notre connaissance, elles sont pour nous comme si elles n'existaient pas, nous ne pouvons les utiliser.

« Pour voir cecy encore plus clairement », faisons une distinction importante : examinons séparément le mouvement et sa détermination, la cause du mouvement et la cause qui le détermine: « L'une est, en effet, souvent différente de l'autre de mesme que le mouvement et la force qui le fait mouvoir. » Or le mouvement pris en lui-même, c'est-à-dire envisagé dans le corps qui est mû, n'est rien autre chose « que le transport d'un corps du voisinage de ceux qui le touchent immédiatement et que l'on considère comme en repos dans le voisinage de quelques autres. » Mais, ainsi considéré, « le mouvement n'est qu'un mode lequel n'est point distingué du corps auquel il appartient, et qui ne peut non plus passer d'un sujet dans un autre que les autres modes de la matière. » (p. 250.) Quant à la force qui meut, à savoir : la force qui transporte le corps et répartit le mouvement, bien qu'on l'appelle quelquefois mouvement, on doit la distinguer, avec Aristote, et du corps qui est mû et de ses différentes applications. On doit donc conclure que « si la force qui meut est distinguée de la chose qui est meüe et si rien ne peut estre meu que ce qui est corps, il s'ensuit manifestement que nul corps ne peut avoir la force de se mouvoir de luy-mesme ; car si cela estoit cette force ne seroit pas distinguée du corps, puisque tout attribut ou propriété n'est point distinguée de la chose à laquelle elle appartient. » (p. 250.) Si un corps ne peut se mouvoir, à plus forte raison n'en pourra-t-il pas mouvoir un autre. La force motrice des corps doit leur être extérieure.

On dira, peut-être, que c'est gratuitement que l'on suppose que la force qui meut doit être différente de la chose qui est mue. Mais rien de plus facile à établir qu'une telle proposition. Si, en effet, la force de mouvoir était inhérente au corps, elle devrait enfermer dans son concept l'idée de l'étendue, comme c'est le cas pour tous les modes du corps. Or, il n'en est pas ainsi ; il y a là deux idées qui ne se conviennent pas entre elles et que, par suite, on ne peut réunir.

Admettons, cependant, que la force soit le mode d'un corps : il arrivera dans ce cas, nous le savons, qu'elle ne pourra, comme tout mode, être distinguée de lui et, par suite, passer dans un autre corps. Se la représentera-t-on sur le modèle des qualités réelles de l'École et croira-t-on qu'elle puisse être un accident d'un corps, tout en en étant distinguée ? Mais il faut alors « ou que vous conceviez qu'elle se divise lorsqu'un corps en meut un autre, et qu'il luy donne une partie de son mouvement, et, partant, qu'elle soit un corps, dans le temps que vous supposez qu'elle est distinguée de la nature corporelle : car tout ce qui est divisible, et qui a des parties qui peuvent exister les unes sans les autres, est corps ; ou il faut que vous disiez qu'elle ne se divise pas, mais que le corps où elle est en produit une semblable dans celuy qui le touche lorsqu'il le pousse ; et par là vous donnez au corps la puissance de créer ; car si la force de mouvoir est distinguée du corps, c'est une véritable substance, quoy que vous lui donniez le nom d'accident, dont l'entité (s'il m'est permis d'user de ce mot) n'estant point tirée d'aucune autre par division, ne peut estre produite que par création. De plus, que devient la première force de mouvoir, lorsqu'il ne reste aucun mouvement dans le corps qui estoit meu ? Direz-vous qu'elle est anéantie ? » (p. 252-253.)

Pour mieux saisir encore l'insuffisance d'une telle conception, supposons que Dieu cesse de mouvoir le monde et abandonne la matière à elle-même : comme toute distinction et diversité viennent du mouvement, la nature sera dans le chaos et ne constituera plus qu'une masse informe. Ce mouvement et cette diversité, ce ne pourra être la matière qui les rendra elle-même à la nature, car toute matière est inerte. Admettons, d'ailleurs, qu'elle puisse être tenue pour active ; quelle sera la partie du Monde qui se remuera la première, et pourquoi prendra-t-elle telle direction plutôt que telle autre ? Dira-t-on que c'est la masse tout entière qui se meut d'elle-même ? Mais on pourra encore faire les mêmes questions qui resteront également sans réponse ; où ira une telle matière, qui est indéfiniment étendue ? Peut-il y avoir une direction pour elle ? De plus, une telle matière a été créée ; « c'est un estre qui n'est rien de luy-mesme, et qui ne subsiste que quand et comment et autant qu'il plaist à celuy qui l'a créée » ; comment, dès lors, pouvoir supposer en elle la puissance de se modifier elle-même et d'agir au dehors [1] ? Cette puissance la donnera-t-on à une créature spirituelle ou matérielle ? Mais si rien n'existe que par Dieu et ne continue à exister que par lui, un changement quelconque ne peut avoir que lui pour cause. Quelle puissance pourrait s'opposer à la sienne ? D'un autre côté, en admettant que Dieu ait accordé une telle puissance à un corps particulier, elle lui serait inutile ; car dans le monde actuel où tout est plein, où l'étendue des corps les rend impénétrables, le mou-

---

1. « Je soutiens encore qu'il n'y a point de créature spirituelle ou corporelle qui puisse faire changer de situation à la matière, ny à aucune de ses parties, dans le second instant de leur création, si le créateur ne le fait luy-mesme ; car comme c'est luy qui produit cette partie de la matière dans le lieu A, par exemple, non seulement il faut qu'il continue à la produire, s'il veut qu'elle persévère d'estre ; mais encore, comme il ne peut pas la créer partout, ny hors de tout lieu, il faut qu'il la mette luy-mesmo dans le lieu B s'il veut qu'elle y soit ; car s'il la mettait partout ailleurs, il n'y a point de force qui fust capable de l'en oster. » (p. 255.)

vement d'un corps suppose le mouvement du monde entier, et, par suite, ne peut lui-même en être la cause.

On peut donc conclure : 1° « qu'il est impossible qu'un corps puisse avoir de soy la puissance de se mouvoir ny d'en pousser un autre »; 2° « que c'est Dieu qui est la cause première universelle et totale du mouvement. » C'est lui qui l'a créé, c'est lui qui en maintient l'existence, le distribue avec ordre entre les êtres [1] et qui, par son immutabilité, en assure la quantité constante [2].

Il n'y a donc d'autre force dans l'univers que la

1. « Quoy que cette force ne soit autre chose que Dieu, puisque tout ce qui est en Dieu est Dieu mesme, et qu'à la regarder de ce costé là elle soit indivisible, et ne puisse croistre ny diminuer, toutefois à raison de la manière et des divers sujets sur lesquels il l'applique, il semble qu'elle se divise ; et bien qu'elle n'augmente et ne diminue jamais dans toute la nature, elle augmente pourtant et diminue eu égard aux divers corps sur lesquels il l'exerce. » (p. 258.)

2. L'absence de causalité efficace dans la volonté humaine n'est pas l'objet chez de la Forge, comme chez Cordemoy, d'une démonstration spéciale ; il la considère comme établie par la démonstration générale de l'absence d'efficacité dans toute créature. Certains arguments donnés par Cordemoy se trouvent chez lui, mais disséminés dans son livre, ainsi (p. 80 et 222.) « Il est vray que nous expérimentons aussi que ce n'est pas cette puissance qui remue immédiatement et par elle-même nos membres extérieurs ; car si cela estoit, il n'y aurait point de paralytiques, n'y ayant point d'hommes en qui cette volonté ne se rencontre »; et p. 266. « Si la volonté avoit le pouvoir d'augmenter ou de diminuer le mouvement des esprits animaux, selon son gré, nous ne serions pas soumis comme nous sommes à une infinité d'accidents auxquels nous sommes sujets ; car, par exemple, nous pourrions veiller et dormir quand bon nous sembleroit et nous délivrer par ce moyen d'une infinité de fâcheuses maladies. » (Cf. Les arguments de Cordemoy, p. 67-68). P. 35, il indique aussi, mais d'une façon bien générale, que l'esprit ne peut être cause de ce dont il n'a nulle conscience. « Ainsi la substance qui pense n'est rien autre chose qu'un estre qui s'aperçoit de tout ce qui se passe en luy soit qu'il agisse lui-mesme, ou qu'un autre agisse sur luy et qui s'en

force divine. Dieu seul agit. Cependant, de même que Cordemoy, de la Forge n'absorbe pas le monde en Dieu; il maintient la distinction de la créature et du créateur et, par suite, il se trouve obligé de donner, lui aussi, à cette créature un rôle qui corresponde à son individualité, celui de « cause occasionnelle ». S'il n'emploie pas exactement le mot, il se sert néanmoins d'expressions synonymes. « Bien que de cette façon, dit-il, Dieu soit la cause universelle de tous les mouvements qui se font au monde, je ne laisse pourtant pas de reconnoistre les corps et les Esprits pour les causes particulières de ces mêmes mouvements, non pas à la vérité en produisant aucune qualité *impresse*, de la manière que l'École l'explique, mais en déterminant et obligeant la cause première à appliquer sa force et sa vertu motrice sur des corps sur qui elle ne l'auroit pas exercée sans eux, suivant la manière dont elle s'est résolue de se gouverner avec les corps et les Esprits, c'est-à-dire, pour les corps, suivant les lois du mouvement, lesquelles sont si bien expliquées dans le second livre des *Principes* de M. Descartes, et pour les Esprits suivant l'estendue du pouvoir qu'il a voulu accorder à leur volonté: c'est en cela seul que consiste la vertu que les corps et les Esprits ont de mouvoir. Et, partant, il n'est pas plus difficile de comprendre comment un Esprit peut agir sur un corps et le mouvoir, que de concevoir comment un corps en pousse un autre. » (p. 258.)

---

aperçoit précisément dans le temps mesme que la chose se fait, d'où vous pouvez tirer cette importante vérité, que tout ce qui se fait en nous sans que l'Esprit s'en aperçoive ce n'est pas l'Esprit qui le fait : et que tout ce qui ne dépend point directement de ses pensées lui est absolument étranger.

Cette causalité du corps et de l'esprit est si réelle, qu'ils entrent comme causes particulières de leur union dans l'homme. Remarquons-le, en effet, il y a une cause générale de l'union de l'âme et du corps qui n'est autre que Dieu. Dieu seul, qui a créé l'univers, et qui est le principe à la fois de l'ordre qui s'y trouve et de l'activité qui s'y exerce, peut fixer et déterminer les rapports des êtres, et, par suite, l'union des substances. Et, comme l'union du corps et de l'âme n'est autre, nous le savons, qu'un commerce et une dépendance réciproque des mouvements du corps et des pensées de l'esprit, il n'y a que lui qui puisse en être « la cause prochaine et totale ». Mais tout mouvement ne peut être lié à une pensée quelconque, il faut que l'état de l'âme corresponde à l'état du corps : une pensée triste ne peut être attachée à un mouvement qui, dès le début de la vie de l'être, a traduit une pensée contraire. Dieu observe aussi bien des lois dans le petit monde que dans le grand. Il faudra donc, toutes les fois « qu'il voudra marier telle pensée avec tel mouvement dans tel homme », qu'il tienne compte « des conditions singulières qui se rencontrent dans le corps de cet homme, soit à raison de son tempérament, de la conformation de ses parties, du mouvement des humeurs du sang et des Esprits ; soit à raison du changement que le père, la mère et les autres corps étrangers y peuvent apporter. » (p. 231.) Et de la Forge voit là « une des sources les plus considérables de la diversité des mœurs et des inclinations des hommes [1]. » Le rôle de

---

1. Il ajoute : « Pour le bien expliquer, il faudroit faire des livres entiers ; c'est pourquoy le dessein de ce Traité n'estant que de parler de l'Esprit de l'homme en général, et non pas de la différence des

la volonté est encore plus considérable. Sans doute il ne dépend pas de nous d'être uni avec tel corps plûtôt qu'avec tel autre ; il y a là un choix que nous ne faisons pas et dont nous subissons les résultats ; la moindre observation suffit pour l'établir. (cf. pp. 213-214.) Nous ne sommes pas dans notre corps comme un pilote dans son navire, nous ne nous sentons pas indépendants de lui, il s'impose à nous, nous avons conscience qu'il fait étroitement partie de notre être, que notre vie se règle sur ses exigences [1]. Mais cette union n'est pas tellement étroite que « toutes les pensées de l'esprit soient assujetties aux mouvements du corps, qu'il n'en eût jamais aucune qui ne luy vînt des sens, ou qui luy pût faire connoistre la noblesse de son extraction et qu'il est distingué de son corps ; mais il n'estoit pas expédient ny à l'Homme, ny à son Esprit, et cela auroit porté trop de préjudice à sa liberté. »(p. 214). Il reste donc à notre Esprit une sphère particulière dans laquelle sa liberté peut s'exercer, et, affranchi en partie du corps, il peut s'efforcer de lui être supérieur, de le dominer [2]. D'abord, s'il ne peut refuser les impressions du corps, s'il ne peut « s'empescher d'estre emeu par les pensées qui lui viennent à l'occasion du corps »(p. 215), il dépend toujours de lui d'y consentir ;

Esprits en particulier, je n'en diray pas davantage ; peut-être qu'un jour je le feray plus au long. » Le *Traité de l'Esprit de l'Homme* fut son dernier ouvrage. Cf. préface de Clerselier au vol. III des *Lettres de Descartes*. Il mourut en 1666.

1. « L'âme n'est dans le corps que comme un pilote dans son navire. C'était l'opinion des Platoniciens qui définissaient l'homme : une âme qui gouverne un corps, *anima regens corpus*. » Arnaud : Examen du *Traité de l'essence du corps. Œuvres complètes*, t. XXXVIII, p. 138. L'exemple est d'Aristote : *de Anima*, II, 1 et 12.

2. Cf. chapitre XXIII.

et c'est dans ce consentement que se trouve le remède contre les erreurs de la connaissance sensible et contre les impulsions, pourtant si irrésistibles, des passions [1]. Bien plus, comme il est maître de l'usage de ses pensées, « il a le pouvoir d'unir quelques-unes d'elles à des mouvements du corps auxquels elles ne l'estoient pas auparavant, et d'en séparer quelques autres auxquels elles l'estoient, pour en substituer d'autres en leur place ; le premier se remarque lorsque nous parlons ou instituons quelque signe pour exprimer nos pensées, et le second lorsque nous surmontons quelques-unes de ces inclinations naturelles qui dépendent du corps, car cela ne se peut faire qu'en séparant un mouvement corporel de la pensée à laquelle il estoit joint auparavant, et en luy en substituant un autre. » (p. 215.) Donc si l'absence d'efficace qui se trouve dans notre volonté lui interdit toute action directe sur le corps, la réduit, quand elle veut agir, « à ne faire rien autre chose que se déterminer à l'action » [2], elle garde, cependant, sur le corps une certaine action indirecte [3], grâce à son indépendance relative

---

1. « Tout ce que peut faire l'âme dans cette rencontre, c'est de ne pas consentir à ces effets, et d'arrester autant qu'elle peut les mouvemens du corps qui l'accompagnent. » (p. 402.)

2. « L'esprit n'a le pouvoir de mouvoir quelque corps qu'autant qu'il a pleu à son Créateur de luy en accorder, c'est-à-dire, qu'autant qu'il a résolu d'employer sa vertu motrice selon la détermination de sa volonté. » (p 417.)

3. « Je n'ay rien à dire davantage de la manière dont l'âme se sert de ce pouvoir, ayant assez de fois dit cy-dessus, que ce n'estoit pas directement en voulant faire sortir les esprits de la glande d'une certaine façon ; elle avoit le pouvoir de les en faire sortir mais indirectement en s'appliquant à penser à telle ou telle chose, ou en voulant mouvoir un tel membre. » (p. 320.)

et grâce au pouvoir qu'elle a sur les idées. La production des idées, il est vrai, lui échappe, l'entendement est passif, il est purement récepteur [1]; mais il dépend de l'esprit d'agréer ou non les idées, de leur accorder ou non son consentement, et, par suite, il peut leur donner, par rapport à lui, un caractère qu'elles n'avaient pas et faire entre elles des substitutions [2]. Le lien premier établi par le créateur entre telle idée et tel mouvement se trouve modifié par le changement de l'un des deux termes. L'homme se trouve ainsi pouvoir travailler à la constitution de son individualité et à l'établissement de son bonheur, car le bonheur n'est que « le contentement et la satisfaction d'esprit qui résulte de la possession du bien, » (p. 423), le bien pour l'homme, n'étant autre chose que l'indépendance assurée à sa volonté contre les exigences du corps, contre les passions. La volonté de l'homme est donc quelque chose dont Dieu tient compte dans le gouvernement de l'univers; il a égard à ses exigences, comme à celles de l'organisme. Encore une fois, Dieu fait tout dans l'univers, mais les occasions d'agir lui sont sou-

---

1. Cf. plus loin, p. 133, note 1.
2. « Tout l'empire de la volonté sur les passions, consiste à appliquer l'Esprit et à le tenir fortement arresté à considérer les choses qui peuvent exciter en l'âme la passion que nous voulons avoir, ou qui peuvent la défaire de celle que nous voulons chasser Car tout ainsi que Scevole n'avoit point d'autre moyen pour s'empescher de sentir le feu qui brusloit sa main, que de l'en retirer; de mesme nous n'avons point d'autre moyen d'apaiser nostre colère, ou nos autres passions qu'en détournant la glande du lieu d'où luy vient l'espèce qui la cause; ce que nous faisons quand nous nous appliquons à penser à d'autres choses. » P. 381, cf. pp. 383-386. Cf. également *Traité de l'Homme*; remarques de de la Forge, p. 365.

vent données ; les créatures conservent une certaine causalité [1].

Mais comment concilier une telle liberté avec la Toute-Puissance divine ? Si l'homme peut quelque chose dans le monde, peut-on dire encore que Dieu fait tout, qu'il est la cause universelle ? Cette difficulté n'arrête guère de la Forge. Il maintient que, comme le veut Descartes, « Dieu est tellement la cause universelle de tout, qu'il en est en même temps la cause totale et qu'ainsi rien ne peut arriver sans sa volonté. » Seulement, il ajoute que la différence de nature des êtres établit une différence dans la nature de leur dépendance par rapport à l'Être suprême. « J'adjouteray à M. Descartes, que bien que toutes les choses dépendent de Dieu, comme il dit, c'est toutefois différemment ; car dans la production des effets ausquels nostre volonté, ny celle d'aucun autre agent libre ne contribue rien, on peut dire qu'il a seulement eu égard à la sienne propre, par laquelle il s'est absolument déterminé de les produire d'une telle manière dans un tel temps ; mais pour les effets ausquels nostre volonté contribue, il n'a pas seulement considéré la sienne, mais il a aussi enfermé le consentement de la nostre dans son décret, et ce n'est qu'après avoir préveu de quelle manière elle se détermineroit dans une telle circonstance, qu'en conséquence il a voulu absolument que de tels effets arrivassent. »

---

1. « Vous ne devez pas néanmoins dire que c'est Dieu qui fait tout et que le corps et l'esprit n'agissent pas véritablement l'un sur l'autre. Car si le corps n'avoit eu un tel mouvement, jamais l'esprit n'auroit eu une telle pensée, et si l'esprit n'avoit eu une telle pensée peut-être aussi que le corps n'auroit jamais eu un tel mouvement. » (p. 264.)

(p. 166[1]). Ainsi donc la volonté divine coopère à notre activité, en fait l'efficace, sans supprimer sa liberté. Le caractère absolu de cette volonté divine, son indépendance par rapport à toute loi supérieure, rend possible une telle coopération. Quel que soit l'acte, fût-il mauvais, que l'homme accomplisse, il n'y a pas de loi qui impose à Dieu de le défendre ; il suffit, pour que sa perfection soit sauvegardée, qu'il n'intervienne pas seul dans sa production[2]. D'ailleurs, on pourrait répéter avec Descartes : « que nous n'avons pas assez d'intelligence pour comprendre tellement l'estendue de la puissance et de la science qui sont en Dieu que nous puissions sçavoir comment elles laissent les actions des hommes entièrement libres et indéterminées. » (p. 168[3]).

D'un autre côté, comment se produit cette intervention de Dieu ? Se fait-elle suivant certaines lois que Dieu a établies et qui déterminent une fois pour toutes la communication des êtres entre eux, ou, au contraire, est-elle immédiate et de chaque instant, se règle-t-elle

1. « L'on ne doit pas dans ces occasions s'abandonner totalement à la Providence sans rien faire, puisque Dieu nous a donné le pouvoir d'agir et qu'il peut avoir mis nos actions comme des conditions nécessaires pour l'événement de ces choses. » (p. 451.)

2. « Il y a mesme bien de la différence entre le devoir d'un Roy et le pouvoir absolu de Dieu, d'autant que les Roys, Magistrats sont obligés d'empescher tous les maux dont ils ont connoissance, quand ils y peuvent donner ordre, en telle sorte qu'ils sont en quelques façons complices de tous les maux qu'ils souffrent qu'on commette, parce que l'authorité qu'ils ont receüe ne leur a esté donnée de Dieu que pour le bien de leurs sujets ; mais celle de Dieu est souveraine et absolument indépendante, et quoy qu'il prévoye les maux qui doivent arriver, il n'est pas obligé de les empescher, c'est assez qu'il ne les commande pas, et que bien loin de nous y contraindre, il nous donne les moyens de les éviter. » (p. 170.)

3. Cf. p. 436.

sur les êtres eux-mêmes ? En d'autres termes, est-ce que, comme le veulent Stein[1] et Seyfarth[2], de la Forge développerait plutôt un système analogue à celui de l'harmonie préétablie, que l'occasionalisme proprement dit ? Remarquons que, sans aucun doute, de la Forge pose l'existence de lois qui gouvernent la production des choses. Dieu est immuable, dit-il avec Descartes, et cette immutabilité se traduit par une persistance des choses dans l'état où la volonté du Créateur les a une fois fixées (p. 69, 220, 229), et la nature n'est rien autre, suivant lui, « que l'ordre suivant lequel Dieu régit ses créatures » (p. 200). « Les décrets de Dieu sont éternels et tellement infaillibles et immuables, qu'excepté les choses qu'il a voulu par son décret mesme dépendre de nostre libre arbitre, nous devons penser qu'à nostre égard il n'arrive rien qui ne soit nécessaire en sorte que nous ne pouvons sans erreur désirer qu'il arrive d'autre façon. » L'intervention même de notre libre arbitre a été prévue et rentre dans l'ordre divin : « Les effets naturels qui dépendent en quelque façon de nous, c'est-à-dire, qui ne se produiroient pas, si nous n'appliquions les causes aux effets n'en dépendent que par ce qu'il a enfermé nostre volonté dans son Décret, laquelle ayant préveue de toute éternité, il a voulu que ses déterminations fussent des conditions nécessaires pour la production de ces choses. » (p. 450.) Seulement, si de la Forge considère la succession comme inhérente à l'être créé, car « la créature qui n'est rien de

---

1. Stein : *Archive für Geschichte der philosophie*. Article cité, p. 53-61.
2. Seyfarth : *Louis de la Forge und seine Stellung im Occasionalismus*. Gotha, 1887.

soy-mesme est tellement imparfaite qu'il faut nécessairement que sa durée soit successive, d'autant que la créature ne sçauroit posséder en mesme temps, tous ces attributs, modes et accidents dont sa nature est capable en plusieurs instants séparés » (p. 179), elle ne convient pas, d'après lui, à l'Être parfait, qui, par le fait même qu'il est parfait, ne sauroit avoir une vie successive, mais doit « posséder entièrement, parfaitement et tout à la fois tous les attributs et perfections que la chose, qui est dite éternelle, peut posséder. » (p. 180.)

Dès lors, si, par rapport aux créatures, les événements peuvent prendre l'apparence d'une suite réglée, c'est un tout autre caractère qu'ils ont par rapport à Dieu, cause immédiate et prochaine de tout ce qui existe. Pour lui, pas de devenir : « il est le centre autour duquel les temps et les durées passagères roulent sans cesse... mais qui reste indivisible et immobile » ; et, comme rien ne subsiste, on le sait, que par son action continuelle, puisque les choses « n'estant rien de soy » ne peuvent être et durer que par leur créateur, il s'en suit qu'il ne voit pas des choses qui sont déjà, que chez lui la connaissance et l'action ne sont pas distinctes, mais qu'il voit et crée les choses en même temps [1]. Dès lors, qu'il crée un être libre et que les actions de cet être libre entrent, ainsi que nous l'avons vu, dans son décret, comme des conditions nécessaires des évé-

---

1. « L'idée que nous avons de Dieu nous enseigne qu'il n'y a en luy qu'une seule action toute simple et toute pure, ce que ces mots de saint Augustin expriment fort bien *quia vides ea sunt*, parce qu'en Dieu *videre* et *velle* ne sont qu'une même chose » (p. 161) « En Dieu vouloir et faire ne sont qu'une même chose » (p. 421).

nements, et ces conditions ne seront pas pour lui des conditions véritablement prévues, mais vues et voulues immédiatement ; ce seront des causes occasionnelles dans tout le sens du mot. Ce qui fait son immensité, ce n'est pas son étendue infinie, car Dieu n'est pas étendu, c'est sa toute-puissance [1] « par laquelle il est présent à toutes les créatures en général, à cause qu'il les produit et les conserve ; il est présent aux corps en particulier, parce qu'il les estend et les contient, les arrange, les meût, ou les arreste ; et aux Esprits en particulier, d'autant qu'il assiste à toutes leurs pensées et concourt à toutes les déterminations de leurs volontés. » (p. 185.)[2] Qu'on ne vienne pas objecter que si la durée, la succession, ne conviennent pas à Dieu, son activité n'en est pas moins réglée par son intelligence, et, par suite, enchaînée à un certain ordre qui gouverne et fixe son expansion ? De la Forge répondrait encore que ce qui peut être vrai de la volonté humaine, ne l'est pas de la volonté divine ; « celle-ci est souverainement indifférente, parce qu'en Dieu connoistre et vou-

---

[1]. De la Forge repousse de cette façon le panthéisme. « Passons à la seconde partie de cette objection, qui soutient que l'Esprit doit répondre à une certaine partie de l'immensité de Dieu, ce qui est très vray, et non seulement l'Esprit, mais mesme toutes les créatures quelles qu'elles soient sont enfermées et comprises dans cette immensité. Mais il se faut bien garder de la concevoir comme une estendue infinie, laquelle contienne une infinité de parties réelles ou virtuelles ; car Dieu n'est point estendu, et cette manière de regarder l'immensité de Dieu vient encore de la mauvaise coûtume de ne rien concevoir qui ne soit estendu. L'immensité de Dieu n'est rien autre chose que sa toute-puissance. » (p. 183.)

[2]. « Le pouvoir par lequel Dieu est et subsiste nécessairement et qui fait aussi estre et subsister toutes les autres choses autant qu'il luy plaist, n'est autre chose en Dieu que l'immensité de son essence » (p. 70).

loir ne sont qu'une mesme chose dont l'une ne présuppose pas l'autre. » (p. 161.) Les choses ne sont pas bonnes ou vraies par essence, elles ne le sont que parce que Dieu veut qu'elles le soient. Par suite, si Dieu veut que notre activité soit libre, que l'homme coopère à son œuvre, qu'il soit cause en un certain sens, rien ne lui fait obstacle.

De la Forge n'étend pas l'occasionalisme, comme Cordemoy, à l'explication des rapports des esprits entre eux. C'est tout au plus si, à propos du langage, qu'il établit être d'institution, il indique que Dieu pourrait faire par sa volonté que deux esprits, bien que dépourvus de tout corps, communiquent entre eux [1]. De même, il ne conclut pas à l'idéalisme ; s'il prouve la relativité des données des sens et la subjectivité des qualités secondes des corps, il ne met nullement en doute l'existence du monde extérieur et admet franchement le réalisme cartésien (p. 275 sqq.) Chez lui, on

---

1. « Deux Esprits séparés qui auroient le pouvoir de se joindre ainsi à tel corps, qu'ils voudroient, pouroient aussi se parler, soit en attachant leurs pensées à certains signes extérieurs dont ils seroient convenus, soit par la seule volonté de se communiquer leurs pensées ; non pas que cette volonté suffise toute seule ; car je ne vois point de liaison nécessaire entre la volonté que l'un peut avoir de faire connoistre sa pensée à l'autre, et l'acte par lequel il la doit connoistre ; mais par ce qu'il est, ce me semble, de la bonté et de la sagesse du créateur, afin que deux esprits puissent parler l'un à l'autre, d'avoir voulu qu'au mesme temps que l'un a dessein de faire connoistre sa pensée à l'autre, tout aussi-tost la pensée de celui-cy prenne la forme de la pensée de l'autre, et luy représente ce qu'il veut qu'il connoisse. Mais comme j'ay desja dit, tous ces avantages sont fort incertains, et la lumière naturelle ne nous en découvre rien avec assurance... Nous ne savons pas de quelle manière les Esprits séparés pourront converser ensemble parce que toutes ces choses n'appartiennent point à l'essence de l'esprit. » (p. 421, cf. p. 416.)

ne trouve aussi aucun appel aux croyances religieuses ; il délimite rigoureusement le domaine de la foi et celui de la raison, et c'est dans ce dernier que, bien que catholique respectueux, il veut se maintenir[1]. Dans sa préface, il signale l'analogie de Descartes et de saint Augustin dans leurs conceptions des rapports de l'âme et du corps, il n'essaye pas de les rapprocher dans leur tendance commune à rapporter toute activité à Dieu ; et, cependant, son analyse de la causalité ne pouvait qu'attirer son attention sur cette conséquence mystique de ses analyses; la ressemblance ne dut pas lui échapper. Il voyait sans doute trop autour de lui, soit à l'académie protestante de Saumur, soit au couvent oratorien des Ardillers, près cette même ville, la contrainte théologique inconsidérément employée, faire violence à la raison, pour, gardant la prudence de Descartes, ne pas se précautionner contre une telle intrusion. Il se contente, une fois l'union de l'âme et du corps expliquée, de montrer quelles sont les opérations qui s'y rattachent, quelle part revient en elles à chacune de ces substances, de tirer quelques con-

---

[1]. « Comme c'est icy un escrit purement philosophique dans lequel je n'ay a point d'autre dessein que de rechercher ce que la seule lumière naturelle nous enseigne de la nature de l'Esprit, de ses facultés et de ses fonctions, et que je ne prétens pas me servir d'aucune des vérités que la foy nous a révélées, ny tirer aucunes preuves de l'Escriture, je supplie aussi ceux qui auront à m'opposer quelque chose de n'en employer aucune contre moy, non pas que je ne reconnoisse l'Escriture pour la règle de la vérité... mais parce qu'il me semble qu'elle n'est pas bien employée dans la philosophie, dont le principal but est de découvrir les vérités où la seule lumière naturelle peut atteindre. » (p. 4.) Cf. préface au *Traité de l'Esprit*, passim. Il répond aux objections religieuses de Gousset, *op. cit.*, p. 9, « se philosophum esse non vero Theologum. »

clusions pratiques. Il reste philosophe et psychologue. Les causes occasionnelles lui ont servi pour la solution de la question qu'il s'était proposée, il s'en tient là, ne cherche pas à en pénétrer et à en faire voir toute la portée.

C'est pourtant à une conception très hardie que de la Forge avait abouti, s'il faut en croire Gousset [1], aussitôt qu'il eut remarqué toutes les difficultés que présente la causalité efficiente. Considéré dans son essence, l'esprit, disait de la Forge, est une substance pensante (*res cogitans*) ; il y a là une idée simple et complète. Mais, s'il en est ainsi, dans chaque pensée, dans chacun de ses actes, l'esprit se trouve être exprimé tout entier ; par suite, chaque pensée épuise son essence et ne laisse rien en lui qui puisse expliquer la force nécessaire pour le passage d'une idée à une autre : car, de même que le nombre est plus que l'unité, de même la faculté de passer d'un acte à l'autre est plus que cet acte lui-même. Dès lors, qu'une nouvelle pensée se présente dans un esprit, quelque chose apparaît qui n'existait pas, et qui, s'il n'existe pas par soi-même, ne peut exister que par un acte de création. Il en est de toute pensée pour l'esprit, comme de la figure et du mouvement pour le corps : c'en est une modification ; et de même que le corps conserve la même figure et le même mouvement, si rien ne le modifie, de même l'esprit persistera dans la même pensée, tant qu'une cause extérieure ne lui en apportera pas une nouvelle. Aucune limite ne doit être posée à cette loi que

---

[1]. L'exposition des théories de de la Forge et leur discussion sont l'objet de la plus grande partie du livre de Gousset que nous avons cité, p. 103, note 2, cf., p. 107.

toute chose (*res*), en tant que simple et indivise, persiste toujours par elle-même dans le même état et ne peut jamais être modifiée que par une cause extérieure. Cette loi, que Descartes réserve aux corps, doit être tenue pour générale. Qu'on ne vienne pas invoquer une puissance naturelle inhérente à l'être et le rendant précisément capable d'agir ? car une telle puissance ne peut être qualifiée de naturelle, puisque ce qui est naturel est ce qui est conforme à la nature de l'être, y est compris, et ce n'est pas le cas, nous l'avons vu, d'une telle puissance. En fera-t-on un mode de l'esprit ? Mais un mode de l'esprit n'est autre qu'une pensée actuelle qui en est assurément une modification. En fera-t-on une substance jointe à l'esprit? Mais on pourra encore demander si cette substance est corporelle ou spirituelle. Si elle est corporelle, quoi de plus absurde que la matière puisse créer de l'esprit ? et si elle est spirituelle, en quoi diffère-t-elle de l'esprit? Est-ce en nombre, en espèce, en genre ? La considérera-t-on comme un accident réel ? Mais, alors, il faudra un lien qui l'unisse à l'esprit, et ce lien, à son tour, sera-t-il une substance ou un accident réel ? Et cet accident réel, si vous l'admettez, sera-t-il corporel ou matériel ? Il faudra pouvoir dire au moins, quelle que soit la nature d'un tel accident, comment il effectue la liaison de l'Esprit et de cette Puissance qui sont les deux termes qu'il doit réunir. Son intervention n'est-elle pas, d'ailleurs, inutile ? Pourquoi la liaison ne serait-elle pas immédiate ? Enfin quel chemin prendra un tel lien pour transporter une pensée de cette puissance naturelle dans l'Esprit ? Autant de difficultés inextricables, qui condamnent, par conséquent, l'explication qui les soulève. Cette même argumentation, par laquelle de la Forge enlevait à l'esprit la production de ses pensées, il l'employait également, d'après Gousset, à nier la présence dans les corps et dans les esprits de toute activité motrice. Et il concluait que c'est à l'intervention divine qu'il faut rattacher l'apparition de toute pensée dans l'esprit et aussi de tout mouvement dans la nature, que Dieu est la seule cause, qu'il n'y a d'autres bornes à sa volonté que les lois que lui-même s'est données dans la création et l'organisation des choses.

Cette première argumentation de de la Forge contre la causalité efficiente a, on le voit, un caractère très général et très catégorique. En dehors de Dieu, cause motrice unique, il n'y a place pour aucune activité ; l'inertie, qui est dans la matière, doit se retrouver partout. Toute succession, tout changement sont extérieurs aux êtres ; on aboutit à un système analogue à celui des Mégariques. Ce sont, au contraire, des affirmations beaucoup moins exclusives qui se trouvent dans le *Traité de l'Esprit*. Dieu, sans doute, est toujours considéré comme l'unique cause, mais, du moins, l'impuissance n'est pas attribuée au même degré aux esprits. Si la pensée constitue toujours l'essence de l'esprit, une différence, cependant, y est notée entre l'esprit et ses actes [1], et, par

---

1. « Puisque c'est donc dans la faculté que l'Esprit a de penser que sa nature consiste, ce ne peut estre qu'une mesme chose avec luy ; autrement le mesme estre seroit différent de luy-mesme, s'il pouvoit y avoir une distinction réelle entre une substance et son essence : Et d'autant que nous ne pouvons concevoir clairement cette faculté sans l'esprit, ni luy sans elle, il n'y a tout au plus entre eux qu'une distinction de raison. Il n'en va pas de mesme de cette faculté et de ses actions ; car parce que nous pouvons appercevoir la substance

suite, tout en admettant que l'intelligence est purement passive, il est possible à de la Forge et sans contradiction, contrairement aux affirmations rapportées par Gousset, de concevoir l'esprit réfléchissant sur les idées qui lui sont données et pouvant ainsi exercer une action sur leur suite, et, par leur intermédiaire, sur le monde extérieur [1]. Les esprits ne sont plus tenus pour

qui pense sans aucune de ses pensées en particulier, nous disons qu'il y a une différence modale entre la substance et son action, semblable à celle que nous reconnoissons entre l'estendue d'un corps et sa figure particulière. » *Traité de l'Esprit*, p. 58.

1. Dans son *Traité*, (p. 139), de la Forge semble même donner à l'esprit le pouvoir de créer des idées. « Nos premières pensées ne nous obligent pas nécessairement à former les idées des secondes et nous sentons bien que c'est librement que nous y apliquons nostre Esprit, ce qui ne seroit pas, s'il n'avoit en lui qu'une faculté passive d'apercevoir, et qu'il n'eust pas aussi une puissance active de produire les idées, pour le moins celles des choses auxquelles il s'aplique volontairement, et qui ne sont point au-dessus de ses forces » Mais il ne s'agit pas au fond pour lui d'un pouvoir de la volonté de créer des représentations. Ce qu'il veut dire, c'est que si la volonté est libre, est maîtresse de son consentement, elle détermine ses états et leur succession et, par suite, en ayant conscience d'elle-même, elle se trouve avoir des représentaions dont elle est la cause, puisque les objets qu'expriment ces représentations sont son œuvre. « Nous devons estre certains que cette puissance qui produit et forme les idées dont l'Esprit s'aperçoit volontairement est sa volonté, tant parce que nous donnons ce nom au principe de toutes les opérations de l'esprit qui passent pour des actions, qu'à cause que les fonctions de la volonté estant revestues de quelque forme particulière au moyen de laquelle nous nous en apercevons aussi bien que des autres pensées de nostre Esprit, nous ne pouvons pas douter qu'elle n'ait la force de produire des idées ; d'autant que leur nature consiste en ce que ce sont des pensées de l'Esprit revestues de quelque forme ; et, partant, nous avons lieu de croire que la volonté qui détermine l'Esprit à penser à quelque chose, est aussi bien la cause de l'idée de la chose à laquelle elle l'aplique que de ses propres fonctions. Et vous n'aurez pas de peine à vous persuader cette vérité, si vous prenez garde qu'il n'y a que les idées des substances spirituelles et de leurs pro-

de simples jouets entre les mains de Dieu, ce qui aurait été leur rôle d'après la première argumentation. Faut-il conclure, avec certains [1], de cette différence à la fausseté du récit de Gousset, qui aurait prêté à de la Forge une conception que son livre n'autorise pas ? Mais Gousset insiste sur l'exactitude de son récit, garantit la fidélité de sa mémoire, malgré la longue durée écoulée ; et, comme lui-même le fait remarquer, s'il y a eu atténuation dans les vues de de la Forge, il n'y a pas entre leurs deux expressions contradiction : la négation de toute causalité efficiente y est également affirmée ; si elle est moins systématique dans le *Traité de l'Esprit*, et plus spécialisée, elle y est tout aussi générale, puisque la négation de toute causalité entre esprit et corps

priétés et opérations qui puissent quelquefois venir en l'Esprit par la simple détermination de la volonté, d'autant plus qu'il n'y a qu'elles qui n'ayent aucun commerce avec le corps et à la production desquelles assez souvent il ne contribue point . » (p. 139, 140.) Cf. la définition qu'il donne de la connaissance p. 97 : « Je pense que nous ne sçaurions mieux définir nos connoissances qu'en disant que connoistre est simplement apercevoir ce qui est intérieurement représenté à nostre Esprit, et qu'à proprement parler rien ne luy est représenté de la sorte que ce qui se passe en luy, c'est-à-dire, ses actions et ses passions. » On le voit, de la Forge n'admet pas de création proprement dite d'idées par l'esprit. C'est l'occasionalisme tout entier qu'il accepte, bien que certains historiens de la philosophie aient soutenu le contraire, cf. Bordas Dumoulin, p. 184 et F. Bouiller, I, p.513. Ritter (*Philosophie moderne*, trad. française, I, p. 100, note 2) fait remarquer que les autres occasionalistes ne se distinguent pas sur ce point de de la Forge. « Tennemann et Damiron s'appuient sur ce passage et sur quelques semblables, pour établir, contre l'assertion de Brucker et de Buhle, que de la Forge ne doit pas être considéré comme l'auteur du système des causes occasionnelles. Il serait facile cependant de trouver chez Geulinx et chez Malebranche des déclarations analogues. »

1. Cf. Lud. Stein, *loc. citat.*

est présentée comme une simple conséquence de l'impossibilité d'admettre en dehors de Dieu une cause efficiente quelconque, et qu'il n'est pas donné pour elle de démonstration spéciale propre, du moins dans les chapitres dont cette démonstration est l'objet particulier [1]. Cette différence, d'ailleurs, peut très bien s'expliquer, si on considère le caractère de de la Forge, tel que Gousset nous le représente. Esprit primesautier, il concevait avec rapidité ses hypothèses et s'y attachait avec force, mais, en même temps, inquiet et curieux, il éprouvait le besoin de les communiquer et d'en éprouver ainsi la solidité [2]. Or, comme nous l'avons dit, il n'y a rien d'impossible que sa correspondance avec Clerselier, qui dût porter sur cette question, ainsi que le prouve l'unique lettre qui nous en est restée, et les rapports qu'il avait avec M. de Montmor, lui aient permis d'entrer en relation avec Cordemoy ou, du moins, de connaître ses opinions, et que, par suite, il ait été ainsi amené à modérer ses premières idées, à leur apporter dans l'application quelque tempérament. Sans doute, leurs argumentations restent bien différentes : tandis que Cordemoy pour nier la causalité s'appuie plutôt sur le raisonnement, de la Forge ne craint pas de faire appel d'une façon spéciale au témoignage même des sens, et les preuves données ne se répètent guère. Cependant, qu'on remarque que c'est de la même façon qu'ils définissent l'union de l'âme et du corps, et que certains arguments, certains exemples, tels que celui du paralytique, se retrouvent chez tous les deux

---

1. Cf. plus haut p. 127, note 2.
2. Cf. Gousset, *op. cit., initio*, n. 21, p. 33; cf. plus loin p. 151, note 1.

et employés dans le même but [1], que bien plus, ils posnet la même conclusion et dans des termes analogues, et l'influence de Cordemoy, qui, lui, n'aurait pas varié et qui est plus affirmatif, se présente comme probable ; s'il n'a pas, sans doute, inspiré de la Forge, il a pu lui servir d'indicateur et de correcteur, du moins dans la portée à donner à ses idées.

Quoi qu'il en soit, l'originalité de de la Forge subsiste, et il est acquis, qu'en même temps que Cordemoy à Paris, il donnait dans son milieu philosophique de Saumur une conception de la causalité qui conduisait à l'occasionalisme. Il en peut être considéré en même temps que lui comme le fondateur [2]. Ce n'est pas sans raison que Leibnitz ne sépare pas leurs noms quand il veut désigner les premiers représentants de ce sys-

---

1. Cf. plus haut p. 117, note 2.
2. Gousset considère Louis de la Forge comme le fondateur de l'occasionalisme (*Causarum primæ...* p. 1 cf. plus loin p. 146, note 2). De même de Villemandy (*Traité de l'efficace des causes secondes*, in-12, Leyde, 1687 ch. XVI) « Le premier d'entre eux, dit celui-ci, que je sache qui l'ait mise en avant et ouvertement soutenue est La Forge dans son *Traité de l'Esprit humain*, ch. XVI » Bruckers a repris la même opinion (*Historia critica Philosophiæ*, Leipzig, 1766, t. V, p. 266) « Illud enim m'nime erat tactum a Cartesio ast cum prior unionis inter animam et corpus ratio esset explicanda, primus L. de la Forge ad delatus est, quem secuti sunt qui amplissime illo usi sunt » (cf. plus loin p. 146, n. 1). On peut remarquer que Gousset et de Villemandy avaient connu tous deux de la Forge à Saumur et que c'était à Saumur, et non à Paris, qu'ils avaient pris contact avec le cartésianisme. La notoriété de de la Forge s'explique si on considère qu'à Saumur était une Académie protestante très célèbre, fréquentée par des étudiants de tous pays, que n'oubliait de visiter aucune personnalité protestante étrangère voyageant en France. Clauberg y fit un séjour d'un an en 1646 (cf. plus loin p. 153, note 1), Cordemoy semble avoir été moins connu à l'étranger. Son milieu n'était pas cosmopolite comme celui de Saumur à cette époque.

tème [1]. Ce qu'on peut dire en faveur de Cordemoy, c'est que, outre une influence indirecte possible sur l'élaboration postérieure des idées de de la Forge, il donne à ses conceptions un caractère occasionaliste plus complet plus systématique, et ne craint pas d'en tirer toutes les conséquences, même l'idéalisme. Bien plus et surtout, il ne se borne pas, comme lui, à établir la discontinuité dans la succession ou la durée, il l'établit aussi dans l'espace, en substituant le vide et les atomes au monde plein de Descartes. Et, par suite, il ne rencontre plus cette difficulté de concilier la continuité de la réalité avec la discontinuité de la succession, et il n'a plus cette gêne qui se traduit chez de la Forge, resté fidèle aux théories physiques de Descartes, par la conception d'une certaine fixité, d'une certaine stabilité dans les choses matérielles, qui s'opposent, extérieurement, du moins, à l'intervention à chaque instant de la volonté divine qu'implique l'occasionalisme. Cette difficulté, il est vrai, était chez Descartes, mais Descartes, nous l'avons vu, n'était pas aussi éloigné, en fait, de l'atomisme qu'on le suppose, et son occasionalisme n'était pas franchement formulé. Le progrès, pour ses disciples, devait consister dans l'affirmation nette de la discontinuité sous toutes ses formes, et cette affirmation se trouve chez Cordemoy. Comme l'a remarqué Laswitz, l'occasionalisme semble être lié, même historique-

---

1. « Après que Cordemoi, de la Forge et d'autres cartésiens eurent proposé cette doctrine (les causes occasionnelles). Malebranche avec son esprit supérieur, lui a prêté l'éclat de son style » *De la nature en elle-même ou de la puissance naturelle et des actions des créatures.* Ed. Janet, II, 560. Leibnitz cite beaucoup plus souvent Cordemoy que de la Forge.

ment, à l'atomisme [1]. On ne peut mettre la discontinuité quelque part sans être logiquement amené à la mettre partout. C'est ce que reconnaît aussi le néo-criticisme quand il affirme le caractère synthétique de la causalité, et pose, en même temps, l'existence d'une pluralité de consciences indépendantes « qu'il substitue à l'un, pure idole des métaphysiciens [2]. »

1. Cf. Laswitz, *op. cit.*, I. p. 145 et II, p. 416.
2. Renouvier, *Premier Essai*, III, 242.

CHAPITRE VII

DANS QUELLE MESURE CORDEMOY ET DE LA FORGE PEUVENT-ILS ÊTRE CONSIDÉRÉS COMME LES FONDATEURS DE L'OCCASIONALISME ?

Cordemoy et de la Forge se présentent donc comme les fondateurs de l'occasionalisme. Un pareil titre paraîtra peut-être, pour eux, un peu ambitieux. Ils n'ont pas complètement créé la doctrine, puisque nous l'avons vu, elle était déjà tracée dans Descartes, et que, d'un autre côté, son éclosion complète ne pouvait qu'être favorisée par certaines tendances théologiques de l'époque, qu'il se trouvait même que, sur ce point, cartésianisme et scholastique, loin de se combattre, présentaient, au contraire, quelque parenté. Bien plus, ni l'un ni l'autre dans leurs œuvres de courte haleine n'ont manifesté cette vigueur d'esprit, ce génie qui en imposent et entraînent de force les autres penseurs ; il était nécessaire qu'un Malebranche et un Geulinx viennent les compléter en ce sens. On ne peut, cependant, se refuser de reconnaître qu'ils ont déterminé et orienté un courant qui se révélait à peine. Leur mérite reste grand ; ils sont encore des fondateurs, puisque leur action a été réelle.

Remarquons d'abord que dans le cartésianisme lui-même, il a fallu leur intervention pour que les idées du Maître sur ce point reçussent tout leur développement et même ne subissent aucune déviation. Rohault, tout entier aux applications de la physique cartésienne, néglige de telles questions. Sans doute, il déclare [1] « qu'un mode ou accident ne sauroit passer de la substance qui en est le sujet dans quelque autre substance, parce que si cela estoit, il s'ensuivroit que lorsqu'il estoit dans cette première substance, il n'en estoit pas absolument dépendant, en quoy il y auroit une manifeste contradiction. » Mais il ne tire pas les conséquences d'une telle affirmation. Il se contente de poser Dieu comme premier moteur, sans se demander si son intervention ne continue pas à être toujours aussi nécessaire, si elle n'est pas toujours actuelle. Il semble même être d'une opinion contraire. « Parce que, dit-il, ce ne seroit pas philosopher que de faire faire à Dieu, à tous moments, des miracles et d'avoir perpétuellement recours à sa puissance, nous supposerons seulement qu'en créant la matière de ce monde, il a imprimé une certaine quantité de mouvement dans ses parties, et qu'ensuite il ne fait plus que prêter son concours ordinaire pour empescher que les choses ne retournent dans le néant d'où il les a tirées et conserver ainsi incessamment en la matière une égale quantité de mouvement; si bien que ce que nous avons maintenant à faire est de rechercher les autres circonstances du mouvement et d'en étudier les causes secondes ou naturelles [2]. » Rappelons que Pascal réduisait le rôle de Dieu dans le monde, suivant Descar-

---

1. Cf. *Traité de physique*, ch. IX.
2. *Traité de physique*, ch. X.

tes, à l'avoir mis en mouvement au début par une simple « chiquenaude ».

Clerselier se montre tout aussi réfractaire. Dans sa lettre à de la Forge [1] qui lui a fait part de ses réflexions et lui a demandé, semble-t-il, des éclaircissements, il se contente de rappeler d'une façon exacte, sans doute, mais, sans chercher à les approfondir, les idées de Descartes sur le sujet. Il accorde à de la Forge que « la force qui meut, et mesme celle qui ne fait que déterminer à son gré et comme il luy plaist le mouvement ne dit rien en soy de corporel... que cette force n'est point du tout du ressort des corps, mais qu'elle doit nécessairement venir d'ailleurs, pour avoir son effet dans le corps », en un mot, que le principe du mouvement est hors du corps. Il reconnaît aussi que ce principe ne peut être qu'une substance spirituelle, bien plus, la substance spirituelle infinie, « dont la raison est que je ne reconnois point d'autre puissance capable de créer ou de faire qu'une chose qui n'est point soit et existe que celle de Dieu, à cause que la distance infinie qu'il y a du néant à l'Estre ne peut estre surmontée que par une puissance qui soit actuel-

---

[1]. Cette lettre est intitulée : A M. de la Forge, médecin à Saumur. Observations de M. Clerselier, touchant l'action de l'âme sur le corps A Paris le 4 décembre 1660. Lettre 125 et dernière. (L. de Descartes, t. III). Dans sa préface, Clerselier écrit : « J'ay finy ce dernier volume de lettres par une des miennes que j'ay autrefois écrite à feu M. de la Forge, ce fameux médecin de Saumur, laquelle luy fit entreprendre son *Traité de l'esprit de l'homme*, qu'il a mis au jour un peu devant sa mort, et qui luy a peut-être avancé les siens ; Et pour ce qu'il m'en remercia alors en des termes qui m'ont depuis fait croire que cette lettre n'estoit pas mauvaise, j'ay pensé que je pouvois sans scrupule finir l'ouvrage du Maistre par où le disciple avoit pris occasion de commencer le sien. »

lement infinie. » Comme « la détermination du mouvement n'ajoute rien de réel dans la nature et ne dit rien de plus que le mouvement mesme lequel ne peut estre sans détermination », rien ne s'oppose à ce qu'elle soit l'œuvre des âmes finies, ainsi que l'expérience le prouve ; mais Dieu n'en reste pas moins « Créateur de toutes choses ». Seulement, sur la question que, semble-t-il, lui posait de la Forge : comment se fait une telle détermination ? comment l'âme peut-elle agir sur le corps ? il n'ose s'aventurer ; il garde la prudente réserve d'un disciple timoré. Il reconnaît « que nous n'avons pas connoissance de quelle façon nostre âme envoye les Esprits animaux dans les nerfs et en suitte dans les muscles, pour mouvoir nos membres conformément à nos volontés » ; mais, « comme nous enseigne nostre maistre, il ne faut pas s'en estonner » : il y a là une simple suite de l'union de l'âme et du corps, union dont nous n'avons qu'une perception confuse et dont, par conséquent, les secrets nous échappent. Ainsi s'explique que nous sachions seulement que nous voulons et que nous ignorions le rapport de notre volonté à nos membres [1]. Tout ce que nous pouvons

---

1. « Si nous y voulons prendre garde nous avons connoissance de toute cette action par laquelle l'âme meut les membres, en tant qu'une telle action est dans l'âme et dépend d'elle : puisque ce n'est rien autre chose en elle que l'inclination de la volonté à un tel ou tel mouvement, laquelle inclination luy est claire, et n'a rien d'obscur. Mais que cette inclination de sa volonté soit suivie du cours des Esprits dans les nerfs et dans les muscles, et de tout ce qui est requis pour ce mouvement, cela n'arrive pas simplement parce qu'elle le veut, autrement nostre volonté seroit toujours exécutée, et le corps ne seroit jamais paralytique : (car quand est-ce que nostre âme a jamais plus de volonté de faire mouvoir le corps auquel elle est jointe, que lorsqu'il n'est pas en état de luy obéir ?) »

dire, c'est que, pour que la volonté soit suivie d'un acte corporel, il faut que la disposition du corps convienne et concorde, qu'il y ait entre telle volonté et tel mouvement une liaison naturelle, qui ne peut être que l'œuvre de l'Auteur de la nature, que cette liaison soit directe et immédiate et que l'âme ait le sentiment qu'elle est unie à un corps particulier qui est le sien et non à un autre corps quelconque. Mais que si « après cela nous voulons aller plus avant pour sçavoir comment nostre âme qui est incorporelle, peut mouvoir le corps, M. Descartes adjoute fort judicieusement au mesme lieu, qu'il n'y a ny raisonnement, ny comparaison tirée des autres choses qui nous le puisse apprendre ; mais que néantmoins, nous n'en pouvons douter puisque des expériences très certaines et très évidentes ne nous en convainquent que trop tous les jours. Et il faut bien prendre garde que c'est là une de ces choses qui sont connues par elles-mesmes et que nous obscurcissons toutes les fois que nous les voulons expliquer par d'autres ». Et la raison qui décide Clerselier à accepter définitivement cette opinion de Descartes, c'est que, quand il s'agit de l'explication de l'union de l'âme et du corps, nous nous trouvons, d'après lui, en présence d'un acte divin, comme quand il s'agit de la création. Or, comment nos esprits finis pourraient-ils pénétrer l'infini ? Il y a là un mystère qui ne peut s'élucider pour nous. Une union entre deux substances, dont la nature et les propriétés sont hétérogènes, ne peut avoir pour origine que la volonté du Créateur, elle se présente à nous comme un fait que nous pouvons seulement constater : « il n'y a que la seule expérience qui puisse nous apprendre quelle est cette union ¹. » On le voit, aucune généralisation de la question dans une telle lettre. Clerselier s'en tient au fait tout spécial des rapports de l'âme et du corps, il n'y voit pas du tout, comme de la Forge et Cordemoy, un cas particulier du problème de la causalité. Il se contente de constater que nous sommes en présence de données confuses, que notre analyse ne pourra jamais éclaircir et dont le Créateur seul voit les éléments.

Rappelons-nous, de plus, qu'au témoignage de de la Forge ², certains cartésiens, dans leur impuissance à résoudre le problème, prétendaient que « l'alliance de l'esprit et du corps se fait par un certain mode qu'ils appeloient union, lequel servoit comme de lien et de ciment pour joindre ces deux substances », ce qui était, comme le remarque de la Forge, ou simplement reconnaître l'existence de l'union, ou réaliser une entité et être infidèle à Descartes.

Cordemoy et de la Forge ont donc le mérite dans l'École cartésienne d'avoir aperçu et approfondi dans la doctrine du maître ce qui échappait aux autres. Ils ont trouvé la réponse à la critique que l'on faisait à Descartes de se contenter lui-même pour explication dans un cas particulier et précis de la constatation d'un fait obscur, lui qui ne voulait qu'idées claires et distinctes, qui accusait toujours les autres philosophes d'obscurité et de confusion dans leurs principes ³. Ils

---

1. Cf. un passage de la préface au vol. III des *Lettres de Descartes* dans lequel Clerselier reprend les mêmes idées.

2. Cf. plus haut p. 108 et. *Traité de l'Esprit*, p. 191.

3. Ce reproche est rappelé par Clerselier dans sa préface au vol. III des *Lettres de Descartes* « Et après tout ce beau langage qui, à vray dire ne signifie rien et qui fait voir seulement qu'ils sçavent

ont substitué au mystère du divin que voyait immédiatement Clerselier, celui de la causalité, conduisant ainsi à une connaissance plus exacte d'une notion sur laquelle s'appuie toute connaissance de la nature.

On dira, peut-être, qu'ils n'ont fait qu'introduire dans le cartésianisme une théorie soutenue depuis longtemps par quelques philosophes, et dont Suarez avait rassemblé et résumé les arguments [1]. C'est ce que, d'après Bayle, prétendaient déjà à la fin du XVII° siècle certains auteurs [2]. L'un d'eux, l'abbé Faydit [3], rapprochant la théorie des causes occasionnelles de la théorie du concours divin, voulait la retrouver même dans Aristote. L'auteur de la *Lettre d'un philosophe à un cartésien de ses amis* [4] déclare de même que « cette opinion n'est pas nouvelle, qu'elle a été reprise par les Théologiens. » Bruckers accepte cette thèse et

parler hardiment et en beaux termes d'une chose qu'ils n'entendent pas, ils triomphent de M. Descartes, qui conduit fort bien et fort intelligiblement toute cette action jusque-là, à cause que, quand il en est venu à ce point, il confesse qu'il ne sçait point d'autre raison, pourquoy un tel mouvement qui se fait dans le cerveau excite une telle pensée dans l'âme, sinon que l'âme a esté faite de telle nature, que certains mouvements du corps ont esté joints à certaines pensées de l'âme et réciproquement certaines pensées de l'âme à certains mouvements du corps, par l'ordre et la disposition du créateur qui a fait et uny ensemble ces deux natures, et qui les a jointes si convenablement l'une avec l'autre, qu'il est impossible de pouvoir rien feindre de mieux. »

1. Cf. Suarez, 1, *Métaph. disput.*, 18, p. 373, éd. 1630.
2. Bayle, *Œuvres*, III, p. 131.
3. *Remarques sur Virgile et sur Homère*, cité par Bayle, *loc. cit.*
4. P. 80. Sur l'auteur vrai de cette lettre : le p. Rochon ou le p. Rapin, cf. Paul Lemaire : *Dom Robert Desgabets, son système*, p. 60, note 1. Alcan, 1902.

affirme que de la Forge s'est inspiré de Suarez[1]. Seulement, l'assertion de Bruckers relativement à de la Forge se trouve démentie par Gousset[2] qui affirme que de la Forge, au moment où, pour la première fois, il lui exposait ses idées, n'avait, pas plus que lui-même, jamais lu Suarez, et que, certainement, pour tous deux, ces idées se présentaient comme nouvelles. De plus, si on examine le passage indiqué de Suarez, il est facile de constater que l'argumentation qu'il donne comme ayant été employée par les philosophes qu'il cite, est bien différente de celles de Cordemoy et de de la Forge. C'est une argumentation toute théologique, s'appuyant sur la seule considération de la perfection divine et non sur une analyse de la causalité. Dieu ne peut être l'Être parfait, dit-on, en substance, que si sa puissance s'étend actuellement à tout ; accorder, par suite, quelque efficacité à la créature serait diminuer la perfection divine, ce qui ne peut être permis. On ne se demande pas si la causalité des êtres créés renferme en soi une contradiction quelconque. Sans doute, dans le raisonnement que Suarez attribue aux philosophes qui niaient seulement la causalité des corps pour n'admettre que celle des esprits, cette analyse semble apparaître, mais

---

1. Cf. Bruckers, *op. cit.*, V, p. 592 « Ludovicum de la Forge hoc systema primum post præclusiones Suarezii produxisse, supra observatum, in majore autem luce posuit Malebranchius cum hypothesibus suis valde favens deprehendisset. » Cf. plus haut 136, note 2.

2. *Op. cit.*, n°s 4 et 5. « Ipsum autorem illius (sententiæ) unicum putavi. Nondum enim satis legeram Metaphysicam Suarezii, ut observata mihi essent ea quæ refert in Disputatione qua quærit utrum res creatæ aliquid efficiant ?... Sed nec a Forgio magis quam a me eum tum lectum puto. Ideo si non undequaque primus, at certe sibi nobisque primus auctor illius opinionis. »

elle est bien bornée et bien peu cartésienne. On part de cette supposition que tout être qui agit doit être intimement présent à celui qui reçoit l'action, et on en conclut que les corps, qui sont quantité, ne pouvant satisfaire à cette condition, ne peuvent, par suite, être dotés d'aucune activité ; mais cette supposition, on ne la tire pas de l'examen de la nature de la causalité elle-même et ce qui le prouve : c'est qu'on ne l'étend pas à l'esprit. Si, enfin, on considère la théorie elle-même du concours divin, on voit qu'elle n'offre avec l'occasionalisme qu'une ressemblance tout extérieure. Comme le remarque Gousset [1], dans cette théorie Dieu fait tout, sans doute, mais les créatures restent des causes efficaces, on ne se demande pas si l'efficacité est incompatible avec la nature des êtres créés, on la maintient en eux tout entière. Pour être un don de Dieu, elle ne perd dans les êtres finis aucun de ses caractères, ni aucune de ses propriétés. Et c'est ce que note aussi Malebranche. Il déclare dans un de ses éclaircisse-

---

[1]. « Censemus per Dei concursum nos esse secundas sub eo causas realiter efficaces ; realiter inquam, æque ac nos sumus Entia realiter » (*op. cit.*, n° 23, p. 35) cf. *id.* appendice, p. 202 « Axioma hoc eorum de corpore, *corpora ex seipsis actione carent*. Respondeo esse ambiguum propter voces ex seipsis. Confundunt statim quæstiones, nam nos docemus id quod optime iisdem verbis effertur. Dicimus corpora habere actionem ex dono Dei, at negamus ex seipsis actionem habere. » Cf. aussi n° 60, p. 119. « Ad hoc enim quod attinet quod duæ sint causæ, prima et secunda, eaque concurrant, illi faciunt unam causam esse, scilicet Deum ; ut clare ex Forgii, Malebranchii, Regis ahorumque declarationibus supra relatis et quotiannis asseclarum sermonibus liquet : negant cæteras omnes, quæ dicuntur, veras causas esse. Atqui ubi est unica, ibi non est concursus. Nam hoc concursus nomen et concursus notionem ponere plures concurrentes, agentes ac simul in aliquem terminum tendentes actionibus sociatis, clarius et certius est quam ut lectori probari oporteat. »

ments qu'il ne s'oppose pas à la théorie du concours divin, pourvu que l'on regarde « la force mouvante des êtres comme l'action même de Dieu » et qu'ils soient réduits à la condition de « causes naturelles ou occasionnelles »; mais il ajoute : « J'avoue que les scholastiques qui disent que le concours immédiat de Dieu est la même action que celle des créatures, ne l'entendent pas tout à fait comme je l'explique, et qu'excepté peut-être Biel et le cardinal d'Ailly, tous ceux que j'ai lus pensent que l'efficace qui produit les effets vient de la cause seconde aussi bien que de la première¹. »

Il est vrai qu'un tel système, comme l'indique le passage lui-même de Malebranche que nous venons de citer, n'était pas arrêté d'une façon absolue, qu'il variait avec les vues et les tendances de chaque théologien, et, par suite, on pourrait se demander si, sous l'influence cartésienne, il n'avait pas été amené chez certains de ses partisans à prendre la forme de l'occasionalisme. Cependant, si on étudie le théologien qui, au milieu du XVIIᵉ siècle, s'est le plus rapproché du cartésianisme, le père Maignan, que Cordemoy, nous le savons, a pu entendre en 1657, à Paris ², et dont de la Forge, dans le milieu théologique où il vivait ³, a dû certainement connaître, au moins de réputation, les ouvrages, on trouve des différences qui s'opposent à toute filiation : Quelles sont, en effet, les idées du Père

1. Quatorzième éclaircissement à la *Recherche de la vérité* : réponse à la 7ᵉ preuve, édition Bouiller II, pp. 470 et 472.

2. Cf. plus haut, p. 58.

3. Maignan est cité par M. Villemandy, professeur à l'Académie de Saumur dans l'ouvrage suivant : *Manuductio ad philosophiam Aristoteleam, Epicuream et cartesianam authore Petro de Villemandy, philosophiæ in Academia salmuriensi professore*, Saumur, 1678, p. 58.

Maignan sur la causalité des êtres créés ? Remarquons que, tout en repoussant les formes substantielles, il tient tous les êtres, aussi bien les corps que les esprits, pour actifs par essence [1], seulement, il restreint l'étendue de cette causalité, il ne veut lui accorder qu'une efficacité immédiate. Une cause éloignée, d'après lui, ne peut être considérée comme la cause de l'effet qu'on lui attribue, puisque ce qu'elle produit véritablement par elle-même, sans intermédiaire, c'est l'effet immédiat « qu'elle influe. » Cet effet éloigné, d'ailleurs, dépend si peu d'elle, qu'il peut se réaliser en son absence. D'où cette autre proposition analogue que la cause efficiente ne peut agir par elle-même à distance [2]; elle ne peut sortir d'un être, toute action en dehors de lui, tout mouvement local lui sont étrangers. Bien plus, cette activité extérieure de l'être ne peut se développer, d'après le P. Maignan, qu'avec le concours de Dieu. Il établit, en effet, que la causalité de la cause efficiente ne peut que par abstraction être distinguée de la production de son effet, d'où il conclut que la causalité divine doit persister à l'égard du monde, que celui-ci ne dure que par une création continue. Agir, dès lors, pour un être particulier, ne peut être que déterminer l'action divine à tel ou tel acte. Mais, et c'est en cela que le P. Maignan se distingue des occasionalistes, par crainte du panthéisme, il ne veut

---

1. « Natura est principium et causa motus et quietis, ejus in quo primo et per se et non ex accidenti inest. Ea enim quæ constituunt essentialiter compositum naturale sunt ea ipsa quæ in eo sunt motus et quietis principium, sive in plurali principia et causæ primo ac per se. *Cursus philosophicus* », éd. de 1655, vol. II, ch. I, prop. 1.

2. « Causa efficiens non potest per se ipsam immediate agere in distans » *id.*, ch. V, prop. X.

dans l'acte rapporter à Dieu que l'effet seul ; l'action de l'agent reste, pour lui, son œuvre propre. Tout ce qui est effet immédiat de l'activité de l'être doit lui être attribué [1]. Si le pouvoir efficace de la volonté est limité, il n'est pas supprimé. Le péché est véritablement notre œuvre, et cette œuvre ne se borne pas à un simple consentement, elle est un acte, producteur véritable. C'est plus qu'une simple occasion qu'on fournit à Dieu ; celui-ci ne fait pas notre acte, il le complète seulement, lui donne toute sa portée. Un tel dynamisme, dans lequel l'activité, pour réduite qu'elle soit à être immédiate, n'en conserve pas moins son efficacité, était bien différent du monde des occasionalistes qui, à la suite de Descartes, ne mettent d'autre limite à l'inertie des êtres qu'un simple pouvoir de direction accordé aux esprits. Ce n'était pas d'un tel système que ces derniers avaient donc pu s'inspirer.

Sans doute, on pourra alléguer contre l'importance et l'originalité que nous réservons à de la Forge et Cordemoy, qu'à la même époque Geulinx établit également l'occasionalisme, et lui donna un développement qui lui permet de disputer à Malebranche l'honneur d'en être le principal représentant. N'aurait-il pas pu exercer quelque action sur eux, puisque la première édition de son *Éthique*, dans laquelle il soutient cette théorie,

---

1. « Actionem creaturæ non differe ab actione Dei ex parte effectus entitative sumpti : differt quidem ex parte agentis ; sed hoc est omnino necessarium quatenus impossibile est ut agens creatum sit idem cum increato ; unde actio creaturæ ex parte agentis, hoc est quatenus identificatur cum agente, non est idem cum actione Dei; eadem autem actio ex parte effectus est idem cum actione Dei, quatenus scilicet actio identificatur cum effectu ; effectus enim creaturæ, ut dixi, prorsus est idem entitative cum effectu Dei. (Prop. XI.)

parut en 1664, c'est-à-dire près de deux ans avant le *Traité de l'Esprit* et les *Dissertations physiques* ? Mais on peut faire remarquer, d'abord, que, depuis six ans, et Cordemoy et de la Forge, ainsi que nous l'avons noté, avaient déjà leurs opinions arrêtées sur ce sujet. De plus, ce ne fut qu'un premier volume de l'*Éthique* de Geulinx qui vit le jour en 1664 ; les autres ne furent édités qu'après sa mort en 1675. Or, dans ce premier volume, disent Stein et Zeller [1], l'occasionalisme est trop peu indiqué, pour avoir pu pénétrer de là dans la pensée d'un autre auteur. Enfin, cette première édition, d'après ces mêmes critiques, fut très rare, et il n'était pas matériellement possible qu'avec les moyens de communication de l'époque elle ait pu, en un an, franchir les frontières, et venir en la possession des petits cartésiens français [2].

Mais une autre influence fut possible : celle de Clauberg qui prépara les voies à Geulinx et dont les principaux ouvrages sont antérieurs à 1658 [3]. Ce philosophe fut même connu de de la Forge, qui fut en correspondance avec lui [4] et fait allusion à ses ouvrages dans plusieurs passages de son *Traité de l'Esprit* [5].

[1]. *Arch. für Geschichte der Philosophie*, art. cité.
[2]. Seyfarth. *op. cit.*, p. 57, fait remarquer que, même si on considère l'œuvre entière de Geulinx, comme il se borne toujours à l'étude de la causalité humaine, le problème de la causalité est moins approfondi chez lui que chez de la Forge.
[3]. Le plus important des ouvrages de Clauberg le *de Cognitione Dei et nostri* parut en 1656.
[4]. Cf. plus loin, p. 153, note 1.
[5]. *Traité de l'Esprit*, p. 183. « Le docte Claubergius dans son livre *de Cognitione Dei et nostri*, remarque fort bien que c'est le peuple qui a le premier donné cours à cette maxime que tout ce qui est occupe un certain lieu ». (P. 201), « Or, comme le dit fort bien M. Clau-

Seulement, on peut remarquer que l'occasionalisme de Clauberg est encore bien restreint ; il ne l'admet que pour rendre compte des rapports de l'âme avec le corps et, encore, en s'appuyant sur un argument d'origine scholastique et que l'on ne trouve pas chez ses concurrents français, à savoir : que l'effet ne pouvant être plus noble que la cause, le corporel ne peut agir sur le spirituel. Bien plus, dans le passage où de la Forge fait l'allusion la plus directe pour le sujet qui nous occupe à Clauberg, il le critique beaucoup plus qu'il ne le suit. Clauberg, qui répugnait à admettre une union substantielle de l'âme et du corps, à cause de l'hétérogénéité de nature de ces deux substances, réduisait cette union à un concours et commerce actuel de leurs opérations. L'explication est insuffisante, d'après de la Forge ; il faut admettre « une dépendance réciproque de l'un et de l'autre, laquelle ne laisse pas de subsister, quoy que le commerce actuel soit interrompu pour peu de temps ; pourveu seulement, comme nous l'avons dit, que celuy qui les a jointes ensemble ne change point de volonté et que le corps ne soit pas incapable d'avoir les mouvements auxquels les pensées de l'esprit sont immédiatement attachées [1]. » Et la correction est importante. Clauberg, ne considérant dans l'union des êtres et les rapports de leurs états qu'un simple concours, pouvait se contenter de les rattacher à Dieu ; de la Forge y voyant des rapports de dépendance, des rapports de causalité, avait son attention appelée sur la nature d'une telle dépendance,

bergius, il n'y a que trois espèces générales de relation ou de rapport... » et le passage cité dans le texte.

1. *Traité de l'Esprit,* p. 200.

devait la considérer dans sa généralité, et se demander d'une façon plus exacte, quelle devait être dans son essence et dans ses caractères l'intervention divine. Il était véritablement dans le sens de l'occasionalisme, tandis que Clauberg voisinait seulement avec lui ; et ce qui le prouve, c'est que ce dernier n'en a pas vu ni marqué toute la portée, comme de la Forge. Si, d'ailleurs, de la Forge n'avait fait que continuer celui qu'il appelle le « docte Clauberg » il aurait certainement invoqué son patronage. Il n'aurait pu négliger dans de telles conditions un cartésien de cette importance, connu depuis longtemps dans la ville même qu'il habitait, et avec lequel il était en correspondance [1]. Il est probable que les lettres qu'il lui envoyait, devaient avoir pour sujet, sinon toujours, du moins souvent, la question qui le préoccupait tant, et la solution qu'il était si satisfait d'en avoir donnée. Mais, à en juger par ce que Gousset nous rapporte de son caractère hardi et tenace [2], n'avait-il pas seulement en vue, alors, de faire connaître ses idées à quelqu'un qui pût les

1. « Salmurii primum (Claubergius) substitit et Capellis, Amyraldi, Placæi, aliisque Galliæ Reformatæ luminibus per annum est usus. — Magna etiam literarum est copia amicitiæ et eruditiomis ultro citroque cultæ testium superest summorum virorum quorum... ut ex Gallis Clerselierii. Jac. du Roure et Ludov. de la Forge, virorum meritis suis in Philosophia puriore instauranda celeberrimorum » J. Claubergii opera (ed Schaalbruchius. Amsterdam. 1691). Préface de l'éditeur.

2. « Ad hæc Forgius nihil aliud, nisi se Philosophum esse non vero Theologum; se curare toto animi conatu ut ex præmissis conclusiones educeret et alias aliis superstrueret : eamque sententiam amplecti quæ tandem ratiocinio integro concluderetur » (Gousset. *op. cit.* p. 9, no 9) « Forgium primo unoquoque impetu in omnium... efficientiam realem incurrisse » (*id.* p. 16, n° 12) « Rogabat multa super Misnab et similibus, eo quoque enim proferebat discendi aviditatem » (*id.* p. 4, n° 3).

apprécier et non de solliciter l'enseignement d'un maître? Peut-être même pourrait-on hasarder cette supposition que les lettres de de la Forge, communiquées par Clauberg, dont les opinions étaient faites, en même temps que les récits de ses conversations, que pouvaient donner certains étudiants de Saumur rentrés dans leur patrie [1], aidèrent, dans la Hollande cartésienne, à cette fermentation d'où devait sortir le système de Geulinx. Ce n'est qu'une fois à Leyde, en effet, après 1658, que ce dernier manifesta franchement des idées originales [2]. Dans un cerveau encore en formation, comme le sien, et pénétré déjà par les idées cartésiennes, les conceptions de de la Forge, qui complétaient celles de Clauberg, ne trouvaient-elles pas un terrain favorable? S'il est difficile de se représenter l'action de Geulinx sur l'auteur du *Traité de l'Esprit*, il ne l'est pas beaucoup, au contraire, de se représenter celle de ce dernier sur Geulinx, elle a été possible [3].

1. Un de ces étudiants était Gousset qui, dans son livre (n° 4), écrit « Hic enim illam (doctrinam) aperuit circa annum MDCLVIII, nec est quod uni mihi tunc aperuisse opiner. » Le théologien Spinoziste Pontian Van Hattem (1641-1706) étudia également à Saumur (Bouiller, I, p. 421). De la Forge, bien que catholique, était en rapport avec les professeurs de l'Académie protestante de cette ville. L'un d'eux, Robert Chouët écrit : « j'ay encore fait une cognoissance que j'estime infiniment avec un habile médecin catholique qui s'appelle M. de la Forge, qui est grand philosophe et qui sait admirablement bien la philosophie de M. Descartes. » *Vie de Jean Robert Chouet* par E. de Budé, Genève. 1899, p. 29, cf. plus haut : note, p. 136.

2. M. Vander Hœghen : Geulinx *Étude sur sa vie, sa philosophie et ses ouvrages*. Gand, 1886, p, 41 sq.

3. L'argument principal de Geulinx, celui sur lequel il s'appuie constamment, est le suivant : « celui-là seul est la cause d'une action qui sait comment elle s'accomplit. *Impossibile ut is faciat qui nescit quomodo fiat.* » Fort de cet argument, il conclut de la faiblesse de

Il ne faut pas oublier toutefois que le germe de l'occasionalisme était si marqué dans Descartes, qu'il pouvait se développer chez plusieurs de ses disciples à la fois. En tout cas, s'il s'agit d'une question de priorité comme date, elle doit être tranchée en faveur des deux premiers occasionalistes français, que Malebranche, en un certain sens, ne fera que continuer.

notre connaissance, que lui révèle l'observation psychologique, *inspectio sui*, à l'existence d'une cause unique, seule efficace, à l'omnipuissance de Dieu. Son originalité est surtout, semble-t-il, dans les conséquences morales qu'il tire de l'occasionalisme. Si Dieu fait tout, dit-il, si c'est lui qui engendre en moi toutes mes idées, je ne suis plus dans le monde qu'un simple spectateur, et, dès lors, « où je ne puis rien faire je ne dois rien vouloir non plus, « *ibi nihil vales, ibi etiam nihil velis* ». La vertu principale sera donc l'humilité. Le sage ne doit pas songer à faire son bonheur, il doit s'abandonner complètement à Dieu. C'est la résignation stoïcienne transformée par le christianisme. Deux fortes influences s'étaient exercées sur lui : l'une stoïcienne, l'autre janséniste, (cf. Van der Hœghen *op., cit.*) Les occasionalistes français ne diminuent pas au même point le rôle de l'homme dans l'Univers. Malebranche lui-même, nous le verrons, lui accorde une autre importance.

CHAPITRE VIII

LES CRITIQUES DE L'ATOMISME DE CORDEMOY : DOM ROBERT DESGABETS ET AUTRES CARTÉSIENS

Tandis que l'occasionalisme fut accepté à peu près, comme nous le verrons, par tous les cartésiens, il n'en fut pas de même de l'atomisme. La philosophie de Descartes, en effet, s'était séparée, d'une manière générale, de la philosophie de Gassendi. Il y avait eu lutte entre les deux philosophes, et lutte aussi entre leurs partisans. La doctrine du plein et celle de la division à l'infini de l'étendue étaient devenues des vérités que l'on défendait avec énergie dans l'École cartésienne, non seulement contre les autres philosophes, mais aussi contre des savants tels que Fermat et Roberval. Le second venait même critiquer la physique de Descartes jusque dans les assemblées qui lui étaient dévouées [1]. La publication d'un livre, tel que celui

1. Cf. la préface au vol. III, des *Lettres de Descartes*. « Si dans la géométrie M. Descartes et M. Fermat ne sont opposés qu'en apparence, il n'en est pas de mesme en physique, où leurs sentiments sont tout à fait contraires ; et quoy qu'ils conviennent ensemble, en ce qu'ils ne parlent pas tous deux comme l'on fait dans nos écoles, néanmoins ils sont si éloignés de sentiment, que si l'un est pour le plein, l'autre est pour le vide ; si l'un rejette les atomes, l'autre les admet ; si l'un soutient que la matière est divisible à l'infiny, l'autre

de Cordemoy, devait apparaître comme une défaite ; c'était un des cartésiens en vue qui abandonnait une des principales positions du système. Peu importait que, pour le reste, il prétendît rester attaché au maître ; l'accord entre les disciples n'en était pas moins rompu et la défense devenue plus difficile. C'est ce mécontentement, et, en même temps, un effort pour corriger cette fausse manœuvre, que l'on trouve dans une longue lettre du cartésien Dom Robert Desgabets à Clerselier qui lui avait communiqué l'ouvrage de leur ami commun Cordemoy [1].

Fermement attaché à Descartes, dont la philosophie lui paraît présenter à tous les points de vue les avantages les plus grands, Desgabets est froissé d'en voir les principes attaqués « par celuy qu'on croyoit avec raison devoir être leur plus fort appuy. » Il ne veut pas

ou ses semblables soutiennent qu'elle ne l'est pas et qu'il est impossible qu'elle le soit... J'advertiroy seulement icy que M. de Roberval se vantant partout qu'il a une fois fermé la bouche en bonne compagnie à M. Descartes, qui ne sceut lors que luy répondre aux difficultés qu'il luy proposoit touchant le mouvement dans le plein... M. de Roberval ayant plusieurs fois proposé ces mêmes objections dans cette assemblée (celle de M. de Montmort) quelques réponses qu'on luy ait faites... » cf. Lettre XCVIII, du même volume intitulée: *Lettre de M. Clerselier qui fut lue dans l'assemblée de M. de Montmort le treizième juillet 1658 sous le nom de M. Descartes* (et comme si c'eust esté luy qui l'eust autrefois escrite à quelqu'un de ses amis) servant de réponses aux difficultés que M. de Roberval y avoit proposées en son absence, touchant le mouvement dans le plein. » En 1667, Roberval publiera dans le *Journal des savants* des objections sur la question de savoir si le mouvement se peut faire sans supposer le vide. »

1. Cette lettre est inédite. Le manuscrit se trouve à la bibliothèque d'Épinal. Sur Dom Robert Desgabets voir Cousin : *Fragments de philosophie cartésienne et Dom Robert Desgabets, son système, son influence et son école* par Paul Lemaire. Alcan, 1902.

le soupçonner d'avoir cédé à l'ambition de se distinguer en devenant lui-même « chef d'escole »; l'estime qu'il a pour lui le lui interdit et il est persuadé « que c'est une véritable persuasion intérieure et une pleine conviction qui lui a fait préférer les raisons nouvelles qu'il apporte à celles de M. Descartes qui lui ont paru autrefois fort solides. » Il n'a pas moins le tort d'avoir affaibli la situation de leur doctrine en faisant « sans y bien penser un schisme qui est d'autant plus considérable, qu'il ôte tout d'un coup à la véritable philosophie une de ses plus fortes colonnes et fortifie notablement le parti de M. Gassendie qui n'a déjà que trop de belles apparences pour se soutenir et pour traverser celui de M. Descartes, quoique ce soit seulement de la philosophie que le monde peut recevoir une réformation générale. » C'est pourquoi, il a entrepris une réfutation de tout ce qui dans le livre I de l'ouvrage de Cordemoy est contraire à la doctrine du maître [1].

Il établit d'abord d'une façon générale que l'atomisme résulte d'une fausse conception du continu et

[1]. « C'est dans le dessein d'empescher autant que j'en suis capable qu'on ne retarde un aussi grand bien (le perfectionnement de la vie humaine par la philosophe de Descartes) que je me suis résolu de mettre en vos mains les remarques que j'ai faites sur ce qui se trouve dans le livre que vous m'avez envoyé contraire à la doctrine de M. Descartes et de répondre aux raisons nouvelles par lesquelles on tâche de renverser ses plus grands principes et d'établir adroitement ceux de Zenon, de Démocrite, d'Épicure et de Gassendi, touchant les atomes, le vuide, la nature du corps, de la matière, du mouvement, et autres qualités de la substance corporelle, laissant à admirer aux sçavants les autres choses contenues dans ce livre qui s'accordent avec les principes de M. Descartes et qui sont au-dessus de toute louange. »

de la divisibilité à l'infini[1]. Pour arriver à croire à la divisibilité à l'infini, il faut, en effet, des raisonnements très subtils et les partisans des atomes ne les font pas: ils s'en tiennent au point de vue des sens, qui montre dans toute multitude des unités composantes, et ils croient que « la divisibilité à l'infini qu'ils ne peuvent saisir est une chimère, qu'à force de diviser, on arrivera enfin aux points indivisibles des petits corps incompréhensibles, de même qu'à force de diviser un nombre on arrive à l'unité qui ne se peut diviser quoiqu'elle soit partie du nombre. » Ils ne remarquent point que dans l'atome, parce qu'il est étendu, des divisions à l'infini sont toujours possibles[2]. Si, « avec les plus subtils sectateurs d'Épicure », on accorde « la divisibilité extrinsèque à l'infini » et on ne reconnaît « d'autres purs indivisibles que les points, les lignes et les superficies mathématiques », on évite ainsi quelques difficultés, sans doute, mais on en rencontre d'autres tout aussi fortes. On donne ainsi, en

[1]. « Je vous prie de prendre garde qu'on ne trouve aucun philosophe partisan des atomes qui ait traité exactement et à fond de la composition du continu et de la divisibilité à l'infini. »

[2]. « Si on étoit bien convaincu et pénétré de cette vérité que Dieu ou un ange peut avec une fine pointe, ou même avec un globe, toucher indivisiblement la moindre face du plus petit atome d'Épicure, et en conduisant cette pointe çà et là sur cet atome, y décrire une carte du monde en y observant toutes les proportions et mesures qui sont effectivement dans ce grand monde, sans qu'il y ait aucune confusion entre tous les poils d'herbe ou les grains de sable d'un grand royaume qui n'occupe pas tant de place dans cette carte que l'œil d'un ciron. Si on peut dans chaque atome concevoir un monde entier... et ainsi à l'infini... il ne faut pas douter que c'est en vain qu'on se donne la peine d'établir des atomes dans lesquels la vraye raison fait voir qu'on trouve encore un si beau champ pour y faire toute sorte de division. »

effet, au réel, comme éléments composants, de pures abstractions : car points, lignes, superficies ne sont que de simples déterminations, de simples modes de l'étendue, et n'ont pas plus d'existence à part, que n'en ont « les modes d'un chapeau ou les figures d'un morceau de cire. » Or, avec l'abstrait on ne peut faire le réel, le concret. A l'intersection d'une multitude de lignes se trouvent une multitude de points, chaque ligne formant le sien. Peut-on dire, cependant, que cette multitude de points, que l'esprit détermine, constitue un point réel ? Une infinité de points géométriques mis ensemble « ne font aucune quantité. »

C'est, cependant, « par des considérations métaphysiques très subtiles », que Cordemoy, se distinguant des anciens atomistes qui n'employaient « que des raisons physiques », prétend établir l'existence des atomes et du vide [1]. Mais sa démonstration, d'après Desgabets, pour être plus forte, n'est pas plus décisive ; et il s'efforce surtout de montrer que l'argument principal de cette démonstration, à savoir que : « chaque corps n'étant qu'une substance ne peut être divisé », ne condamne nullement la divisibilité à l'infini. Il suffira, lui semble-t-il, de faire disparaître l'équivoque que renferme une telle proposition. Un corps, en effet, peut être considéré au point de vue formel et au point

---

1. « Il est tems de commencer l'examen particulier des pensées nouvelles du livre qui me donne l'occasion de vous écrire, remarquant en premier lieu qu'Épicure, Lucrèce, Gassendi et leurs sectateurs n'ont employé jusqu'à présent que des raisons physiques pour prouver les atomes et le vuide, au lieu que notre auteur laissant là les raisons physiques, il s'est attaché à des considérations métaphysiques très subtiles qu'il prétend faire passer pour démonstrations convaincantes. »

de vue matériel. Le point de vue formel, c'est le point de vue de la définition, de l'essence; c'est un point de vue métaphysique, qui a trait à notre pensée. Le point de vue matériel, c'est le point de vue de la matière composante, des éléments dont l'assemblage entre dans la constitution du tout physique ; « la chose est considérée en elle-même, dans l'état qu'elle est hors de nous »; c'est le point de vue qui correspond à la réalité. Par exemple: l'homme se considère formellement et métaphysiquement, lorsqu'on dit que c'est un animal doué de raison ; on le considère matériellement, lorsqu'on le regarde comme un tout qui résulte de l'union d'un corps et d'une âme raisonnable. Ainsi une montre, considérée comme une machine « composée en la manière qui est requise pour marquer les heures », est prise formellement ; mais, si on ne fait attention qu'au nombre et à la grandeur de ses roues, en faisant abstraction de leur usage, on la considère matériellement. Or, pris au point de vue formel, il est incontestable qu'un corps est indivisible : modifier son essence, c'est la faire disparaître. Qu'on sépare dans l'homme l'animal et le raisonnable et l'homme ne sera plus. Qu'on enlève à une montre une de ses roues et on n'aura plus une montre. Pour prendre un exemple classique qu'on diminue le nombre dix d'une unité, et c'est un nombre autre d'une essence différente que l'on aura. « Toutes les essences, natures et formes métaphysiques, sont indivisibles. » Mais, il n'en est pas de même de la matière, des éléments composants. Ces éléments, pris en eux-mêmes, quelle que soit l'unité du tout dans lequel ils entrent, sont distinguables les uns des autres, partant séparables. Le corps organique et l'âme raisonnable, qui constituent ce tout un qu'est formellement l'homme, peuvent exister à part. Il en est de même des rouages d'une montre, des unités d'un nombre. Par suite, si, dans un corps, il y a un milieu, des extrémités, en un mot, des parties, ces parties, et cela indéfiniment, pourront être l'objet d'une division réelle, bien que cette division entraîne la disparition du corps en tant qu'ayant une forme déterminée. L'unité formelle du corps n'exclut donc point sa divisibilité matérielle. C'est donc à tort que Cordemoy soutient que c'est parce qu'on a confondu les notions de la matière en général, et celle de chaque corps en particulier, qu'on a cru à la divisibilité des corps. Un corps, si on consulte l'expérience et la raison, n'est pas un élément composant de la matière, c'est seulement « une des déterminations multiples qu'elle reçoit à tel ou tel état particulier [1]. La matière n'est pas un agrégat des corps, c'est « l'abstrait » de tous les corps ; c'est « le sujet de toutes ces formes ou états considérés sans faire attention à ces états particuliers. » La confusion n'était pas à faire. Et la divisibilité de la matière peut, à juste titre, être attribuée en un sens à un corps particulier ; car, si chaque corps est un et indivisible au point de vue formel, au point de vue matériel, il est divisible [2]. Ce qui est vrai du genre est

---

[1]. « Il n'y a rien de si clair, ni de si conforme à la raison et à l'expérience que de dire qu'un corps particulier n'est autre chose qu'une certaine partie de matière, selon l'état auquel elle se trouve effectivement et selon cette forme et cette façon qui fait qu'elle est telle présentement et déterminement. »

[2]. « L'étendue qui fait la différence essentielle du corps se prend en général lorsque le corps se considère aussi en général et comme distinct de l'esprit, d'autant qu'il est impossible de le concevoir sans

vrai des individus qu'il comprend. « La ligne considérée en soi est l'abstrait de la ligne droite et de la courbe ; la cire est le sujet de toutes les images et figures qu'on a pu faire ; quoiqu'on nommât la cire on ne pense à aucune figure particulière et déterminée, mais comme cela n'empêche pas que la ligne droite et la courbe ne soient des lignes et que les attributs de la ligne considérée en général ne leur conviennent, de même la différence qu'il y a entre les corps particuliers et la matière en général n'empêche pas que si la matière est de soi divisible et étendue, les corps qui ne sont que des matières particulières ne le soient aussi. » Que Cordemoy n'oppose donc pas à la divisibilité des corps un argument qui est vicieux ; qu'il ne transporte pas à la matière ce qui n'est vrai que pour la forme ; qu'il ne conclue pas de l'unité formelle du corps à son unité absolue [1], et que, par suite, puisque, s'il est de bonne foi, il ne peut se refuser d'admettre qu'on peut toujours déterminer du dehors la division d'un corps, il ne nie pas que cette division puisse réellement affecter ce corps, ainsi

étendue quoiqu'on le conçoive fort bien sans cette étendue en particulier ; au lieu que quand on parle d'un corps particulier en tant qu'il est distingué d'un autre corps, on y enferme nécessairement l'étendue indivisible qui le constitue et en vertu de laquelle il est un tel corps. »

1. « Où est le philosophe qui, entendant dire que le corps est une substance étendue, ne conclue incontinent qu'il est donc divisible, plutôt que d'en tirer une conséquence contraire, sur cette seule raison qu'étant étendu de sa nature et le même en toutes ses extrémités, il n'en est point séparable ? N'est-il pas aisé de répondre qu'aucun tout n'est séparable de ses parties prises ensemble, mais que chaque partie est séparable de sa voisine ? Et quand on dit que la substance est la même en toutes ses extrémités, ne voit-on pas que cela ne peut s'entendre que d'une identité formelle et essentielle. »

que conduisent à le croire la raison et l'expérience.

D'ailleurs, d'une façon générale, c'est à juste titre qu'on a reproché aux partisans de l'atomisme de donner « pour raison de la plupart des choses qu'ils avancent », des affirmations gratuites. Quand on leur dit que, du moment qu'on peut supposer et tracer extérieurement des divisions dans un atome, il doit être divisible, ils se contentent de répondre que les atomes, par nature, ne se peuvent diviser. Si on leur dit qu'il n'y a pas de raison pour que deux parties contiguës d'un même atome ne puissent se séparer, tandis que deux atomes contigus le peuvent, ils répondent simplement « que ce n'est pas la même chose, » et, cependant, la liaison n'est-elle pas identique dans les deux cas ? Quelle différence peut-on voir entre l'unité de deux gouttes d'eau qui se touchent et l'unité de deux parties d'une même goutte ? Si on en établit une, ne sera-ce pas une différence purement imaginaire ? De plus, comme la matière, en tant que chose étendue, est homogénéité pure, si on leur demande quel est le principe de cette diversité essentielle et immuable qu'ils accordent à leurs atomes, « ils ne répondent que par une pétition de principe qui suppose ce qui est en question » ; car il est inconcevable que la diversité puisse se trouver d'elle-même dans la matière, la matière peut recevoir des formes différentes non les posséder [1]. Enfin, ils n'ont pas de raison pour affir-

---

1. « Ou bien il faudra supposer que la cire n'est pas un ferment maniable et divisible pour en former des images, mais qu'il faut supposer des yeux, des nez et des oreilles qui précèdent toute action des artisans et qui servent par leur rencontre à former les images de cire. »

mer que leurs atomes sont très petits et non gros comme des maisons ou des montagnes, qu'ils ont telle ou telle forme et non celles de bœufs ou de fils d'araignées. Il y a là une détermination étrangère à la nature de l'étendue, de la matière. On ne limite pas la grandeur des triangles et des cercles, pourquoi le fait-on pour les atomes ? En présence de toutes ces difficultés de l'atomisme, « ne peut-on pas dire, encore une fois, qu'il est fort vraisemblable que les atomes ont été mis au monde par ceux qui n'ont pas bien compris la nature des purs indivisibles ; et qu'ils se sont brouillés touchant cette matière en attribuant à leurs atomes une partie de ce qui ne convient qu'au point mathématique; c'est, à savoir : d'être absolument indivisibles et en leur attribuant aussi ce qui ne convient qu'aux parties du continu, c'est, à savoir, de composer son étendue en les joignant les unes aux autres ; et, comme il n'y a rien de plus faux et de plus contradictoire que cette imagination dans laquelle on tombe si facilement, il ne faut pas s'étonner si on ne peut se débarrasser de ces difficultés invincibles qui naissent de cette solution. »

Cette réfutation de l'atomisme faite, Desgabets, confiant dans la vérité de ses propres conceptions, croit pouvoir relever des expressions de Cordemoy, qui ne lui paraissent pas justes, et qu'il considère comme pouvant mettre de la confusion dans les idées d'esprits non prévenus. Il ne faut pas dire, d'après lui, avec Cordemoy : « qu'une masse n'est divisible que parce que ses extrémités et son milieu ne sont pas la même substance », car, d'abord, on ne peut considérer « des dehors ou des extrémités » comme des substances, puisqu'elles ne sont rien en dehors de leur sujet ; de plus, une substance composée n'étant pas différente de ses parties prises ensemble, on ne peut soutenir que celles-ci, bien que se distinguant les unes des autres, ne soient pas la même substance qu'elle ; enfin, l'unité d'une substance, étant formelle, ne supprime pas la distinction ni la division au point de vue réel de ses parties, que ces parties soient au milieu ou aux extrémités.

Desgabets examine ensuite les difficultés et les inconvénients que Cordemoy avait cru pouvoir relever dans la doctrine de la matière continue, et qu'il avait transformés en arguments contre elle.

La première de ces difficultés signalées par Cordemoy est : « qu'on n'a jamais pu lui répondre nettement touchant la divisibilité de la substance, savoir : si elle est divisible à l'infini ou indéfiniment. » Desgabets répond que la substance est toujours divisible en ce sens : qu'on peut toujours indiquer en elle des divisions possibles, comme le veulent les géomètres ; la seule question à résoudre, et qui n'importe pas dans la circonstance, est : si ces parties indiquées sont séparables ou non ; « après quoi ce n'est plus qu'une question de nom de déterminer si cette divisibilité se doit appeler à l'infini ou à l'indéfini. » Et il n'y a pas à objecter l'impossibilité de la représentation d'une régression à l'infini, puisque cette représentation « est familière aux enfants et aux géomètres [1]. »

---

1. « Les enfants entendent fort bien ce que c'est que l'éternité des peines de l'enfer et s'en effrayent avec raison ; et les géomètres savent très bien ce qu'ils disent quand ils démontrent que le continu est divisible en des parties qui sont encore divisibles et ainsi de

Cordemoy avait allégué que, si la matière est une substance continue, « nous ne saurions remuer un corps à part sans mouvement, à cause que, dès qu'un corps touche à un autre, il ne fait plus qu'un même corps. » Desgabets, s'appuyant tacitement sur sa conception peu cartésienne d'unités formelles dans la matière, répond que la distinction des parties de la matière est indépendante de son état de mouvement et de repos. Dans le mouvement, les relations des corps varient, dans le repos, elles sont fixes ; les deux états sont différents, mais les corps gardent leur distinction originelle. « Tout cela se peut aisément expliquer par la comparaison d'une armée qui n'est effectivement qu'un amas de soldats, dont les uns sont en repos et les autres en mouvement, et où l'on peut imaginer une infinité d'ordres, de rangs, de premiers et de derniers, de files, de bataillons, etc., toutes lesquelles choses prises formellement dépendent de la manière dont nous les considérons, quoique tout cela n'empêche pas que chaque soldat ne soit un homme particulier distinct de tous les autres. »

Cordemoy avait prétendu, en outre, « qu'il y a impossibilité dans la doctrine cartésienne à fixer pour un seul moment la grandeur d'un corps qui est en mouvement ; Desgabets, se référant toujours aux mêmes principes, répond que les modifications de grandeur, que subit un corps en mouvement, ne suppriment pas son unité, qui ne dépend pas de « quelques parcelles de matière en plus ou en moins, que d'ailleurs tous les mouvements d'un corps n'affectent pas sa gran-

suite sans jamais trouver de bout ; ce qui suffit pour répondre à ce premier inconvénient. »

deur ; un diamant, par exemple, qui se meut dans les airs, conserve toujours la même figure et les mêmes dimensions.

Enfin, Cordemoy apporte en faveur de sa thèse cette observation : « que nous sommes portés naturellement à appeler corps ce qui nous semble indivisible et matière ce qui ne se peut diviser sans en rien détruire. » Mais cette observation, répond Desgabets, est entièrement « pour moi et fait voir que l'indivisibilité des corps n'est que formelle et essentielle et qu'elle n'empêche nullement la distinction et séparabilité de leurs parties intégrantes. C'est pourquoi, il est vrai que, tandis que nous considérons la matière simplement en elle-même, nous sommes portés à la concevoir comme une chose divisible partout et en tous sens, à cause que nous n'y voyons rien qui nous oblige à y mettre une plus grande liaison entre quelques parties qu'entre toutes les autres. Mais lorsque nous considérons les diverses formes qui font que plusieurs parties ont de la subordination et du rapport à une même fin, pour lors nous avons un bon fondement de considérer la matière disposée de cette sorte, un tout à part et indivisible étant pris formellement au sens que les corps des animaux et les machines sont indivisibles. »

Cette condamnation portée sur les atomes entraîne la condamnation du vide : les deux doctrines s'impliquent. Desgabets le signale, et il montre que c'est une faiblesse pour les partisans du vide d'être obligés de s'appuyer sur une autre affirmation qui est insoutenable [1]. Admettre le vide a encore d'autres « désavanta-

---

1. « Ce qu'il y a ici de plus considérable, c'est qu'il s'ensuit de ce qui a été dit au commencement que les philosophes qui reçoivent le

ges ». Il y a celui « de faire combattre l'imagination et les préjugés de l'enfance contre l'entendement pur, à peu près comme ceux qui opposent le sens et le jugement qu'ils ont autrefois formé touchant la grandeur et les différences des astres aux démonstrations astronomiques, car, quoi qu'on puisse alléguer pour les détromper, leurs vieilles idées d'un espace négatif leur vient toujours à l'esprit en la même manière que celle du soleil nous le représente comme n'ayant que deux pieds de diamètre quand nous aurions les yeux pour le regarder. » Enfin, la preuve que l'on donne de l'existence du vide n'est qu'une pétition de principe : on demande « s'il se peut faire qu'une chambre, par exemple, de même étendue ait ses murailles dans leur distance ordinaire sans qu'il y ait rien du tout entre d'eux. Et ils le prouvent parce, disent-ils, que Dieu peut ôter tout l'air d'une chambre et empêcher qu'aucun autre corps ne prenne sa place sans que les murailles s'approchent et se joignent. » On résoud la question par la question [1].

Combien plus forte, au contraire, est la doctrine du plein. Toutes ses conceptions se présentent comme très claires et très solides, parce qu'elles partent des idées très distinctes de l'étendue, de l'espace, de la distance, du mouvement et du repos, qui nous représentent des objets réels et positifs. Les conceptions

vuide ont déjà ce désavantage qu'ils n'ont pour fondement qu'une opinion née des erreurs de ceux qui sont demeurés embarrassés dans les difficultés qu'il y a à bien philosopher touchant la composition du continu, et quelques suppositions qu'on avoue avec assez de hardiesse et de confiance sans rien établir sur la raison. »

1. L'argument de Cordemoy est inexactement rapporté par Desgabets, cf. plus haut, p. 47 et 48.

contraires, se rapportant à des objets imaginaires, ne peuvent être que confuses et sans valeur. Il faut admettre avec elles que le néant peut être un principe de réalité et de détermination, que des corps peuvent être éloignés par rien, se mouvoir dans rien. Or « tous les néants et toutes les négations ne sont pas capables de donner aucun état réel à la moindre chose du monde. » Manger à vide, ce n'est pas manger, être couvert d'« habits négatifs », ce n'est pas être vêtu. « Pour être distant, être en mouvement, en repos, il faut de la distance, du mouvement, du repos. » Toute détermination ne peut s'appuyer que sur l'être. Il y a là une exigence de la raison qui, n'étant pas satisfaite par la doctrine du vide, la condamne.

Cordemoy, il est vrai, prétend « qu'il ne peut comprendre qu'il soit nécessaire que deux corps se joignent lorsqu'on ôte tout ce qui est entre d'eux » ; mais il n'y a là qu'une supposition gratuite, puisque toutes les expériences la démentent. Ne voit-on pas, en effet, que, toutes les fois qu'on fait le vide dans un espace clos, soufflet ou ballon, les parois se rapprochent ?

On croit nous répondre victorieusement en disant « que les côtés d'un vaisseau vide ne se touchent pas, nonobstant cette notion que nous avons de l'attouchement de deux corps, lorsqu'il n'y a rien entre eux, d'autant, disent-ils, que quoiqu'il n'y ait rien entre eux, on peut y mettre quelque chose et que cela suffit pour faire concevoir de la distance entre deux corps. »

Accordons que cela soit vrai, acceptons que le néant puisse suffire pour fonder une vraie distance ; ce vide, ce néant, se présentera à nous comme un espace imaginaire; mais cet espace imaginaire, ainsi que l'a remarqué Descartes, aura tous les attributs et propriétés d'un espace réel, et pourquoi alors le considérer comme imaginaire et non comme réel? Dans la réponse donnée, il y aura donc encore une pétition de principe. Ce néant qu'on fait intervenir n'est, au fond, sous un autre nom, que l'espace.

Cette croyance à l'existence d'un vide ou espace imaginaire, doué de toutes les propriétés de l'espace réel, doit pourtant avoir un fondement, demande à être expliquée. Elle a son origine, d'après Desgabets, « dans le plus fort, et, par conséquent, le plus excusable préjugé de notre enfance, et dans la pente qu'a notre esprit, dès le commencement de notre vie, à juger que les choses qui ne s'aperçoivent pas par les sens extérieurs n'étoient rien du tout et s'anéantissoient intimement, aussitôt qu'elles disparaissoient. » Ce défaut de notre esprit Cordemoy lui-même l'a noté en plusieurs endroits de son livre (p. 65, 99, 115), mais pourquoi n'en a-t-il pas vu toutes les conséquences? Pourquoi n'a-t-il pas remarqué que c'est lui qui explique cette fausse représentation, si tenace dans notre esprit, d'un vide ou d'un espace imaginaire? « Dès l'entrée de cette vie, on a vu continuellement des chambres et des campagnes étendues, où, néanmoins, on croyoit qu'il n'y avoit rien, parce que l'air qui les remplissoit n'estoit point sensible ; ce qui a donné occasion de former de bonne heure l'idée d'un néant étendu et de se confirmer de telle sorte dans cette pensée que c'est tout ce que peut faire la bonne philosophie de nous en faire revenir et de nous désabuser. » L'expérience, en vain, se montre, dans certains cas, manifestement contraire, elle ne peut ébranler une conviction fondée sur une habitude aussi invétérée. Qu'on joigne « une autre faiblesse de l'esprit » : cette tendance que nous avons à réaliser des abstractions, et l'on comprendra comment, non seulement cette croyance au vide est si forte, mais aussi comment le vide se présente à nous comme une véritable réalité, comme possédant, bien qu'imaginaire, tous les attributs de l'être [1].

Desgabets borne là sa critique, « je n'ai que faire, dit-il, de vous dire mes pensées touchant les autres discours qui ne contiennent rien que de très conforme à la vraye philosophie. » Cependant, bien que, comme nous le verrons plus tard, il ne soit pas hostile à l'occasionalisme, il indique qu'il serait facile de chercher querelle à Cordemoy au sujet des arguments par lesquels ce dernier, précisément, nie la causalité des êtres créés. « Je crains seulement, dit-il, qu'on ne fasse trop grand mystère de ce qui est dans le quatrième discours : *De la première cause du mouvement.* Sans qu'on se mette

---

1. « Enfin, on s'est encore laissé tromper par une autre faiblesse de notre esprit qui se porte naturellement à former les idées des genres, des espèces et des autres universaux, en quoi, à la vérité, il n'y a rien de faux ; mais après s'être accoutumés à ces abstractions mentales, on tombe insensiblement dans la pensée des abstractions réelles en imaginant les genres et les espèces hors les individus et ensuite établissant des essences éternelles, ingénérables et incorruptibles, telles que quelques métaphysiciens conçoivent la nature humaine en elle-même et ces idées fameuses qu'on attribue à Platon. On a fait la même chose à l'égard de l'étendue. » Cf. un autre texte de Desgabets tiré d'un de ses autres écrits, publié par Lemaire, *op. cit.*, p. 358, 359 : « Après tout votre vuide prétendu n'est que l'étendue réelle, considérée en général, de même que la nature humaine n'est autre chose que les hommes particuliers conçus parfaitement. Or, vous savez que le genre n'est pas distingué réellement de l'espèce, ni l'espèce de l'individu. »

en peine de raisonner sur la première cause du repos que l'on ne considère ordinairement que comme un pur néant et une privation du mouvement ; quoi que tout ce qui se dit du mouvement se puisse dire du repos qui est un état du corps, contraire au mouvement, voire même on pourroit appliquer tous les raisonnements qu'on fait en cette voie, à la courbure et à la droiture de la ligne. En un mot, toutes les choses qui sont indifférentes à divers états et modes particuliers, reçoivent nécessairement leurs êtres avec quelques-uns de ces états, et non pas avec l'un plutôt qu'avec un autre. Et si l'on vouloit renverser les axiomes de notre auteur en disant : 1° on a de soi ce qu'on ne peut perdre sans cesser d'être ce qu'on est ; 2° aucun corps ne peut perdre tout son mouvement et son repos tout ensemble sans cesser d'être corps ; l'on concluroit que le corps a donc de soi le mouvement et le repos [1]. Mais laissons là ces subtilités qui conduisent quelquefois plus loin qu'on ne voudroit. »

On le voit, d'après Desgabets, la discontinuité que, contrairement à Descartes, Cordemoy avait mise dans la nature, ne sauroit être considérée comme réelle. L'individualité des êtres ne supprime pas la continuité de la matière, celle-ci reste divisible à l'infini. Atomes et vide sont des illusions dues à la représentation sen-

---

1. Le raisonnement de Cordemoy est le suivant :

On n'a pas de soi ce qu'on peut perdre sans cesser d'être ce qu'on est ;

Or, tout corps peut perdre son mouvement, sans cesser d'être corps ;

Donc nul corps n'a le mouvement de soi-même.

Nous verrons p. 214, que Desgabets ne rejette pourtant pas l'occasionalisme. C'est une critique de circonstance qu'il semble donner ici.

sible, que l'absence de réflexion et l'habitude transforment en préjugés. Sans vouloir prendre parti, nous nous contenterons de remarquer, d'abord, que cette critique de Desgabets, quoi qu'il en prétende, n'est guère cartésienne. Descartes, en effet, n'aurait jamais accepté les modifications que, pour le défendre, on faisait subir à sa doctrine. Pour lui, l'étendue n'est pas seulement la matière de l'être, c'est l'être lui-même, c'est une substance ; un être matériel déterminé n'est encore qu'une pure modification de l'étendue ; ce qui l'individualise, ce n'est pas une forme étrangère, c'est le mouvement qui, pris en lui-même, n'est qu'un mode de l'étendue. Bien plus, sa méthode elle-même était contraire à une telle conception, ne pouvait y conduire. Expliquer, en effet, selon lui, c'est résoudre par l'analyse un tout donné en ses éléments ; or, de tels éléments, étant des essences constitutives, ne sauraient jamais être étrangers à la réalité dans laquelle ils entrent ; les éléments, par suite, de l'étendue ne peuvent jamais être que de l'étendue, et si ces éléments sont multiples, ils ne peuvent être que des atomes, comme l'avait vu Cordemoy, et comme Descartes lui-même l'avait indiqué. C'est pourquoi Leibnitz, qui admet la divisibilité à l'infini, se croira obligé de nier la réalité elle-même de l'espace, d'en faire quelque chose de purement idéal. Il pourra chercher, alors, le principe de l'unité dans des formes, mais ce seront des formes qui auront gardé des atomes d'être des éléments constituants, qui seront intérieures et non extérieures à la réalité. On peut noter aussi que dans son argumentation contre le vide, Desgabets s'adresse plutôt aux atomistes en général qu'à Cordemoy lui-même. Cette raison que ce dernier avait donnée contre Descartes, à savoir : que l'espace n'est pas nécessaire pour maintenir la distance des corps, puisque chaque corps existant par soi-même est indépendant de l'existence des autres, il ne l'a pas examinée directement, il la passe sous silence ; et, cependant, elle a sa valeur. Si ce qui existe d'abord ce sont des unités individuelles et non l'espace, on ne peut plus dire que ce dernier s'impose pour séparer les êtres, puisqu'il peut bien lui-même n'être qu'une expression symbolique des relations des êtres, ne faire que les traduire, n'être, comme dira Leibnitz, que l'ordre des coexistants. Seulement, cela suppose que l'espace n'est plus considéré que comme quelque chose d'idéal, et Cordemoy, bien que d'une façon peu explicite, se rapprochait de ce point de vue. Ne voit-il pas dans le continu une simple illusion sensible, et la séparation qu'il établit entre le corps et l'espace, ainsi que la réduction de l'étendue à n'être qu'une simple propriété essentielle du corps, ne marquaient-elles pas comme un acheminement vers l'idéalisme ? [1].

Enfin, la critique qu'indique Desgabets des arguments employés par Cordemoy pour établir son occasionalisme est toute de surface et d'une subtilité risquée. Outre qu'il emploie une définition du repos qui n'est pas cartésienne, il oublie que tout dans les corps s'expliquant pour Cordemoy par le mouvement, celui-ci n'a pas à s'occuper des déterminations et qualités des corps qui se trouvent avoir la même origine, le même principe que le mouvement lui-même. Il ne voit pas la

---

1. Cf. p. 54 note 1.

portée de l'occasionalisme qui explique toute production, tout changement dans les êtres par l'intervention immédiate de Dieu. C'était une mauvaise « distillation »[1] du raisonnement de l'auteur des *Dissertations physiques* qu'il apportait à Clerselier.

Nous ne connaissons pas la réponse de Clerselier à Desgabets. Il est permis, cependant, de soupçonner que les corrections de Cordemoy, de même que la réponse de Desgabets durent le troubler et qu'il dut, remplissant son rôle de dépositaire fidèle de la pensée de Descartes, leur rappeler à tous deux ce qu'il croyait les véritables idées du Maître sur ce sujet. C'est ainsi qu'il procéda avec de la Forge, nous l'avons vu, quand celui-ci lui communiqua les réflexions qu'il avait faites sur les rapports de l'âme et du corps, sur leur causalité réciproque [2]. En tout cas, une telle modification de doctrine fut, en général repoussée, par les principaux représentants du cartésianisme [3]. Rohault, bien que de

1. Expression du cardinal de Retz « Descartes à l'alambic, distillé par Dom Robert », cité par Cousin : *Fragments de Philosophie cartésienne*, p. 123, éd. in-12, 1852). Voici le jugement du cardinal de Retz sur Desgabets : « Il ne me reste, dis-je, qu'à lui témoigner ma reconnoissance par l'avis, que je crois lui devoir en cette occasion, de se défendre avec application de la pente qu'il semble qu'il a un peu trop naturelle, à s'imaginer que ce qui est le plus outré dans les sciences est le plus vrai. » Et il semble que, dans le passage en question, Desgabets a eu conscience qu'il se laissait aller sur « cette pente », puisqu'il termine en ces termes : « Laissons-là ces subtilités qui conduisent quelquefois plus loin qu'on ne voudroit... »

2. Cf plus haut, p. 141.

3. Bossuet voit dans le caractère fini de tout corps et sa divisibilité à l'infini un exemple de ces doubles affirmations contraires qui s'imposent également, et prouvent la faiblesse de l'esprit qui ne sait comment les concilier. Il semble, à ce sujet, faire allusion à Cordemoy. Il avoue « qu'il n'entend pas l'infinité dans un corps fini » « cela le passe ». « Que si ceux qui soutiennent l'indivisibilité abso-

telles discussions lui semblent inutiles, maintient la divisibilité à l'infini de la matière, et, à propos du vide qu'il n'admet pas, il réfute une des raisons en sa faveur apportée par Cordemoy ; ce qui prouve que cette raison, que Desgabets avait négligé d'examiner, avait forcé l'attention. « Si, dit-il, on se contentoit de nous demander ce que nous concevons qui arriveroit, si Dieu anéantissoit tout l'air d'une chambre, sans permettre qu'il y en entrât d'autre à la place, nous pourrons bien alors y répondre ; et sans rechercher, ni examiner ce qui devroit arriver au dehors de cette chambre, nous dirions que les murailles s'approcheroient en

lue des corps, disent que c'est pour éviter cet inconvénient, qu'ils rejettent l'opinion commune de la divisibilité jusqu'à l'infini ; et qu'au reste cette infinité de parties que je viens de remarquer ne les doit point embarrasser, parce qu'elle ne met rien dans la chose même, n'étant que par la pensée ; je les prie de considérer que ces divisions et subdivisions, que nous venons de faire par la pensée, allant comme il a été dit, jusqu'à l'infini, elles présupposent nécessairement une infinité véritable dans leur sujet. Car enfin toutes ces parties que j'assigne par la pensée, sont elles-mêmes comprises comme étendues ; et en effet il se peut trouver un corps qui n'aura pas plus d'étendue qu'elles en ont : de sorte qu'on ne peut nier qu'elles ne fassent le même effet dans le corps, que si elles étaient réellement divisibles.
Et même, pour dire un mot de cette indivisibilité prétendue, j'avoue que nous concevons naturellement que tout être et par conséquent tout corps doit avoir son unité, et par conséquent son indivisibilité. Car ce qui est un proprement n'est pas divisible et jamais ne peut être deux. Cela paraît fort évident ; et toutefois quand nous cherchons cette unité dans les corps nous ne savons où la trouver... Ainsi nous pouvons bien nous forcer nous-mêmes à appeler ce corps un d'une parfaite unité, mais nous ne pouvons comprendre en quoi précisément elle consiste. » La conclusion de Bossuet est que l'impossibilité où nous sommes de nous arrêter à l'une de ces thèses vient de notre ignorance de l'essence de l'étendue et de la nature du corps. Les discussions de « l'allée des philosophes » à Versailles durent porter, sans doute, plus d'une fois, sur cette question. Cf. Bossuet : *Traité du Libre arbitre*, ch. IV.

sorte qu'il ne resteroit plus entre elles aucun espace. Quelqu'un répliquera peut-être que les murailles d'une chambre ont une existence indépendante de ce qu'elles contiennent et conséquemment qu'elles peuvent demeurer en l'état où elles sont et sans s'approcher, encore que le dedans soit anéanti. A quoi je réponds qu'il est bien vrai que l'existence des murailles est indépendante de ce qu'elles enferment ; mais que l'état où elles sont, ou la disposition qu'elles doivent avoir pour composer une chambre, est nécessairement dépendante de quelque étendue ou de quelque matière qui soit entre elles ; et par conséquent qu'on ne sauroit détruire cette étendue sans détruire non pas les murailles, mais la disposition qu'elles avoient auparavant [1]. »

Malebranche, qui prétend qu'on ne connaît les choses que par leurs idées [2], ne pouvait être favorable à Cordemoy. Aussi gourmande-t-il un de ses jeunes correspondants et admirateurs de ce que dans un livre qu'il lui avait soumis « il était entré au moins en partie dans le sentiment du premier chapitre de M. de Cordemoy sur l'indivisibilité du corps, qu'il croit tout à fait faux [3]. »

---

1. *Traité de physique*, 1re partie, ch. VIII. Le cartésien Chouet, à Genève, soutenait également la divisibilité à l'infini de la matière ; il réfutait un de ses correspondants partisan de la doctrine opposée. Cf. de Budé, *Vie de Chouet*, p. 156 et J. Prost, *La Philosophie à l'Académie protestante de Saumur*, ch. IV.

2. « Si les hommes considéroient les véritables idées des choses avec quelque attention, ils découvriroient bientôt que tous les corps étant étendus, leur nature ou leur essence n'a rien de semblable aux nombres et qu'elle ne peut consister dans l'indivisible. » (*Recherche de la vérité*, liv. III, 2e partie, ch. X.)

3. *Lettres de Malebranche* publiées par Blampignon. *Étude sur Malebranche*, p. 64.

Régis, malgré les progrès faits par l'atomisme, lui reste hostile. C'est dans Cordemoy lui-même qu'il semble le considérer, ce sont ses arguments qu'il cherche à réfuter. Il faut bien distinguer, d'après lui [1], le corps et la quantité. Le corps, « c'est une substance étendue en longueur, largeur et profondeur », et la grandeur en est une propriété essentielle, puisqu'elle « est une suite nécessaire de l'étendue ». La quantité n'est qu'une « détermination de la grandeur », c'est « la grandeur considérée comme telle ou telle » ; elle n'est donc, elle, qu'un accident du corps. Par exemple, la grandeur d'un champ, d'une vigne, n'est qu'un accident du corps ; parce que le corps peut conserver toute son essence de corps et n'avoir pas la grandeur d'un champ, ni d'une vigne. Entre corps et quantité il existe, dès lors, une distinction de raison [2]. Or une telle distinction, et c'est ce qu'on a eu le tort de ne pas remarquer, rend les choses distinguées capables de propriétés fort différentes [3]. Autres sont ainsi les proprié-

1. *Système de philosophie*, éd. in-4, p. 279 sqq.
2. « La distinction réelle est celle qui se rencontre entre deux ou plusieurs choses qui peuvent exister séparément les unes des autres. La distinction modale se rencontre entre les modes et les substances ; et la distinction de raison entre les choses qui sont réellement les mêmes, mais que notre esprit conçoit comme séparées ». *Id. Dictionnaire des termes propres à la philosophie*, I. La distinction de raison de Régis est la distinction de pensée de Descartes. Cf. *Principes*, I, 62.
3. « Cette idée de la quantité étant aussi claire et aussi distincte qu'elle l'est, il y a lieu de s'étonner qu'on soit si accoutumé à la confondre avec le corps ; mais cela vient sans doute de ce que les philosophes ont suivy les sentimens les uns des autres, sans se consulter eux-mêmes sur ce qu'ils devoient penser et de ce qu'étant accoutumés à mettre une distinction réelle ou modale entre toutes les choses qu'ils regardent comme différentes, ils ont cru que le corps

tés du nombre, autres celles des choses nombrées qu'une seule distinction de ce genre sépare. Par suite, quantité et corps pourront avoir chacun leurs propriétés particulières. Ce qui conviendra à l'un pourra ne pas convenir à l'autre ; la quantité pourra être divisible, sans que le corps le soit. Qu'on fasse la confusion et on s'exposera à un paralogisme. « C'est une chose assurée que la divisibilité est une propriété essentielle de la quantité et non du corps ; car, en effet, si le corps étoit divisible de sa nature, comme toute division apporte du changement à la chose divisée, quand on diviseroit le corps, son essence seroit changée ; ce qui est contraire à la raison, qui fait voir que quelque division qu'on suppose dans la quantité, l'essence du corps est toujours la même et qu'on peut dire de chaque partie après la division, qu'elle a toute l'essence du corps. D'où il s'ensuit que dans toute division, ce n'est pas le corps, mais la quantité qui est divisée : ce qui découvre manifestement le paralogisme de ceux qui soutiennent après Épicure que les atomes sont indivisibles à cause qu'ils sont des substances, car tout le monde sait bien que les atomes considérés comme des substances sont indivisibles, on ne prétend pas aussi qu'ils puissent être divisés, si ce n'est quand on les considère comme des quantités, ainsi qu'ils doivent l'être toujours quand il s'agit de leur divisibilité[1]. » En d'autres termes la divisibilité n'ayant trait qu'à un accident du corps et non au corps lui-

---

et la quantité estoient une même chose, parce qu'ils n'ont reconnu entre eux qu'une distinction de raison ne prenant pas garde que cette distinction suffit pour rendre deux choses capables de propriétés fort différentes. » *Système de philosophie*, I, 280.

1. *Système de philosophie*, I, p. 282.

même, la question, telle que la posent les atomistes, est mal venue. Les propriétés d'un accident peuvent ne pas être celles du sujet qui le supporte. Régis déclare également le vide impossible et emploie, pour le condamner, l'argumentation de Rohault, mentionnant, comme lui, l'objection de Cordemoy et y faisant une réponse identique [1].

Quelques années plus tard, un cartésien en vue, le cardinal de Polignac, dans son Anti-Lucrèce, rejettera encore les idées de Cordemoy. Il acceptera l'axiome tout être est un, mais il voudra qu'il ne s'applique qu'aux êtres possédant une véritable unité, c'est-à-dire, aux êtres simples : tels que Dieu et les esprits. La matière n'ayant qu'une unité d'assemblage se trouve, par nature, échapper à un tel axiome et reste soumise à la divisibilité. « Il n'est pas plus possible, dit-il, que le corps soit un que l'esprit soit divisible... un intervalle immense sépare la matière de l'unité. Ce qui condamne ce « nouvelle atomisme [2] ».

Cependant, quel que fût l'accueil fait aux corrections de Cordemoy par ceux qui se considéraient comme les représentants fidèles de la pensée de Descartes, bien

---

1. *Système de philosophie*, p. 285.
2. « Mais il faut, me direz-vous, que tout être soit simple soit un : c'est ce qu'on ne dira pas de tout ce qui peut se diviser. Donc il y a des atomes, des corpuscules vraiment indivisibles : ils sont les principes de tous les corps ; sans eux aucun corps ne seroit composé de parties proprement dites, parce que nulle partie ne seroit vraiment une : paradoxe insoutenable. Il en est des corps comme des nombres ; ils ont l'unité pour principe, ils sont des amas d'unités. Ainsi la matière peut n'être pas simple elle-même ; mais au moins est-elle un amas de parties qui le sont toutes. Il faut donc reconnoître que les éléments qui la composent sont indivisibles. » *Traduction de Bougainville*, 1755, p. 113, liv. III.

qu'ils interprétassent parfois cette pensée à leur façon, elles n'en furent pas moins, dans le cartésianisme un ferment de dissentiments et aussi de nouvelles réflexions. Dès 1671, dans ses *Essais de morale* (I, p. 34) Nicole insiste sur l'incertitude de la conception cartésienne de la matière. « Cependant, dit-il, quelque bonheur que Descartes ait eu à faire voir le peu de solidité des principes de la philosophie commune, il laisse encore dans les siens beaucoup d'obscurités impénétrables à l'esprit humain. Ce qu'il nous dit, par exemple, de l'espace et de la nature de la matière est sujet à d'étranges difficultés, et j'ai bien peur qu'il y ait plus de passion que de lumière dans ceux qui paraissent n'en être pas effrayés. » En 1672, à Angers, un cartésien, le père oratorien Fromentier enseigne l'atomisme, déclarant qu'on ne peut le rejeter [1]. Le père Valois, dans son attaque contre la philosophie nouvelle, met Cordemoy à part, le sépare des autres représentants de cette philosophie [2]. Malebranche lui-même, bien qu'il lui soit nettement hostile, comme nous l'avons vu, en subit peut être l'influence, ou du moins ne peut résister au courant créé. Sans doute, il fait de l'étendue l'essence de la matière, mais il distingue, aussi, on le sait, l'idée de l'étendue, son *archétype*, qui existe en Dieu et l'étendue proprement dite qui constitue les corps particuliers. Or, cette seconde étendue est pour lui bor-

---

[1]. Prima principia nihil aliud possunt esse quam Democriti atomi et minimæ illæ partes materiæ quibus constant ; Democritum aliis omnibus proferamus ». Babin, *Récit de ce qui s'est passé en l'Université d'Angers*, p. 17.

[2]. « Tous les cartésiens à la réserve du père Maignan, de M. de Cordemoy et de fort peu d'autres ont suivi ces mêmes principes de M. Descartes ». *Sentiments de M. Descartes*, ch. IV.

née, elle ne peut avoir l'infinité qui est un attribut divin. Par suite, en elle, des limites doivent être distinguées, limites qui rompent sa continuité. « Je puis concevoir la boule A, dit Malebranche dans sa correspondance avec Mairan, et elle peut exister toute seule... car pour la terminer, il ne faut rien, il suffit qu'elle soit telle qu'elle est. La rondeur de la boule n'appartient qu'à la boule et ne dépend nullement de ce qui l'environne ; que ce soit de l'air ou rien, c'est la même chose [1] » Fénelon ne craint pas de critiquer Descartes sur ce point : « J'avoue, dit-il, qu'il y a dans Descartes des choses qui ne paraissent pas dignes de lui, comme, par exemple, son monde indéfini qui ne signifie rien que de ridicule s'il ne signifie pas un infini réel. Sa preuve de l'impossibilité du vide est un pur paralogisme où il a suivi son imagination au lieu de suivre les idées purement intellectuelles. Il y a beaucoup d'autres choses sur lesquelles il n'est jamais venu aux dernières précisions... [2] » A la physique d'Aris-

---

1. « Rien n'empêchait Malebranche d'admettre la doctrine du vide et des atomes. Vide et atomes sont parfaitement conformes à l'esprit du malebranchisme. Les atomes peuvent très bien être envisagés comme parties indivisées d'étendue formelle : c'est l'idée que s'en faisait et en donnait Cordemoy. Quant au vide supposé entre ces atomes, il s'explique très simplement comme les espaces dits imaginaires, par l'étendue intelligible. C'est sur la solidarité de toutes les parties de l'étendue formelle, solidarité enseignée par Descartes et d'où se déduit l'impossibilité du vide, que Spinoza, comme on le sait, croyait pouvoir appuyer sa doctrine » (Pillon. *Année philosophique*, 1899, p. 73, note 1.)

2. *Lettres sur la religion*, lettre IV, cf. *Dialogue des morts*, XXIV. Platon et Aristote « Votre physique n'est qu'un amas de termes abstraits qui n'expliquent point la nature des choses ; c'est une physique métaphysiquée... Les épicuriens venus après vous ont raisonné plus sensément que vous sur les figures et sur les mouvements des

tote, il préfère la physique d'Épicure qu'il trouve plus vraisemblable (*Dialogue des morts*, XXIV). Et ce schisme intérieur créé par Cordemoy n'échappe pas aux historiens. Dans ses *Mémoires*, parus en 1757, le père d'Avrigny le signale comme important [1].

Il faut remarquer, toutefois, que, dans une telle direction, l'action de Cordemoy ne s'exerçait pas seule. Gassendi avait toujours des disciples. Descartes lui-même, nous l'avons vu, avait eu comme adversaires décidés sur ce sujet, des savants tels que Fermat et Roberval. Huyghens, si fidèle disciple fût-il, s'était vu obligé de se rapprocher en une certaine façon de la doctrine du vide, et Newton en apportait une démonstration fondée sur le fait. C'est ce que constate Bayle. « Le règne du plein semblait plus affermi que jamais, écrit-il, lorsqu'on a vu avec beaucoup de surprise quelques grands mathématiciens dans un autre sentiment. M. Huyghens s'est déclaré pour le vide, M. Newton a pris le même parti et a combattu fortement sur ce point l'hypothèse de M. Descartes comme une chose incompatible avec le mouvement, la légèreté et quel-

petits corps qui forment par leur assemblage tous les composés que nous voyons. Au moins c'est une physique vraisemblable. »

1. « Les disciples de Descartes persuadés de ce qu'il établit comme la base et le fondement de l'édifice philosophique, que l'autorité en cette matière ne fut jamais la règle d'un jugement sûr et qu'un esprit raisonnable ne se doit rendre qu'à l'évidence et à la raison, discutent ses sentiments et les réprouvent en bien des choses. Dans la métaphysique, l'auteur de la *Recherche de la vérité*... Dans la physique générale, M. de Cordemoy n'a pu s'accommoder de la divisibilité de ses éléments et en fait des atomes par l'admirable raison que si les éléments n'étaient pas des atomes, ils ne seraient pas des substances. » *Mémoires pour servir à l'histoire universelle de l'Europe*, par le père d'Avrigny s. J. 1757, t. III, p. 60.

ques autres phénomènes. M. Fatio est de l'avis de M. Newton et je lui ai ouï dire que l'existence du vide n'est pas un problème, mais un fait certain et mathématiquement démontré . » Ajoutons que la religion catholique était devenue favorable à l'atomisme qui semblait moins contraire à la transsubstantiation [2] et plus réfractaire au panthéisme [3]. Cordemoy, cependant, n'en avait pas moins dans ce mouvement, au point de vue philosophique, tenu une certaine place, puisqu'il avait introduit la division dans l'école cartésienne, ce qui, ainsi que le notait Desgabets, ne pouvait que l'affaiblir contre ses adversaires. Bien plus, il servit les progrès de la pensée scientifique. Lange, dans son *Histoire du Matérialisme*, à la fin de son étude sur Gassendi (I, 242, trad. française) insiste sur ce fait que molécules et atomes dans la philosophie de la Nature, finirent, au lieu de s'opposer, par subsister côte à côte, et affirme « que l'atomistique actuelle s'est formée pas à pas des théories de Gassendi et de Descartes. » Il oublie l'action de Cordemoy qui rendit l'accord possible.

1. *Dictionnaire critique*. Article : Leucippe, note G.
2. Cf. le père Valois (*oper. citat.*). Dans l'acte de soumission de l'Oratoire, il est indiqué qu'on doit enseigner que le vide n'est pas impossible (Cousin. *Fragments de Philoscphie moderne*, éd. in-12, p. 42). Bernier a essayé de prouver que le gassendisme s'accorde mieux avec l'Église et le concile de Trente. (Cf. Bouiller. *Histoire de la Philosophie cartésienne*, I, 559.)
3. Cf. Pillon. *Année philosophique*, 1903, p. 26.

CHAPITRE IX

L'OCCASIONALISME DE MALEBRANCHE

Aussitôt formulé, l'occasionalisme reçut, en général, des cartésiens le meilleur accueil [1]. Il était trop conforme aux indications du Maître, pour ne pas être accepté avec empressement par ses disciples ou admirateurs. D'ailleurs, le Jansénisme, les discussions sur la grâce, le regain de faveur qu'avait saint Augustin tendaient à faire pénétrer dans les esprits l'idée de la dépendance des êtres, de leur impuissance par eux-mêmes. Celui qui, en France du moins, devait par son génie lui donner tout son éclat, en faire le système à la mode, et qui, même pendant longtemps, en fut considéré comme le créateur, fut Malebranche.

Qu'il ait lu avec soin les ouvrages de Cordemoy et qu'il en ait profité, la chose semble incontestable. Dès la première édition de la *Recherche de la vérité*, il le cite et avec éloges. « On peut le lire et le méditer »,

---

1. Cf. *Lettre d'un philosophe à un cartésien*. Rennes, 1681. « Je puis joindre à ceci ce que disent vos Messieurs touchant l'union de l'âme et du corps Il y a apparence qu'ils ne disent rien en cela que ce qu'ils ont appris par tradition de leur Patriarche. Car je vois qu'ils s'accordent tous en ce point et que tout d'un coup on a fait paroitre divers ouvrages où cette manière d'union est exprimée », p. 76.

dit-il, au chapitre X du livre I de la *Recherche*. Ces ouvrages durent lui plaire, non seulement parce qu'ils contenaient des idées qui étaient conformes aux aspirations secrètes de son esprit, mais aussi par la forme géométrique et le caractère concis de l'argumentation. Sans doute, pendant la période de réflexion dans laquelle il élabora son système, il n'avait pas encore le dédain de la lecture qu'il afficha plus tard, mais son goût et les règles de son appréciation ne devaient pas être bien différents, et les Traités de Cordemoy correspondaient bien à ces petits volumes in-12, dont il ne réclamait aux savants que la publication d'un seul par année pour être satisfait d'eux [1].

On ne peut affirmer avec la même sûreté qu'il ait également lu le *Traité de l'Esprit* de de la Forge ; il ne le cite, en effet, nulle part ; la probabilité, pourtant, en est si grande qu'elle correspond presque à une certitude. Remarquons, en effet, que ce fut la lecture, en 1664, du *Traité de l'Homme* de Descartes qui révéla à Malebranche sa vocation philosophique ; or, ce traité n'avait pu être publié que grâce à la collaboration de de la Forge et ce dernier, dans plusieurs notes de ce livre, renvoie à son *Traité de l'Esprit*, qu'il avait déjà sur le métier, et qu'il considérait comme le complément du livre de Descartes [2]. Comment supposer que

---

1. « Il y a peu ou point de livres qui me plaisent. Si l'on faisoit tous les ans un petit volume in-12 qui me contentoit, je serois satisfait des savants. Quand je n'avois que vingt-cinq ans, j'entendois ce que je lisois dans les livres ; mais à présent je n'y entends plus rien dans la plupart. » Lettre à l'abbé B, 13 novembre 1686 (Blampignon, *Étude sur Malebranche*, Correspondance inédite, p. 4).

2. Dans sa préface au *Traité de l'Homme*, Clerselier cite avec les plus grands éloges le *Traité de l'Esprit* de de la Forge, dont celui-ci

Malebranche, qui lut le *Traité de l'Homme* avec tant d'attention, ne se soit pas procuré le *Traité de l'Esprit*, quand, à la fin de l'année suivante, il parut, d'autant plus que ce livre, déjà très favorablement apprécié par Clerselier qui en avait lu le manuscrit depuis plusieurs années, obtint immédiatement le plus grand succès et acquit à son auteur beaucoup de réputation. Il est difficile d'admettre qu'un admirateur passionné de Descartes, comme l'était alors Malebranche, ait pu dédaigner et ne pas étudier un tel ouvrage. D'ailleurs, de la Forge ne devait pas être un inconnu, au moins de nom, pour le futur auteur de la *Recherche de la vérité*. En effet, celui-ci, en 1661, avait fait à Saumur un séjour de quelques mois au couvent oratorien de Notre-Dame des Ardillers [1]; c'était l'année même pendant laquelle de la Forge, qui résidait dans cette ville, travaillait à mettre en état d'être publié et enrichissait de ses remarques, le *Traité de l'Homme*. Or, de la Forge n'était pas un travailleur solitaire. Il aimait, au témoignage d'un de ses amis [2], faire connaître ses idées, les soumettre à la discussion. En relation avec les professeurs de l'Oratoire de Notre-Dame des Ardillers [3], qui étaient favorables à ce cartésianisme, dont

lui avait communiqué les parties déjà écrites. Gousset ne doute pas que Malebranche ait étudié de la Forge avec profit. « Quin ille (Malebranche) Forgii librum legerit non dubito ; ea fuit operis celebritas, adeo inclaruit alterum ejus de Cartesii homine scriptum et tantus est inter utrumque nexus, ut incredibile sit Malebranchium tantopere in studium ejusdem materiæ ferventem, librum illum factum vel nescivisse vel neglexisse. Existimo itaque ipsum Lectione Forgii excitatum simulque corruptum fuisse. » *op. cit*, p. 44, n° 30.

1. Cf. Ingold : *Vie de P. Malebranche par le P. André*, p. 11, note 1.
2. Cf. plus haut, p. 151, note 1.
3. Cf. plus haut, p. 103, note 4.

lui-même était un adepte fervent, il dut leur faire connaître ses travaux et ses projets. Son nom dut donc, plus d'une fois, frapper les oreilles de Malebranche ; dans les conversations, dans les discussions, il constituait l'actualité. Tout entier sous la mauvaise impression que lui avait laissée l'enseignement de la philosophie qu'il avait reçu au collège de La Marche, le jeune oratorien dut offrir à ces conversations et discussions une oreille distraite, les subir plutôt que les accepter. Mais le souvenir ne devait pas moins lui en être resté, d'autant plus qu'il avait pu constater chez les Pères de l'Établissement des opinions favorables à celles de ce philosophe. Ne s'y trouvait-il pas, surtout, le Père Ambrosius Victor (André-Martin), qui s'efforçait d'unir saint Augustin et Descartes[1] ? Et il est permis de supposer que ce fut peut-être la réminiscence des appréciations naguère entendues sur les entreprises de de la Forge, qui arrêta son regard sur le *Traité de l'Homme* et le porta à en faire l'achat. Enfin, on peut dire que le fait pour un auteur de n'être pas cité par Malebranche, ne prouve pas qu'il n'ait pas été lu par lui. Malebranche, en effet, cite peu, il ne cite guère que les autorités absolument nécessaires pour certai-

---

1. De la Forge en même temps que l'autorité de Descartes invoquait aussi celle de saint Augustin. Cf. sa préface au *Traité de l'Esprit*, intitulée : « Préface dans laquelle l'auteur fait voir la conformité de la doctrine de saint Augustin, avec les sentiments de M. Descartes, touchant la nature de l'âme. » Malebranche cite avec éloges Ambrosius Victor. Cf. *Recherche de la vérité*. Éclaircissement 10, réponse à la 4ᵐᵉ objection. « Je n'apporte pas d'autres preuves du sentiment de saint Augustin. Si l'on en souhaite, l'on en trouvera de toutes sortes dans la savante collection qu'en a faite Ambroise Victor, dans le second volume de sa *Philosophie chrétienne*. Éd. Bouiller, II, p. 397.

nes discussions. Or, de la Forge ne se présentait pas à lui comme une autorité. Le soin avec lequel dans son *Traité de l'Esprit* il s'appuie sur Descartes, le souci qu'il a, en poursuivant la pensée de ce dernier, de ne pas s'en écarter, de lui rester fidèle, devait lui donner dans l'esprit de Malebranche une place effacée. Ce n'était pour lui, comme pour Mme de Sévigné et Mme de Grignan, qu'un commentateur, un disciple perspicace et fidèle. C'était Descartes, en somme, que le jeune oratorien croyait lire en lisant de la Forge ; il n'avait donc pas à le nommer, c'était toujours à la même source qu'il puisait. Dans sa bibliothèque, qui comprenait, dit-on, un millier de volumes, le *Traité de l'Esprit*, devait, accompagnant le *Traité de l'homme*, disparaître dans les œuvres du grand Philosophe.

Sans doute, nous ne voudrions pas exagérer l'importance de l'influence exercée sur Malebranche par ces deux auteurs de second ordre. Malebranche, qui était surtout un méditatif[1], dut assez vite limiter le nombre de ses textes et s'en tenir à Descartes et à saint Augustin. Ce sont là ses vrais maîtres, ce sont ceux-là qu'il désigne comme tels, c'était en leur compagnie que son génie voulait planer. Mais l'élaboration de sa conception de la causalité fut, en somme, très rapide. Dès 1674, dans les premiers livres de la *Recherche de la*

---

1. « Le maître qui nous enseigne intérieurement veut que nous l'écoutions plutôt que l'autorité des plus grands philosophes ; il se plaît à nous instruire, pourvu que nous soyons appliqués à ce qu'il nous dit. C'est par la méditation et par une attention fort exacte que nous l'interrogeons..... Soit donc qu'on lise Aristote, soit qu'on lise Descartes, il ne faut croire d'abord ni Aristote, ni Descartes ; mais il faut seulement méditer comme ils ont fait, ou comme ils ont dû faire, avec toute l'attention dont on est capable. » *Recherche de la Vérité*, livre I, ch. III, éd. Bouiller, I, p. 36.

vérité [1], son occasionalisme est arrêté. C'est comme un postulat tacite qu'impliquent tous ses raisonnements et auquel il fait constamment allusion ; c'est une doctrine qu'il ne modifiera pas comme celle de la vision en Dieu ; il peut varier la forme des arguments, les traits restent les mêmes [2]. Cela ne vient-il pas de ce que, grâce aux lectures heureuses de de la Forge et de Cordemoy, il avait, dès le début, trouvé l'occasionalisme tout développé, et que l'union sur ce point dans son esprit de saint Augustin et de Descartes pût se faire rapidement? Qu'elle se soit faite rapidement, c'est ce qu'affirme le P. André ; qu'elle se soit faite d'elle-même aussi brusquement, c'est ce qu'il est difficile d'admettre. Une doctrine philosophique implique toujours une longue élaboration, et de cette élaboration Malebranche ne pouvait être dispensé par les seules indications que lui pouvait donner la lecture des deux grands auteurs. Saint Augustin lui enseignait que nous ne sommes unis qu'à Dieu, que, suivant une formule qu'il lui empruntera, « c'est en lui que nous avons la vie le mouvement et l'être : *non longe est ab unoquoque nostrum, in ipso vivimus, movemur et sumus* [3]. » Mais, à son témoignage, nulle part, chez ce Père de l'Église, la question de l'efficace des créatures « n'est sérieusement examinée [4]. » D'autre part, le mécanisme cartésien,

---

1. Cf. surtout *Recherche de la vérité* 2ᵉ partie : de l'Entendement pur, ch. III.

2. Nous devons cette remarque à M. Raymond Thamin dans une de ses conférences inédites sur Malebranche à la Faculté des Lettres de Lyon, 1891.

3. *Recherche de la vérité*, l. III, partie II, ch. VII, éd. Bouiller, p. 334.

4. *Recherche de la vérité*, XVᵉ Éclaircissement, rép. à la septième preuve. Éd. Bouiller, II, p. 464.

qu'il admira tant déjà dans le *Traité de l'homme* [1], lui était une preuve de l'inutilité de toutes ces puissances inférieures dont la scholastique avait peuplé la nature. Mais la question de la causalité transitive n'était pas tranchée pour cela, et plus d'une expression de Descartes pouvait faire illusion, ainsi que le prouve l'insistance de certains adversaires cartésiens de l'occasionalisme. On ne peut dire que toutes les discussions sur la nature de la cause qui avaient agité la scholastique et qu'il rappelle dans son quinzième Éclaircissement avaient pu provoquer sa réflexion et que la négation de la causalité efficiente était, en quelque sorte, toute préparée dans son esprit, puisque, mécontent de l'enseignement philosophique qu'il avait reçu, il l'avait dédaigné et mis dans la catégorie des choses qu'on oublie. Les analyses de Cordemoy et de de la Forge, qui avaient leur originalité, qui étaient nouvelles, on l'a vu, comparées aux discussions scholastiques, lui étaient en quelque sorte nécessaires. Sa piété concentrée et méditative lui donnait le sentiment mystique qu'il était près de Dieu, qu'il lui était intimement uni [2]; saint Augustin le confirmait dans ce sentiment; Descartes lui montrait que

1. « Ce qu'il admira dans Descartes, dit le Père Lelong, ce furent la mécanique et l'art de raisonner. »

2. « Ayant par le sentiment et la foi une persuasion intime de l'incessante et universelle action de Dieu dans le monde, il veut s'en convaincre par la raison; et la philosophie, telle qu'il l'entend, est précisément cet effort de l'esprit, cherchant à découvrir dans la lumière de la raison, ce que l'âme possède par la foi et goûte par le sentiment. » Ollé-Laprune. *La Philosophie de Malebranche*, I, p. 50. « Il faut lire de telle sorte les ouvrages des hommes qu'on n'attende point d'être instruit par les hommes. Il faut interroger celui qui éclaire le monde afin qu'il nous éclaire avec le reste du monde. » Préface de la *Recherche*, éd. Bouiller, p. 36.

le monde n'est qu'une machine entre les mains divines, qu'il n'y a pas de vertus occultes ; Cordemoy et de la Forge lui précisaient le genre de causalité qui appartient aux êtres créés et lui fournissaient ainsi le moyen de se représenter la nature du rapport que nous avons avec Dieu, la façon dont il agit sur nous. Les points essentiels de son système, il les avait ainsi, et, grâce à ces deux modestes prédécesseurs, mû fortement par ses aspirations personnelles, il pouvait s'en faire une conception rapide.

Qu'il soit possible de retrouver dans Malebranche comme des souvenirs de l'argumentation de Cordemoy et de celle de de la Forge, c'est incontestable[1]. Il était tout naturel qu'il usât des raisons apportées en faveur d'une doctrine qu'il faisait sienne. Seulement, ainsi que le note Leibnitz, « avec la supériorité de son génie il y a répandu l'éclat de son style[2]. » Bien plus, il donne à cette argumentation un autre caractère. Cordemoy et de la Forge s'en tenaient dans leurs analyses au point de vue purement philosophique ; c'était simplement une vérité nouvelle, fruit de leurs réflexions, qu'ils voulaient mettre en lumière. Malebranche à l'intérêt philosophique joint l'intérêt théologique et religieux[3]. Il répète que ce qu'il y a d'admirable dans la philosophie nouvelle c'est qu'elle

---

1. Cf. surtout *Recherche de la vérité* : partie II de l'Entendement pur, ch. III et *Méd.* V, Malebranche dans ces passages semble donner un résumé de l'argumentation de ses deux prédécesseurs. Cf. aussi *Entretiens*, VII, 2.

2. *Système nouveau de la nature et de la communication des substances*. Éd. Janet, II, p. 532.

3. « Le P. Malebranche est venu aussi grand philosophe et théologien que M. Descartes était grand philosophe et il a transporté les

favorise la vraie religion [1]. Il y a, en effet, tout intérêt, d'après lui, au point de vue religieux, à établir que la causalité efficace est un attribut divin, qu'elle ne peut appartenir qu'à Dieu seul : une des causes les plus générales de l'impiété, de l'irréligion, n'est-elle pas la croyance en la présence de forces efficaces dans la nature? Si nous n'accordons pas à Dieu tout le culte et tout l'amour qui lui conviennent, n'est-ce pas que nous nous laissons illusionner par la puissance des forces naturelles, que nous voyons en elles les causes de notre bonheur ou de notre malheur, et que, par suite, elles seules semblent nous importer ? Dieu se trouve ainsi relégué et oublié. L'être auquel seul nous sommes unis, nous le méconnaissons. Celui qui seul agit, a la force efficace, par ignorance nous le dédaignons. Il est donc très utile, même nécessaire, de se faire une idée plus exacte de la toute-puissance divine et de bien montrer l'impuissance réelle de la créature ; il faut travailler à dissiper ces illusions dangereuses qui corrompent notre vie. C'est pourquoi Malebranche ne se contente pas de dire que l'être par soi seul se présente comme cause, la causalité ne se manifestant réellement pas chez les êtres créés ; il s'attache en même temps et surtout à établir que la causalité est

---

causes occasionnelles dans la théologie ». Fontenelle, *Doutes sur le système des causes occasionnelles*, chap. II.

1. « La philosophie que l'on appelle nouvelle... ruine toutes les raisons des libertins par l'établissement du plus grand de ses principes qui s'accorde parfaitement avec le premier principe de la religion chrétienne : qu'il ne faut aimer et craindre qu'un Dieu puisqu'il n'y a qu'un Dieu qui puisse nous rendre heureux. *Recherche de la vérité* livre VI, partie II, ch. IV et *passim*. Avec Malebranche le côté mystique du cartésianisme passe au premier plan.

quelque chose de divin, qu'il y a de l'infini en elle, et, qu'inversement, si l'on considère la nature divine, il ne se peut pas qu'elle ne soit pas seule cause productrice et immédiate de tout ce qui est, de tout ce qui se fait ; il veut nous convaincre que la croyance en des causes naturelles efficaces est une véritable idolâtrie.

Que l'on prenne, en effet, un être créé : sans doute, la raison nous montre que dans l'idée de corps l'efficacité n'est pas contenue, le « sentiment » nous dit également qu'une telle efficacité n'appartient pas à notre volonté ; mais qu'on considère les conditions d'une telle causalité et on verra qu'elles impliquent une connaissance et une puissance infinies qui, manifestement, ont leur origine en dehors de la nature. Si on prend les corps, « il est évident qu'il faut une sagesse et une sagesse infinie pour régler la communication des mouvements avec la justesse, la proportion et l'uniformité que nous voyons. Un corps ne pouvant pas connaître les corps infinis qu'il rencontre à tous moments, il est visible que quand on supposerait même en lui de la connaissance, il ne pourrait pas en avoir assez pour régler dans l'instant du choc la distribution de la force mouvante qui le transporte lui-même[1]. » Il en est de même des esprits. Soit le mouvement du bras d'un homme : « Le bras ne se remue que parce que les esprits enflent quelques-uns des muscles qui le composent. Or, afin que le mouvement que l'âme imprime aux esprits qui sont dans le cerveau se pût communiquer à ceux qui sont dans les nerfs, et

---

1. XV⁰ Éclaircissement. Cf. *Entretien*, VII. 5.

ceux-ci aux autres qui sont dans les muscles du bras, il faudrait que les volontés de l'âme se multipliassent ou changeassent à proportion des rencontres ou des chocs presque infinis qui se feraient dans les corps qui composent les esprits. Mais cela ne se peut concevoir, si l'on n'admet dans l'âme un nombre infini de volontés au moindre mouvement du corps, puisqu'il est nécessaire pour le remuer qu'il se fasse un nombre infini de communications de mouvements. Car enfin, l'âme étant une cause particulière, et qui ne peut savoir exactement la grosseur ni l'agitation d'un nombre infini de petits corps qui se choquent lorsque les esprits se répandent dans les muscles ; elle ne pourrait ni établir une loi générale de la communication des mouvements de ces esprits, ni la suivre exactement si elle l'avait établie [1]. » Au lieu du mouvement d'un bras, qu'on considère la perception de l'œil et la présence de l'infini s'y décèlera également [2]. N'est-on pas, dès lors, en droit de conclure à l'intervention directe de Dieu dans la production d'un acte quelconque ? « Il n'y a que Dieu qui, par l'efficace de ses volontés et par l'étendue infinie de ses connaissances, puisse faire et régler les communications infiniment infinies des mouvements lesquelles se font à chaque instant et selon une proportion infiniment exacte et régulière [3]. »

---

1. *Recherche de la vérité*. XV° Éclairc. Rép. à la 6° preuve.
2. *Recherche de la vérité*. XVI° Éclaircissement. Cf. *Entretien mét.* VII, n° 14.
3. *Id.* XV° Écl. rép. à la 3° preuve. On le voit, tandis que Cordemoy et de la Forge tirent seulement d'un tel argument l'absence de toute cause efficiente chez les êtres créés, Malebranche y voit la preuve de la présence incontestable de l'activité divine. Dieu n'est plus conclu,

Qu'inversement on s'élève à Dieu et on essaye de se rendre compte des conditions de son activité, et la même conclusion s'imposera d'une façon encore plus décisive et plus forte. Remarquons, d'abord, que, chez un être parfait, il y a une relation nécessaire entre la volonté et les effets de cette volonté, il y a causalité véritable. Il y aurait contradiction, en effet, qu'un être parfait veuille et que cette volonté ne soit pas immédiatement réalisée : « sa puissance est sa volonté, et communiquer sa puissance c'est communiquer l'efficace de sa volonté... c'est vouloir que lorsqu'un homme ou un ange voudra qu'un tel corps, par exemple, soit mû, ce corps soit effectivement mû [1]. » Il n'y a pas de place, dès lors, pour l'activité efficace des êtres créés. L'existence d'une telle activité serait de plus contraire à la sagesse divine. « Dieu ne doit point créer des êtres pour en faire les forces mouvantes des corps, car ces êtres seraient inutiles. Un être sage fait-il par des voies composées ce qu'il peut exécuter par des voies plus simples ? Si tes volontés étaient efficaces, t'aviserais-tu de forger des instruments pour exécuter tes desseins [2] ? » A un autre point de vue, remarquons encore que la conservation des êtres est une création continuée. Tous les êtres, en effet, sauf Dieu, ont une existence contingente : ils n'existent que parce que « Dieu veut qu'ils soient » Une fois créés, ils ne peuvent subsister par eux-mêmes, la perfection même de Dieu s'y oppose. Qu'une telle indépendance, en effet, leur appar-

il est rendu manifeste ; c'est pourquoi établir son existence devient inutile.

1. *Recherche de la vérité*, livre VI, partie II, ch. III, éd. Bouillier, II, p. 65.
2. *Méditation*, V. 6.

tienne et ils échapperont à la puissance divine, car « une cause qui n'influe point n'est pas plus nécessaire à la production d'un effet qu'une cause qui n'est point [1]. » Il y aurait quelque chose en dehors de Dieu que n'atteindrait pas son action ; il ne serait plus l'être tout puissant, l'être parfait. Qu'on ne dise pas que Dieu pourrait toujours manifester sa puissance par la destruction de tels êtres ? Ce serait donner à sa volonté comme « terme » le néant. « Or, le néant n'a point assez de réalité lui qui n'en a point du tout, pour avoir quelque rapport avec l'action d'un Dieu, avec une action d'un prix infini [2]. » Il faut donc que le monde soit toujours dépendant de Dieu, c'est-à-dire, qu'il ne continue à exister que par l'efficace de la même volonté qui l'a créé, que sa conservation soit une création continuée. Ce n'est pas que le monde participe de l'éternité divine, il peut disparaître, mais pour cela une action positive de Dieu est inutile : Dieu peut cesser de vouloir ce qu'il lui a été libre de vouloir. « Comme Dieu a pu former le décret de créer le monde dans le temps, il a pu et il peut toujours cesser de vouloir que le monde soit ; non que l'acte de son décret puisse être ou n'être pas, mais parce que cet acte immuable et éternel est parfaitement libre, et qu'il n'enferme la durée éternelle des êtres créés que par supposition... L'acte de son décret éternel, quoique simple et immuable, n'est nécessaire que parce qu'il est ; mais il n'est que parce que Dieu le veut bien [3]. » La dépendance des créatures par rapport à leur Créateur est donc complète, elle est telle

---

1. *Entr. mét.*, VII, 8.
2. *Entr. mét.*, VII, 9.
3. *Entr. mét.*, VII, 9.

« qu'elles ne peuvent subsister sans son influence ; continuer d'être que Dieu ne continue de vouloir qu'elles soient. » Les êtres ne sont, à chaque instant, ce qu'ils sont que par Dieu ; c'est lui qui détermine la situation et le mouvement des corps, donne à la volonté de l'homme, qui, ne pouvant s'opposer à la volonté divine, ne peut avoir qu'une action immanente [1], telle ou telle efficacité, ou plutôt agit quand l'homme se détermine et croit agir, « accommode l'efficacité de son action à l'action inefficace de ses créatures [2]. » Qu'on n'invoque pas l'expérience, celle-ci ne nous offre qu'une succession de faits ; elle nous fait constater, par exemple, que, quand une boule en pousse une autre, le mouvement de la seconde suit le mouvement de la première, et rien de plus. Quand nous transformons un fait antécédent en une cause productrice, nous commettons un sophisme, qui s'explique par l'infirmité de notre nature. L'entendement obscurci depuis la chute qui nous a rendus esclaves du corps, qui nous a asservis à nos sens, nous accordons indûment l'être, la causalité, à ce qui ne le mérite à aucun titre ; nous transformons en dieu ce qui est créature [3]. C'est par la présence de l'être, de l'infini que tout s'explique ; « toute efficace, quelque

---

1. « L'esprit de sa nature est capable de mouvements et d'idées : j'en conviens. Mais il ne se meut pas, il ne s'éclaire pas ; c'est Dieu qui fait tout ce qu'il y a de physique dans les esprits, aussi bien que dans les corps. Peut-on dire que Dieu fait les changements qui arrivent dans la matière, et qu'il ne fait pas ceux qui arrivent dans l'esprit ?... N'est-il pas également le maître de toutes choses ? N'est-il pas le créateur, le conservateur, le seul véritable moteur des esprits, aussi bien que des corps ? » *Recherche de la vérité*, Éclairc., 10, rép. à la 1re obj.

2. *Entr. mét.*, VII, 10.

3. Cf. *Recherche*, livre VI ; partie II, ch. III, et *passim*.

petite qu'on la suppose, est quelque chose de divin [1]. »
Mais il ne faut pas par faiblesse ou ignorance voir
l'être, l'infini, la cause, dans ce qui ne le possède à
aucun degré. D'où ces grandes erreurs qui corrompent
la pratique et même la philosophie. Persuadons-nous
bien, comme la religion nous l'enseigne et comme les
raison bien consultée l'établit, que nous ne sommes
que par Dieu, que nous n'agissons que par lui, que
nous ne sommes unis qu'à lui. « Non, Seigneur, la puissance qui donne l'être et le mouvement aux corps et aux
esprits, ne se trouve qu'en vous. Je ne reconnais point
d'autre cause véritable que l'efficace de vos volontés.
Toutes les créatures sont impuissantes ; je ne les crains
point, je ne les aime point. Soyez l'unique objet de
mes pensées et la fin générale de tous les mouvements
de mon cœur [2]. »

Avoir une idée claire de cette efficace, qui donne
et conserve l'être à toutes les créatures, est au-dessus
de nos forces, d'après Malebranche. Le caractère divin
de la causalité lui conserve quelque chose de mystérieux pour nous, dont l'intelligence est finie. « Si tu
crois que Dieu fait ce qu'il veut, ce n'est point que tu
vois clairement qu'il y a une raison nécessaire entre
la volonté de Dieu et les effets, puisque tu ne sais pas
même ce que c'est que la volonté de Dieu, mais c'est
qu'il est évident que Dieu ne serait pas tout-puissant
si ses volontés absolues demeuraient inefficaces [3]. »

---

1. *Méditation*, IX, 7.
2. *Méd.*, VI, 22.
3. *Médit.* IX, 2 — « Je demande comment Dieu est tout-puissant ?
Il veut un monde : et ce monde est dans l'instant même qu'il veut
qu'il existe. Quel rapport entre un acte éternel de la volonté de Dieu,

Mais cet autre attribut de Dieu qui est la sagesse ne nous dépasse pas au même degré. Le créateur se devait à lui-même de nous donner des idées qui nous fissent connaître ses ouvrages et la prudence savante de sa conduite. Et, toujours mû par les mêmes préoccupations religieuses et théologiques, Malebranche s'efforce de consulter cette sagesse, de nous révéler les voies suivies par Dieu, de nous faire pénétrer autant que possible le sens de l'univers ; ce qui l'amène à déterminer d'une façon originale et plus précise que celle de ses prédécesseurs, la nature et le rôle des causes occasionnelles.

Il condamne, d'abord, la théorie de Descartes d'après laquelle Dieu est liberté absolue. La volonté divine ne peut être arbitraire ; des règles, des lois qui expriment les exigences de son intelligence s'imposent à ses manifestations. « Une Providence fondée sur une volonté absolue est bien moins digne de l'être infiniment parfait ; elle porte bien moins le caractère des attributs divins que celle qui est réglée par les trésors inépuisables de la sagesse et de la prescience [1] ». Aussi, dès « le premier » pas qu'il a fait au moment de

---

et la création de l'univers dans le temps ? Les saints qui voyent l'essence divine, connoissent apparemment ce rapport, l'efficace toute-puissante des volontés du Créateur. Pour nous quoique nous le croyions par la foi, quoique nous en soyons persuadés par la raison: la liaison nécessaire de l'acte avec son effet, nous passe ; et en ce sens nous n'avons point d'idée claire de sa puissance. Nous le supposons tout-puissant : nous le jugeons tel par les effets. Mais nous ne voyons pas l'influence même de la cause qui produit les effets. » *Réflexions sur la prémotion physique*, XXIII, éd. de 1715, p. 62.

1. *Entretiens Mét.*, XI, 5, cf. Ent. IX, 13, *Réflexions sur la prémotion physique*, XVII, XXII, etc.

la création, Dieu a-t-il, dans sa sagesse, tout prévu et tout ordonné ; c'est une œuvre digne de lui qu'il a voulu faire [1]. De là ces lois merveilleuses dans lesquelles la Providence divine éclate pour tout esprit non prévenu ; lois qui portent sur l'ensemble et sur le détail, qui règlent à la fois la distribution et la communication du mouvement, le développement des êtres vivants, les rapports de l'âme et du corps, ceux des esprits avec la raison universelle, lois qui se combinent entre elles, se subordonnent, s'organisent en vue de l'édification de ce « temple spirituel », qui est la fin proposée. Seulement, si Dieu fait tout, organise tout, sa sagesse est si grande, il faut bien le remarquer, qu'elle a ordonné un monde dans lequel les créatures collaborent avec le créateur. Dieu, en effet, quoique soumis à la raison n'en est pas moins libre ; c'est librement qu'il a créé le monde ; rendre une telle création nécessaire, ce serait identifier le monde avec Dieu et sa perfection y répugne [2]. Malebranche repousse comme indigne, comme sacrilège toute explication qui entraînerait une confusion du parfait avec l'imparfait.

1. « Ariste, que ce premier pas de la conduite de Dieu, que cette première impression de mouvement que Dieu va faire, renferme de sagesse ! que de rapports, que de combinaisons de rapports ! Certainement Dieu, avant cette première impression, en a connu clairement toutes les suites et toutes les combinaisons de ces suites, non seulement toutes les combinaisons physiques, mais toutes les combinaisons du physique avec le moral et toutes les combinaisons du naturel avec le surnaturel. Il a comparé ensemble toutes ces suites avec toutes les suites de toutes les combinaisons possibles dans toutes sortes de suppositions. » *Ent.*, X, 17. — Cf. *Ent.*, XII, 1. *Méd.*, VII, 14 etc.

2. « Ne confonds pas une substance que Dieu engendre par la nécessité de son être, avec mon ouvrage que je produis avec le Père et le Saint-Esprit par une action entièrement libre. » *Méd.*, IX 10 ; cf. *Entret.*, IX, 2 ; VIII, 8.

C'est de la répugnance qu'il éprouve pour le « misérable », pour « l'impie » Spinoza « qui faisait son Dieu de l'univers[1]. » Mais, si la création implique l'apparition de quelque chose de nouveau, les créatures sont hétérogènes à la nature divine ; ce sont d'autres lois, par suite, que les lois divines qui doivent les gouverner ; d'où la distinction, à côté des lois divines, lois absolument nécessaires, qui régissent les rapports des idées entre elles, de lois particulières, arbitraires, qui régissent les rapports des êtres aux idées et des êtres entre eux [2]. Les objets ont réagi, en quelque sorte, sur la volonté de Dieu, puisque leurs lois ont été faites sur les exigences de leur nature créée. De plus, la perfection divine, qu'il faut toujours consulter, car Dieu ne peut agir que « selon ce qu'il est », veut que Dieu n'agisse jamais que par des lois générales ; des volontés particulières sont indignes de lui ; il ne peut être assimilé à « un horloger appliqué à une montre qui s'arrêterait à tout moment sans son secours [3] » ; ses volontés doivent porter sur l'ensemble ; ce sont quelques lois « très simples et très fécondes » qui doivent présider à la succession des choses [4]. Mais alors, pour rendre compte de la multiplicité et de la diversité des effets, il faut un principe de multiplicité et de diversité, il faut des causes secondaires qui s'ajoutent aux lois générales,

---

1. *Entretiens*, VIII, 6 *id.* II, 12

2. « Les vérités ne sont que des rapports, mais des rapports réels et intelligibles. Il n'y a que les rapports qui sont entre les idées qui soient des vérités immuables, nécessaires, non les rapports entre les êtres, ni entre les êtres et les idées, ces derniers n'ont pu commencer avant que ces êtres fussent produits... car il n'y a point de rapports entre les choses qui ne sont point. » (*Méditation*, IV, 5.)

3. *Méditation*, VII, 21.

4. *Entretiens*, XII, 15.

les spécifient, les individualisent, introduisent dans l'uniformité première l'hétérogénéité qui caractérise l'univers et permettent, en même temps, à ces lois de rester générales [1]. Ces causes secondaires ce sont encore les objets, les créatures qui, ainsi, modifient les lois divines en réagissant sur elles, et déterminent les applications des volontés générales du créateur [2]. En ces objets il n'y a point d'efficace, mais l'indépendance qu'ils tiennent de leur nature créée ne leur donne pas moins un rôle, ne leur assigne pas moins une certaine causalité : ce sont eux qui fournissent à l'action divine l'occasion de se diversifier, de se particulariser; ils sont des « causes occasionnelles ». Les corps étant impénétrables, c'était leur choc qui devait servir de fondement aux lois générales des communications des

---

1. « Afin que la cause générale agisse par des lois ou par des volontés générales, et que son action soit réglée, constante et uniforme, il est absolument nécessaire qu'il y ait quelque cause occasionnelle qui détermine l'efficace de ces lois et qui serve à les établir. Si le choc des corps ou quelque autre chose de semblable ne déterminait l'efficace des lois générales de la communication des mouvements, il serait nécessaire que Dieu unît les corps par des volontés particulières. De même pour les lois de l'union de l'âme et du corps... de même dans l'ordre de la grâce. » *Traité de la nature et de la grâce*, p., 94.

2. « Dieu n'agit qu'en conséquence des causes occasionnelles qu'il a établies pour déterminer l'efficace de son action et c'est là la cause des irrégularités qui se rencontrent dans son ouvrage. Il n'y a que Dieu qui remue les corps, mais il ne les remue que lorsqu'ils se choquent et lorsqu'un corps est choqué. Dieu ne manque jamais de le remuer. » *Méd.* VI, 15. — « L'efficace des décrets immuables de Dieu n'est déterminée à l'action que par les circonstances des causes qu'on appelle naturelles et que je crois devoir appeler occasionnelles de peur de favoriser le préjugé dangereux d'une nature et d'une efficace distinguées de la volonté de Dieu et de sa Toute-Puissance. » *Entretiens*, VII, 2; — cf. *Ent.*, X, 17; XI, 12; *Médit.* VII, 15.

mouvements, « afin que la volonté de Dieu dans la nécessité du changement, changeât le moins qu'il était possible, afin qu'elle suivît constamment des lois simples et générales, afin qu'elle portât le caractère des attributs divins [1]. » Dans les lois de l'union de l'âme et du corps « Dieu est déterminé à agir dans notre âme de telle ou telle manière par les divers changements qui arrivent dans notre corps [2] » et, inversement, ce sont nos désirs, nos volontés qui l'amènent à donner à notre corps les mouvements appropriés. « Notre attention est la cause occasionnelle et naturelle de la présence des idées à notre esprit, en conséquence des lois générales de son union avec la raison universelle... et Dieu l'a dû établir ainsi dans le dessein qu'il avait de nous faire parfaitement libres et capables de mériter le ciel [3]. » Une telle initiative laissée aux êtres créés ne diminue en rien, selon Malebranche, la perfection divine; c'est l'acte même par lequel il crée les choses qui fait qu'il les connaît [4], et sa sagesse est si grande qu'elle fait rentrer dans son plan la liberté elle-même. « Dieu a voulu que nous fussions libres non seulement parce que cette qualité nous est nécessaire pour mériter le ciel pour lequel nous sommes faits, mais encore parce qu'il voulait faire éclater la sagesse de sa Providence et sa qualité de scrutateur des cœurs, en se servant aussi heureu-

---

1. *Méditations*, VI, 6.
2. *Entretiens*, XII, 5.
3. *Entretiens*, XII, 10.
4. « Dieu est à lui-même sa propre lumière ; il découvre dans sa substance les essences de tous les êtres et toutes leurs modalités possibles, et dans ses décrets leur existence et toutes leurs modalités actuelles. » *Entretiens*, VIII, 10.

sement des causes libres que des causes nécessaires pour l'exécution de ses desseins [1]. » Et, comme l'ordre qui s'impose à Dieu dans sa Providence n'est que l'ordre même de ses perfections, il s'ensuit que les différents genres d'êtres, que les différentes lois, loin de se gêner, de s'entremêler, s'ordonnent ensemble, s ehiérarchisent. Il y a comme une élévation de la nature vers Dieu à laquelle chaque cause contribue dans une mesure marquée par le degré même qu'elle occupe. « En obéissant à ses propres lois Dieu fait tout ce que font les causes secondes » [2], mais celles-ci « coopèrent avec lui [3]. » Il ne se contente pas, comme un vulgaire statuaire, de tirer une ficelle pour faire manœuvrer les êtres, il leur a donné le pouvoir de consentir à ses ordres, et « sa gloire en est accrue [4]. »

Les causes occasionnelles chez Malebranche, on le voit, pour être dépourvues de toute efficacité, n'en sont pas moins de vraies causes ; elles jouent un rôle dans l'évolution des choses. Qu'on ne vienne pas dire

---

1. *Entretiens*, XII, 10.
2. *Entretiens*, XIII, 9.
3. *Recherche de la vérité* 1ᵉʳ Éclaircissement, I, Éd. Bouiller, p. 291
4. *Réflexions sur la Prémotion physique*, XVIII, p. 158, éd. de 1715. — « Dieu a établi toutes les puissances, les causes secondes, les hiérarchies visibles ou invisibles immédiatement par lui-même ou par l'entremise d'autres puissances afin d'exécuter ses desseins par des lois générales, dont l'efficace soit déterminée par l'action de ces mêmes puissances. — Car il n'agit pas comme les rois de la terre qui donnent des ordres et ne font plus rien. Dieu fait généralement tout ce que font les causes secondes. La matière n'a pas par elle-même la force mouvante dont dépend son efficace et il n'y a pas de liaison nécessaire entre la volonté des esprits et les effets qu'elle produit. Dieu fait tout : mais il agit par les créatures parce qu'il a voulu leur communiquer sa puissance pour exécuter son ouvrage par des lois dignes de lui. » *Traité de la nature et de la grâce*, p. 350.

à notre philosophe qu'il supprime les causes naturelles, il répondra que, si elles ne sont plus productrices, efficaces, elles restent conditions nécessaires et qu'elles ne peuvent avoir d'autre sens [1]. Quant aux causes libres, il insiste sur la place très grande qu'elles occupent dans l'univers. Le physique, en effet, n'existe qu'en vue du moral ; loin de gêner la liberté, il devra donc se prêter à elle, et c'est par la liberté humaine que la Providence se justifie et de l'erreur et du péché. Il insiste tellement sur la part qui revient à l'agent libre dans la détermination de sa destinée qu'Arnaud pourra l'accuser de molinisme [2] et, d'une façon générale, il subordonne si franchement, en un sens, l'action divine à l'action des créatures que le grand reproche qu'on lui fera et que répétera Leibnitz, ce sera de « faire venir ce qu'on appelle *Deum ex machina* », et de « recourir proprement au miracle [3] », de ne pas soumettre assez l'univers et Dieu lui-même à des raisons intelligibles. On sait que de tels reproches Malebranche les repoussait. Sa foi religieuse lui posait des vérités qu'il développait avec le plus de force possible, montrant qu'elles ne contredisaient pas la perfection divine, sans chercher trop à établir comment elles s'accordaient avec elle. Bien qu'il ne craignît pas de consulter la nature divine, il la considérait toujours comme insondable [4] ; la sagesse de Dieu elle-même, selon lui,

---

1. Cf. *Méditations*, V, 15, 16, 17. *Recherche de la vérité*, Éclairc., XV, rép. à la 4ᵉ obj. Cf. Pillon. *Année philosophique*, 1894, p. 179.

2. Cf Bouiller. *Histoire de la philosophie cartésienne*. II, 104, 198.

3. *Système nouveau de la nature et de la communication des substances.*

4. « Je ne prétends pas expliquer le détail de la Providence par les différents rapports qui sont entre les attributs divins ; car la loi de

tout en se communiquant à nous, gardait pour nous ses mystères. Et, ce qui le distingue de ses prédécesseurs, nous l'avons déjà dit, ce qui donne à ses analyses un accent si original, c'est précisément cette insistance qu'il met à montrer partout, surtout dans la causalité, l'existence du mystérieux, du divin. « De bonne foi concevez-vous clairement quelque rapport entre l'action de votre Ly, quelle qu'elle puisse être ou entre sa volonté et le mouvement d'un fétu ? Pour moi, je vous avoue aussi mon ignorance : Je ne vois nul rapport entre une volonté et le mouvement d'un corps... Qui fait tout cela en moi et dans tous les hommes ? c'est un être infiniment intelligent et tout-puissant. Il le fait parce qu'il le veut. Mais quel rapport entre la volonté de l'être souverain et le moindre de ses effets ? Je ne le vois pas clairement ce rapport, mais je le conclus de l'idée que j'ai de cet être. Je sais que les volontés d'un Être tout-puissant doivent nécessairement être efficaces, jusqu'à faire tout ce qui ne renferme point de contradiction. Quand je verrai Dieu tel qu'il est, ce que ma religion me fait espérer, je comprendrai clairement en quoi consiste l'efficace de ses volontés [1]. »

Dieu prise tout entière est, comme je l'ai dit, incompréhensible à tout esprit fini. Mais je prétends que la raison et la foi donnent des preuves suffisantes pour accorder, en général, les attributs de Dieu avec sa conduite, et qu'on ne doit rien conclure contre cet accord, à cause de la difficulté ou de l'impossibilité même que l'on croit trouver à résoudre des objections que l'on y peut faire. Il faut, dans ces difficultés insurmontables, s'écrier comme saint Paul : O altitudo divitiarum sapientiæ et scientiæ Dei. » *Réflexions sur la prémotion physique*, XXI, p. 239. Cf. Lettres à Mairan. Cousin : *Fragments de philosophie cartésienne*, 314, 315.

1. *Entretien d'un philosophe chrétien avec un philosophe chinois.*

Il faut avouer, pourtant, que la profondeur du sentiment religieux de Malebranche, ses tendances mystiques, l'amenaient à rapprocher beaucoup Dieu et ses créatures, à les identifier presque. Entre Dieu et les êtres créés, il n'existe pas seulement, selon lui, un rapport de production, il existe aussi un rapport d'inhérence. Nous ne sommes pas seulement par Dieu, nous sommes aussi en lui. « Sa substance est tout entière, pour ainsi dire, partout où elle est et elle se trouve partout, ou plutôt c'est en elle que tout se trouve ; car la substance du Créateur est le lieu intime de la créature [1]. » L'omniprésence de Dieu, Descartes et les occasionalistes précédents l'expliquaient par l'extension infinie de sa puissance ; Malebranche trouve cette explication insuffisante. L'opération de Dieu, suivant lui, n'est pas séparée de son être. « Si l'acte par lequel Dieu produit ou conserve ce fauteuil est ici, assurément Dieu y est lui-même, et s'il y est, il faut bien qu'il y soit tout entier et ainsi de tous les autres endroits où il opère [2]. » L'immensité de Dieu, c'est sa substance même répandue partout, enveloppant toutes les existences réelles et toutes les existences possibles. Qu'il y ait, par suite, en nous une qualité, une perfection quelconque, et cette qualité, cette perfection ne sera qu'une expression, proportionnée à la limitation de notre être, de la perfection divine. Mouvements, actes dans la nature ne sont pas de simples affections, de simples modes, ils sont l'action même de Dieu. C'est pourquoi, on retrouve complètement transformé chez Malebranche cet argument contre la causalité tran-

---

1. *Entretiens*, VIII, 4.
2. *Entretiens*, VIII, 5. Cf. Pillon. *Année philosophique*, 1903, 23 sqq.

sitive sur lequel insistaient les autres occasionalistes antérieurs, à savoir : « que le mouvement comme tout mode est inhérent et propre au sujet dans lequel il se trouve et, par suite, ne peut être transporté dans un autre sujet. » Le mouvement, pour Malebranche, étant l'action même de Dieu, la difficulté qui s'oppose à sa production devient, comme on l'a vu, la suivante : « que les corps ne peuvent communiquer une force qu'ils n'ont point, qu'ils ne pourraient même communiquer quand ils l'auraient [1]. » De même, pour Descartes et ses successeurs, les idées existaient en nous, étaient des modes, sinon des actes de notre esprit; pour Malebranche, nos idées sont des communications immédiates de l'intelligence divine, notre connaissance intellectuelle est une vision en Dieu. Dieu est « la lumière qui l'éclaire lui et toutes les intelligences : car c'est dans sa propre lumière que vous voyez ce que je vois et qu'il voit lui-même ce que nous voyons tous deux [2]. » Tout ce qui est en notre pouvoir c'est de subir l'attrait de cette lumière ou de nous en écarter ; l'attention seule dépend de nous [3]. Aussi, dès l'apparition de la *Recherche de la Vérité*, Desgabets reprochera-t-il à Malebranche de ne pas admettre avec « l'illustre M. de

---

1. *Méditations*, V, 8.
2. *Entretiens*, VIII, 11, cf. *Recherche de la vérité*. Éclairc., rép. à l'obj. 1. Malebranche critique les cartésiens qui admettent « que notre âme pense parce que c'est sa nature... L'esprit de sa nature est capable de mouvements et d'idées, j'en conviens, mais il ne se meut pas, il ne s'éclaire pas. »
3. « L'attention de l'esprit n'est que son retour et sa conversion vers Dieu qui est notre seul maître et qui seul nous instruit de toute vérité par la manifestation de sa substance, comme parle saint Augustin, et sans l'entremise d'aucune autre. » Préface de la *Recherche de la vérité*.

Cordemoi » que c'est Dieu qui produit en nous à tout moment nos idées suivant nos perceptions, d'avoir même critiqué une telle conception[1]. Enfin, sans doute, l'activité qui est en nous Descartes et ses successeurs la soumettaient à l'impulsion divine, mais ils n'y voyaient pas, comme Malebranche, une participation du mouvement dont Dieu lui-même est animé. Nous tendons vers le bien, vers la perfection, parce que nous subissons et reproduisons, à notre façon, l'amour que Dieu a pour lui-même. Il n'est pas jusqu'au sensible qui exprime en la symbolisant et en la copiant la vie divine. Toutefois, un tel rapport d'inhérence n'est pas, pour Malebranche, un rapport d'identité. Il maintient entre Dieu et ses créatures, entre l'être infini et l'être fini, une différence de nature[2]. De plus, les êtres créés restent distincts les uns des autres, leur existence fait leur individualité. « Ce qui fait qu'un pied cube est distingué d'un autre, c'est son existence[3]. » Par suite, rien

---

[1]. Cf. *Recherche de la vérité*, l. III, ch. IV, voir plus loin, p. 214.

[2]. Cf. Pillon, *Année phil.*, 1894, p. 155-170, *id.* 1904, p. 87, sqq. et Brunschvicg : Spinoza et ses contemporains : *Revue de Métaphysique et de morale*, 1905, p. 692 sqq.

[3]. Correspondance de Malebranche et Mairan, Cousin. *Fragments de philosophie cartésienne*, pp. 313, 342. Cf. la réfutation de Spinoza par François Lami, un des disciples les plus fervents de Malebranche. « Cette proposition que tout ce qui est soit en Dieu et que rien ne puisse ni exister, ni être conçu sans Dieu est fausse au sens de Spinoza et il ne la démontre pas.

Je dis qu'elle est fausse au sens de Spinoza, car je sais qu'elle peut avoir un très bon sens. Il est certain que toutes choses sont éminemment en Dieu, et qu'elles ne subsistent qu'en Dieu ; parce que c'est de Dieu qu'elles tiennent leur être, leur accroissement ou leur conservation. Il est encore constant que rien ne peut exister sans Dieu : parce qu'il est indispensablement la cause efficiente de l'être et de toutes les manières d'être des créatures : et c'est seulement en ce

d'analogue entre son monde et celui de Spinoza. Les êtres ne sont pas les modes d'une substance une et ils ne se rattachent pas les uns aux autres en vertu d'un développement analytique ; ils constituent une multiplicité réelle, sous l'unité qui les pénètre, en fait la synthèse. S'il met tout en Dieu, Malebranche n'est pas

> sens si raisonnable que j'admets la proposition de Spinoza et je reconnois avec saint Paul, que c'est en Dieu que nous sommes et que nous vivons ; mais que toutes choses soient formellement en Dieu : que Dieu soit formellement étendu, et qu'enfin rien ne puisse être sans Dieu, parce que tout ce que nous connoissons d'êtres et de créatures ne sont ou que les attributs de Dieu ou que les manières d'être de sa pensée et de son étendue ! c'est un sentiment si extravagant... Spinoza ne le démontre nullement. Il ne fonde cette proposition que sur ce qu'il prétend avoir démontré que hors de Dieu il ne peut y avoir, ni on ne peut concevoir nulle substance ; et qu'ainsi les modes ne pouvant exister sans la substance, tout ce que nous concevons d'êtres ne sont que des modes qui sont en Dieu comme dans leur unique sujet. » Mais cette prétention est nulle. Il ne faut pas confondre distinction et différence. « Deux choses se peuvent distinguer réellement les unes des autres sans qu'il y ait aucune diversité ni dans leurs perfections essentielles ni dans leurs accidentelles, car il ne faut pas confondre la distinction des choses avec leurs différences... Il est vrai que ce qui différencie les choses ne peut être que la diversité ou de leurs attributs ou de leurs accidents. Mais elles peuvent être distinctes réellement les unes des autres sans aucune diversité ni dans les attributs, ni dans les accidents. Que si l'on demande par quoi donc elles sont distinctes les unes des autres. Je répons que c'est par leur propre être et en ce que l'être de l'une n'est pas l'être de l'autre. Est-ce que Dieu ne peut pas produire deux perles si semblables que non seulement les hommes n'y pourront découvrir nulle différence ; mais même qu'il n'y en aura aucune ni dans leur essence, ni dans leurs accidents ? Est-ce que ces deux perles ne seront pas alors tellement distinctes l'une de l'autre, qu'elles pourront être séparées par des espaces immenses et même que l'une pourra être anéantie pendant que l'autre subsistera ? » *Nouvel athéisme renversé ou réfutation du système de Spinoza par un religieux bénédictin*, 1606, in-12, pp. 270, 288.

panthéiste¹. S'il amoindrit les créatures, c'est pour mieux fixer la place qu'elles tiennent et le rôle qu'elles jouent, ce n'est pas pour les supprimer. Ce qu'il ne voulait pas qu'on divinise, il ne pouvait pas l'identifier à Dieu. Il était difficile, d'ailleurs, qu'en établissant entre les êtres des rapports tout autres que ceux d'identité, il puisse les réduire les uns aux autres, les confondre. Le concept de cause occasionnelle est lié, en effet, à celui de discontinuité. Il ne se trouve pas chez Spinoza qui établit dans l'univers une continuité géométrique et absolue ².

1. Cf. p. 251. *Jugement de Leibnitz sur Malebranche.*
2. L'union de l'âme et du corps n'implique pas, chez Spinoza, comme chez les occasionalistes une relation entre deux substances différentes ; c'est seulement une relation entre deux expressions originales d'une même substance. Il peut y avoir concordance comme dans le développement de deux séries parallèles, il n'y a pas réciprocité d'action et les deux chaînes mentales et corporelles sont indépendantes. Cf. plus haut, p. 99, 121.

CHAPITRE X

L'OCCASIONALISME EN DEHORS DE MALEBRANCHE. LES CRITIQUES DE CORDEMOY ET DE DE LA FORGE

Bien que Malebranche fût devenu, en France du moins, le représentant en vue de l'occasionalisme, bien que ce fût lui qui attirât surtout l'attention des penseurs, il ne fit pas, cependant, la loi dans l'école cartésienne. Il eut ses disciples, ses admirateurs, mais ce n'était pas lui qui avait créé le courant, il existait, et plus d'un cartésien, gardant son indépendance, interpréta les causes occasionnelles à sa façon. Il y eut même une réaction contre les tendances mystiques qu'il avait données à la théorie et par lesquelles, nous le savons, il se distinguait de ses prédécesseurs.

Nous avons déjà noté[1] que Desgabets reproche à Malebranche, qu'il admire pourtant et qu'il défend, de mettre les idées en Dieu, de ne pas suivre sur ce point les indications de Cordemoy[2]. C'était avec Dieu que Malebranche

---

[1]. P. 210.

[2]. « Il (Malebranche) ne dit qu'un petit mot pour réfuter l'opinion qui soutient que Dieu produit en nous à tout moment, autant de nouvelles idées que nous apercevons de choses successivement, et il en parle comme s'il n'y avoit aucune difficulté en cela. Cependant c'est cette manière qui me paroit indubitable et qui est la même que celle

voulait que nous fussions immédiatement unis ; l'union avec le corps n'était, selon lui, qu'accidentelle en nous et secondaire. Desgabets considère, au contraire, l'union de l'âme et du corps comme essentielle. Pensée et mouvement, esprit et corps sont, sans doute, de natures opposées, mais notre pensée, une et indivisible en elle-même, ne devient successive que par le mouvement, que par la succession qui est dans les états du corps, et, par suite, telle qu'elle se manifeste dans ses différentes opérations, elle dépend absolument du corps, elle est enchaînée aux sens. Et comme notre volonté, bien qu'elle soit libre, ne peut s'exercer que si des représentations lui sont offertes, il vient que le corps se trouve placé comme un intermédiaire nécessaire entre Dieu et nous. Dieu est la cause universelle et totale, Desgabets l'affirme avec Malebranche et ses prédécesseurs ; comme eux, il n'admet pas de causalité efficiente dans les êtres

qui dépend de l'action du corps et des sens. On peut fonder cette opinion sur le principe de l'auteur même qui a été fort bien expliqué par l'illustre M. de Cordemoy, et que je ne toucherai qu'en un mot. On prouve donc que la nature du mouvement et du repos étant bien examinée, les corps ne se meuvent pas proprement l'un l'autre, et que Dieu n'est pas moins Moteur unique que Créateur. Tout ce que font les corps et même les anges et les âmes, c'est de déterminer et changer le cours des mouvements qui sont déjà dans le monde et qui n'augmentent ni ne diminuent jamais dans le total de la matière. Or cela étant supposé, et tous les mouvements étant regardés comme procédant de la souveraine puissance de Dieu, il est vrai en toute rigueur, que c'est le sens ou le corps qui nous donnent nos idées, ou plutôt que c'est lui qui les donne par les sens, c'est-à-dire par le mouvement de nos organes. » *Critique de la critique de la Recherche de la vérité.* Paris, 1675, pp. 210, 211. cf. *le Traité de l'Union de l'âme et du corps* publié par Lemaire dans son étude sur Desgabets cf. plus haut, p. 172, la critique que Desgabets fait de l'argumentation de Cordemoy.

créés et croit que quand il y a action efficace, il y a intervention divine ; mais il veut que l'influence de Dieu, directe sur le monde, soit indirecte sur notre volonté [1]. Ce n'est pas une union mystique qui nous unit à Dieu, c'est « une union très physique qui établit entre lui et nous un commerce admirable de lumières [2]. » Il n'y a pas des mondes différents qui obéissent à des actions distinctes et se superposent et se préparent, il n'y a plus qu'un seul monde dont les lois se commandent, quels que soient les êtres, d'autant plus que Dieu est encore conçu à la façon de Descartes, comme l'auteur des vérités, comme n'étant astreint à aucun ordre, comme fixant lui-même par ses décisions immuables les relations des choses.

Régis qui, au témoignage de Leibnitz, ne fait souvent que reproduire Desgabets [3], interprète dans le même sens que lui l'occasionalisme. Il critique, lui

---

1. « Dieu donne et excite en nous les sensations par l'action des choses extérieures et par le mouvement de nos organes, en tant que tout cela est entre les mains de Dieu comme un moteur unique, la volonté supposant des idées qui sont données par le corps, et, par suite, également entre les mains de Dieu » in Cousin : *Fragments de philosophie cartésienne* (éd. 1852 in-12, p. 135). *Mémoires sur une séance d'une société cartésienne et sur le cardinal de Retz cartésien* cf. *Critique de la critique*, p. 126, 131-199.

2. « Lemaire, *op. cit.*, p. 101, cf. *Critique de la critique*, p. 199. »

3. « Depuis peu M. Régis lui (Huet) a répondu là-dessus et n'a presque rien dit à mon avis que ce que Dom Robert des Gabets.. » Lettre à Foucher, 30 mai 1691. Une lettre de Dom Claude Paquin, jointe aux manuscrits de Desgabets, apprend que Régis avait été très bien avec ce dernier et avait beaucoup profité de ses lumières et de sa méthode. Régis dans son *Usage de la foi et de la raison*, liv. III, chap. XXII, appelle Desgabets un des plus grands métaphysiciens du siècle. cf. Bouillier. *Histoire de la Philosophie cartésienne*, I, 531 et Lemaire. *op. citat.*; cf. plus haut p. 156.

aussi, la théorie de la vision en Dieu de Malebranche. Ce qu'il lui reproche surtout, c'est d'établir entre Dieu et l'âme une union dont on ne peut se faire aucune idée. Si Dieu est uni à l'âme ce ne peut être « que de cette union qui se trouve entre la cause, et son effet ; qui est telle que l'effet dépend de sa cause, mais la cause ne dépend pas de l'effet. C'est pourquoi si Dieu est uni à l'âme, ce n'est qu'en tant qu'il la crée, qu'il la conserve qu'il produit en elle toutes ses idées et toutes ses sensations en qualité de cause première ou en tant qu'il est la cause exemplaire de l'idée que l'âme a de l'être parfait [1]. » De plus, dire qu'on voit tout en Dieu, c'est admettre que tous les êtres sont renfermés en Dieu ; or, ni la simplicité divine, ni le caractère singulier et déterminé de son être ne permettent d'accepter une telle conception. « Dieu ne peut être tout être ou l'être universel, qu'en tant qu'il est la cause efficiente médiate ou immédiate de tous les êtres [2]. »

Si donc Dieu est le principe de notre connaissance, ce ne peut être qu'en produisant en nous telle ou telle idée ; si nous voyons par Dieu, nous ne voyons pas en lui : l'effet est toujours distinct de sa cause. Comme Desgabets, Régis admet que toute pensée a sa condition dans le corps, car la seule manière qu'on puisse concevoir que notre âme lui soit présente, lui soit unie, c'est qu'elle ne pense que par lui [3]. L'idée même de Dieu, bien que nous étant innée, ne se manifeste à notre esprit, qu'à l'occasion des signes sensibles aux-

---

1. *Système de Philosophie*, *Métaphysique*, Livre II, Partie I, chap. XIV, p. 185.
2. *Système de philosophie*, I, p. 187.
3. *Id. Mét.*, l. II, partie II, ch. VIII, p. 131.

quels elle est attachée¹. » Par suite, comme « la puissance de vouloir n'est qu'une suite de celle de connaître », toute action de Dieu sur nous est indirecte ; nous ne recevons pas directement le mouvement de Dieu, nous ne suivons que celui qu'il imprime au monde ; notre consentement, qui est libre, ne porte pas sur des sollicitations divines immédiates, mais sur les impressions externes. Il ne saurait d'ailleurs y avoir d'exception pour notre volonté. « Dieu dans l'ordre de la nature n'agit point immédiatement par lui-même, mais par des causes secondes, sans quoi il faudroit admettre en Dieu autant d'actions différentes qu'il y auroit d'effets particuliers qu'il produiroit ce qui répugne à la simplicité de la nature divine². » On conçoit l'action immédiate de Dieu sur les substances dont l'immutabilité, l'indéfectibilité exprime l'immutabilité de la volonté divine, mais on ne la conçoit pas sur « les êtres modaux » sujets au changement. Le changement doit rester étranger à Dieu. « Lorsque je fais réflexion que Dieu, étant immuable, ne peut agir que par une volonté très simple, je vois bien que la succession qui se rencontre dans les choses modales ne peut venir immédiatement de lui et que, par conséquent, elle doit procéder des causes efficientes secondes³. » Ces causes efficientes secondes, dépendant ainsi immédiatement les unes des autres, ne peuvent plus, semble-t-il, porter le nom de causes occasionnelles, et Régis repousse une telle dénomination. « Je dis des causes efficientes secondes et non pas des causes efficientes occasionnel-

---

1. *Métaphysique*, livre II, partie I, ch. IV.
2. *Id. Mét.*, livre II, partie II, ch. VI.
3. *Id. Mét.*, livre I, partie I, 6ᵉˢ réflexions.

les, parce que les causes occasionnelles paroissent répugnantes à l'idée de Dieu; car si, par causes occasionnelles, j'entends des causes qui déterminent Dieu à produire quelque effet qu'il ne produiroit pas, si ces causes ne luy en donnoient occasion d'elles-mêmes et sans qu'il les ait prévenues, cela suppose en Dieu une indétermination qui est incompatible avec son immutabilité ; et si j'entends des causes qui déterminent la volonté de Dieu qui est d'elle-même générale, cela suppose encore le même défaut. Je ne diray donc point que les causes secondes sont des causes occasionnelles[1]. » Conséquent avec lui-même, Régis aurait dû considérer l'ensemble des relations des causes secondes, comme fixé, déterminé une fois pour toutes par l'action divine. L'immutabilité divine qui rend immuable la nature des substances doit se manifester dans leurs modes par un enchaînement rigoureux, puisque les volontés de Dieu sont toujours générales et que les causes secondes n'ont plus, semble-t-il, le privilège de modifier, en tant qu'occasions, de telles volontés. Régis, cependant, ne va pas jusque-là, et, dès lors, reste attaché en fait aux causes occasionnelles, telles que Cordemoy et de la Forge les avaient exposées. « Bien que Dieu, dit-il, soit la cause première de tous les mouvements qui se font dans le monde, en tant qu'il produit immédiatement la force mouvante de laquelle ils dépendent, nous ne laisserons pas pour cela de reconnoître que les corps et les âmes sont les causes secondes de ces mêmes mouvements, en tant qu'ils font que Dieu meut certains corps qu'il ne mouvroit pas, ou qu'il dé-

---

1. *Id. Mét.*, livre I, partie I, 6ᵉˢ réflexions.

termine leur mouvement de quelque nouvelle manière...
Nous retiendrons donc cette façon de parler, mais à
cette condition que quand nous dirons qu'un corps en
meut un autre, nous n'entendrons autre chose si ce
n'est que Dieu se sert de la rencontre, et de l'impénétrabilité de ce corps pour en mouvoir un autre qui
estoit en repos ; de même quand nous dirons qu'une
âme meut son corps, cela ne signifiera autre chose, si
ce n'est que Dieu, suivant le décret de l'union du corps
et de l'esprit, meut ce corps comme l'âme désire qu'il
soit mû, d'où il s'ensuit que les âmes ne peuvent contribuer à mouvoir leurs corps que par leur désirs, ni
les corps à faire mouvoir d'autres corps, que par leur
impénétrabilité [1]. » Sans doute au terme de cause occasionnelle, il substitue celui de cause instrumentale [2],
mais, comme le fait remarquer Gousset [3], il y a là plutôt une substitution de nom que de chose, puisque ces
causes instrumentales continuent à avoir le sens et à
jouer le rôle des causes occasionnelles, telles que Cor-

---

1. *Id. Physique,* livre I, partie II, ch. VI, p. 310.

2. « Quand je considère encore que le corps et l'esprit n'agissent l'un sur l'autre que par l'action même de Dieu, je suis obligé de reconnoître que les causes secondes n'ont point de causalité propre, et que tout ce qu'elles peuvent contribuer à la production des effets, c'est d'être comme les instruments dont Dieu se sert pour modifier l'action par laquelle il produit ces effets. » *Mét.*, livre I, partie II. Septièmes réflexions métaphysiques, n° 2.

3. « Cœterum Regis ab utroque Forgio et Malebranchio discrepat de causis occasionalibus. Probat enim et id optime, infra Dei dignitatem esse talium causarum usum. Sed, si dicamus quod res est, Regis de verbo tantum ab iis discrepat, in re enim eodem recidit cum illis, ut causa secunda nihil tandem sit nisi causa sine quâ non. » *Op. cit.*, n° 38, p. 64. Delelevel fait la même remarque, p. 122, 123 de son livre. *La vraie et la fausse métaphysique où l'on réfute les sentiments de M. Regis...* in-16, Rotterdam, 1694.

demoy et de la Forge les avaient définies. Il lui était difficile, d'ailleurs, de répéter aussi souvent et exactement ces auteurs qu'il le fait [1] et de ne pas leur rester fidèle. Il s'inspire d'eux, à la suite de Desgabets, se tenant dans un courant qui gardait son indépendance, malgré l'action envahissante d'un génie comme celui de Malebranche.

C'est certainement à de la Forge que se rattache Jean Robert Chouet, qui enseignait l'occasionalisme à Genève, ayant pour élève celui qui devait prendre la défense de cette doctrine contre l'harmonie préétablie de Leibnitz, l'auteur du Dictionnaire, Bayle [2]. Chouet avait connu de la Forge à Saumur, pendant les années mêmes de la publication de ses ouvrages, de 1664 à 1666. Aussitôt nommé professeur de philosophie à l'académie de cette ville, il se félicitait d'avoir fait la connaissance lui, cartésien, d'un cartésien aussi éminent ; et, jeune encore, il ne put que se prêter à son action et la subir [3].

1. Régis avoue qu'il s'est plus d'une fois contenté de copier ceux qui l'ont précédé : « Je ne me suis point arrêté scrupuleusement à ce que les autres ont écrit, comme, d'autre part, je n'ai pas négligé le secours que j'ai pu tirer de leurs ouvrages qui me sont tombés entre les mains : je me suis servi de leurs pensées jusques à rapporter leurs propres termes lorsqu'ils ont pensé conformément à mes principes; » *op. cit.*, préface. Malebranche appréciait fort mal Régis. « M. Régis a fait imprimer sa philosophie. La métaphysique, la morale et la logique sont pitoyables pour un cartésien ; et dans sa physique où il ramasse ce qu'ont dit les autres, il fait souvent un fort méchant choix ; en un mot ce n'est pas grand'chose. » Lettre à l'abbé B... 7 décembre 1690, Blompignon, *op. cit.*, p. 7.

2. Bayle, *Dictionnaire historique et critique*, article Rorarius, note H.

3. Cf. J. de Budé. *Vie de Jean Robert Chouet*. Genève, 1899, ch. II, III, V; et J. Prost. *La philosophie à l'académie protestante de Saumur* 1907. Voici ce que Chouet écrivait à un de ses correspondants, le proposant Sarrazin, qui lui avait demandé des éclaircissements sur plu-

Et ainsi, si on considère le grand nombre d'étudiants étrangers qui suivaient les cours des académies de Saumur et de Genève, de la Forge se trouve avoir été, soit par lui-même [1], soit par Chouet, le véritable pro-

sieurs questions, notamment sur celle des rapports de l'âme et du corps. « Il est temps, monsieur, de venir aux autres questions, la seconde en touchant l'action des esprits sur les corps et celle des corps sur les esprits. Il est vray qu'un esprit ne pouvant agir que par la pensée puisque nous ne connoissons en luy aucun autre attribut et le corps n'agissant que par son mouvement, nous ne sçaurions concevoir que la pensée de celuy-là naturellement et par elle-mesme puisse agir sur celuy-ci, ou que le mouvement d'un corps naturellement et par luy-mesme puisse opérer sur un esprit. C'est pourquoy quand un esprit finy quel qu'il soit agit sur un corps ou un corps sur un esprit, nous devons penser que cela procède de la volonté ou de l'institution de l'Autheur de la nature. Par exemple, nostre âme par sa volonté meust nostre corps ou plustost en détermine le mouvement (car nous sommes assez convaincus par l'expérience qu'elle ne produit mesme aucun nouveau mouvement en nous, mais qu'elle règle seulement celuy qui y est) et nostre corps par ses mouvements excite ou resveille diverses perceptions dans nostre âme non par aucune façon naturelle que nous recognoissions en eux pour agir ainsi l'un sur l'autre mais parce que Dieu le veut ainsi et parce qu'il a fait cette loy que *toutes les fois que l'âme auroit certaines pensées il en naîtroit tels ou tels mouvements dans le corps, et que toutes les fois que le corps auroit certains mouvements l'âme en recevroit dans le mesme moment de certaines pensées*. Et ce n'est qu'en ceste liaison des mouvements du corps et des pensées de l'âme que consiste l'union admirable de ces deux parties. Voilà à mon advis comme il faut concevoir la chose ce qui n'empesche pourtant point que nous ne disions qu'un esprit agit véritablement sur un corps et un corps sur un esprit quoyque cela dépende de la volonté et de l'institution de Dieu, outre que dans les sciences après avoir estably la vérité nous devons toujours parler selon l'usage sans nous faire un langage particulier du moins autant que nous le pouvons. » Ce passage est extrait d'une lettre inédite conservée dans les archives Tronchin, à Bessinges (Suisse) et que M. E. de Budé, le savant biographe de Chouet, a bien voulu nous communiquer.

1. Cf. plus haut p. 154, note 1.

pagateur à l'étranger de la théorie des causes occasionnelles.

De la Forge et Cordemoy ont même eu l'honneur de rester, malgré la gloire de Malebranche, l'objet de critiques spéciales. Sans doute, Fontenelle néglige de les citer dans son livre : *Doutes sur le système des causes occasionnelles*, mais il avoue lui-même n'être pas très renseigné sur les divers représentants de la doctrine qu'il attaque, ne faire « sur son histoire telle qu'il la devine que des conjectures assez vraisemblables [1] », et le P. François Lami, qui lui répondra, remarquera, en effet, « qu'on pourroit peut-être avec quelque justice trouver quelque chose à redire aux chapitres où il fait l'histoire des causes occasionnelles [2]. » De Villemandy dans son *Traité de l'efficace des causes secondes* [3], mieux informé, ne commet pas le même oubli. Il voit dans de la Forge le fondateur de l'occasionalisme. Mais

1. Fontenelle. *Doutes sur le système physique des causes occasionnelles*. Rotterdam, ap. Abraham Archer, 1686, in-12 ; ch. II. « M. Arnauld, écrit Bayle, ne fut pourtant point sans consolation dans sa déroute. Car outre que son parti criait toujours victoire, il lui vint un nouveau renfort des deux partis contraires de la chrétienté ; M. de Villemandi du côté des hérétiques, et M. de Fontenelle, du côté des orthodoxes, se déclarèrent contre le P. Malebranche ; le premier dans son livre de *l'Efficace des causes secondes*, et l'autre dans ses *Doutes sur le système des causes occasionnelles*. » Villemandy était un ancien professeur de l'académie protestante de Saumur où il remplaça, en 1669, Chouet contre lequel il avait inutilement concouru en 1664. En 1683, il se retira à Leyde où il devint recteur du collège vallon. Bayle rend compte de ces deux livres dans ses *Nouvelles de la République des Lettres*, Œuvres diverses, Lahaye, 1727, t. I, p. 597, 622.

2. Dom François Lami, bénédictin. *Lettres philosophiques sur divers sujets importants* in-12, Trévoux, 1703. Livre VI : Éclaircissements sur un petit Traité intitulé : *Doutes sur le système physique des causes occasionnelles*, p. 240.

3. Leyde, 1686, in-12.

comme il affirme que Malebranche, tout en continuant son prédécesseur, a donné à la doctrine sa forme complète [1], il absorbe la discussion de son argumentation dans celle du système du grand oratorien. Toutefois, certaines raisons alléguées par Cordemoy lui semblent originales et il croit devoir et les rapporter et les soumettre à un examen particulier. Nous transcrirons ces observations de Villemandy, non à cause de leur valeur, mais seulement parce qu'elles font bien ressortir le réalisme vulgaire et le défaut d'esprit critique qui inspiraient les adversaires « des nouveaux philosophes. »

Il vient d'examiner la théorie de Malebranche et il ajoute, « je ne pense pas que nous ayons rien omis de tout ce que le père Malebranche allègue dans ses écrits pour prouver qu'ils (les corps) n'en ont point (d'efficace)… Pour les autres partisans des causes occasionnelles, ils n'ont rien non plus, qui, après ce que nous avons établi puisse faire de la peine.

« Quelques-uns, par exemple, nous disent que lorsqu'un corps en chasse un autre, B, par exemple, chasse C, si l'on examine bien ce que l'on reconnoît de certain en cela, on verra facilement que B était mû, qu'il a rencontré C, lequel étoit au repos, et que, depuis cette rencontre, le premier cessant d'être mû, le second

---

[1]. « Voilà quelle est sa pensée. Au reste il a fait tant d'efforts pour l'établir, on la rencontre en tant d'endroits de ses ouvrages, il a ramassé avec tant de soin tout ce qu'on peut alléguer pour l'éclaircir, la colorer et la défendre, qu'il n'est guère possible d'y rien ajouter. C'est pourquoi ayant formé le dessein de la proposer dans toute son étendue, avec ses fondements, ses circonstances et d'emporter notre jugement, nous avons pris de lui tout ce que nous en avons proposé. » *Op. cit.*, ch. III, p. 22.

a commencé de l'être. Mais que l'on reconnoisse que B donne du mouvement à C, cela n'est qu'un préjugé de ce que nous ne voyons que ces deux corps et que nous avons accoutumé d'attribuer tous les effets qui nous sont connus aux choses que nous apercevons sans prendre garde que souvent ces choses sont incapables de produire de tels effets. » (De Cordemoy : *Traité du discernement de l'âme et du corps*, Dis. IV°.) Mais il n'y a rien là à quoi nous n'ayons répondu. Les sens ne nous représentent pas seulement que ces deux corps se rencontrent, et que le mouvement du second succède à celui du premier, comme on le prétend, mais de plus qu'il en procède, comme de son origine, en vertu de leur rencontre : tellement que si le premier et le second de ces deux points sont véritables, ainsi qu'on l'avoue, et ne sont point des préjugés, le troisième ne l'est pas non plus, car les sens le représentent avec même évidence que les autres. De plus, quand les sens ne le représenteroient pas avec la même évidence, la raison nous l'enseigne clairement, en faisant réflexion là-dessus. Elle voit qu'un corps est mû, qu'il en rencontre un autre, qu'il le choque avec impétuosité, qu'ensuite de ce choc cet autre se meut aussi ; que le mouvement du premier est une action, qui lui est imprimée de la part de la première cause (car on avoue que mouvoir est agir), après cela peut-on douter que le mouvement du second n'en vienne comme d'une véritable cause ? Il faut qu'il n'y ait rien de véritable, d'évident et de certain au monde, si cela ne l'est pas.

« On dit encore (Cordemoy), que si on détache le premier corps de la cause qui le meut et qu'on ne considère que son mouvement, ce n'est qu'un certain état à son égard, et que l'état d'un corps ne passe point dans un autre ; que, de plus, lorsque le second corps commence à se mouvoir, souvent le premier est au repos, et qu'ainsi il ne peut mouvoir le second. Mais ces raisons ne sont que de petites subtilités, lesquelles, pour peu qu'on les considère, s'évanouissent aussitôt. Un état permanent et fixe, tels que sont le repos, la situation, la figure et semblables, ne passent point immédiatement d'un sujet à un autre ; mais il n'en est pas de même du mouvement qui est une qualité transitoire et passagère. Il peut passer du sujet où il est, dans un autre, non pas à la vérité absolument le même qui est dans ce sujet, mais un autre pareil qui procède de lui. Il n'y a pas là de difficulté, l'expérience le montre tous les jours. Au reste, lorsqu'il passe, nous ne prétendons pas qu'il le fasse sans le concours de la première cause, si bien que le corps, qui le transmet, agisse sans son influence, parce que comme c'est elle, qui, la première, l'a produit, c'est elle aussi qui opère principalement dans sa transmission. Et nous admettrons volontiers dans ce sens, l'axiome, sur lequel on fait un si grand fonds, c'est assavoir : Qu'une action *ne peut être continuée que par l'agent qui l'a commencée.* Mais nous soutenons aussi à l'opposite, que ce concours une fois posé, il peut passer. Nous n'avons garde de détacher le corps, qui en pousse un autre, de la première cause qui le meut, et si on le faisoit, nous ne doutons nullement que son mouvement ne demeurât sans vertu, comme on le dit, et que, de plus il ne s'éteignît incontinent ; car quelle cause seconde peut rien exécuter sans le secours de la première, dont toutes les autres ne sont que des instruments ? nous n'avons garde, dis-je, de l'en séparer : mais supposons, comme nous le faisons, qu'il lui est sous-ordonné, et en est incessamment mû, nous soutenons hardiment qu'il peut transmettre réellement son mouvement à un autre. Et il ne faut point qu'on réplique que souvent il est déjà en repos, lorsque l'autre commence à se mouvoir, et que pour cette raison on ne peut pas dire qu'il agisse physiquement dans cette communication. Car la communication se fait précisément dans le moment du choc ; or, il est incontestable qu'il se meut encore dans ce moment puisqu'il presse l'autre corps, et le chasse de son lieu. Si les défenseurs des causes occasionnelles, n'ont d'autres raisons pour ôter aux corps leur efficace, ils ne feront rien du tout. Ils nous justifieront bien par là qu'il y a bien des causes qui s'imaginent faire des merveilles, et dans le fond n'ont aucun effet, mais que toutes soient de cet ordre, ils ne le montreront jamais [1]. » Villemandy rappelle également [2] l'argument que Cordemoy et que tous les occasionalistes à sa suite, avaient invoqué contre la puissance efficace des esprits, à savoir que ce qui ne connaît pas les conditions de son acte, et c'est le cas de l'esprit humain, ne peut être cause productrice de cet acte, et il le réfute d'une façon analogue. Pour lui, la causalité, dans quelque être qu'elle se trouve, doit toujours avoir pour caractère essentiel, l'efficacité, la transitivité [3], fût-elle même dérivée, comme chez

1. *Op. cit.*, ch. IX, pp. 157, 158.
2. *Op. cit.*, ch. X, p. 180.
3. « Il (Villemandy) établit qu'une cause, pour être véritable, doit avoir ces trois caractères : 1° qu'elle contienne en soi de quelque

l'homme et dans les corps. Il en appelle aux sens et à l'expérience, que les défenseurs des causes occasionnelles invoquaient, eux aussi ; mais, tandis que ceux-ci, en vrais disciples de Descartes, ne demandaient à ces modes de connaissance que ce qu'ils peuvent fournir, recherchaient ce qu'il y a de véritablement clair et évident dans leurs données, leur adversaire s'en tient aux informations brutes d'une expérience à laquelle il donne pour objet une abstraction réalisée [1].

Cordemoy n'est pas cité dans le livre de Gousset [2], mais de la Forge y tient une grande place : Gousset le considère comme le réel fondateur de l'occasionalisme, à l'exclusion même de Descartes, dont il cherche par des citations nombreuses, à faire un partisan des causes efficaces et transitives, se donnant ainsi le

manière que ce puisse être, l'effet qu'elle doit produire ; 2° qu'elle ait une telle proportion avec son effet qu'on voie évidemment qu'il en puisse venir 3° qu'elle agisse dans quelque occasion et par quelque mouvement déploie sa vertu... Un corps ne peut mouvoir un autre, peut agir sur un esprit non pour lui faire venir des pensées, mais pour le déterminer à telle ou telle pensée. Un esprit peut agir sur un autre esprit et même sur un corps. » (Bayle, *op. et loc. citat.*)

1. Cf. le jugement de Bayle sur le livre de Fontenelle. « La querelle des deux premiers philosophes du monde (Arnauld et Malebranche) a été l'occasion de cet ouvrage. Il avoit examiné mûrement cette question, et il avoit trouvé de grandes commodités et beaucoup de magnificence dans les causes occasionnelles, si bien qu'encore que ses sens et l'imagination l'entraînassent dans le parti opposé, la raison sembloit le vouloir conduire dans l'autre. Mais enfin la conclusion a été presque comme dans le sonnet d'Uranie : la raison a été d'accord avec les sens, si elle ne l'a plus engagé dans le système commun, elle l'a du moins confirmé dans tous ses doutes à l'égard des nouveaux principes des cartésiens » (*op. et loc. cit.*)

2. *Causarum Primæ et secundarum realis operatio, rationibus confirmatur et ab objectionibus defenditur. De his apologia fit pro Renato Descartes a Jacobo Gusselio in Epistola ad celeberrimum Dominum Hautecurtium scripta*, Leovardiæ, 1716, cf. plus haut, p. 130.

droit de reprocher à ses successeurs d'être des disciples infidèles [1]. Dans sa critique il part de ce principe que toute conception, si rationnellement fondée parût-elle, ne vaut qu'autant qu'elle est confirmée par l'expérience et qu'elle est conforme à l'enseignement de la religion. Or, la conception de de la Forge a le double défaut : d'être contraire aux faits qui manifestent la présence dans les corps d'une force efficace, et d'être en opposition avec la religion : si, en effet, l'homme n'est pas cause, le péché devient imputable à Dieu et la gloire divine se trouve diminuée, puisque le monde prend alors une moindre valeur ; une horloge que fait mouvoir un horloger est moins parfaite qu'une horloge qui marche toute seule [2]. L'occasionalisme est donc faux, et sa fausseté prouve qu'on ne peut, avec son fondateur, considérer les corps comme étendue pure, ni les esprits comme identiques à la pensée. Il faut, à la suite de Descartes, maintenir dans les concepts des êtres : corps et esprits, l'activité motrice. Celle-ci fait partie intégrante de ces concepts [3]. Et, faisant remarquer que toutes ces objections, qu'il avait faites à de la Forge, au moment même où ce dernier jetait les fondements de son système, n'avaient pu le convaincre, qu'il était resté dans son livre,

1. *Op. cit* p. 23, n° 16. Il cite de Descartes, les passages *Principes*, II, 36, 38, 40, 42, 50. *Lettre*, 72, II, etc.
2. Cf. n° 10, p. 15.
3. Cæterum de mea cum Forgio meo concertatione superesse protest scrupulus quod vim motricem, qualis corpori tribui solet fore substantiam ipse probasse in colloquio videatur. Et inde sequi, si vis motrix ab uno corpore in aliud transit, fore creationem. At inquam, ea in corpore est ut accidens ejus. Nam includit in conceptu suo Ideam extensionis, aeque ac transitus ex una cogitatione in aliam, ideam cogitationis (n° 20, p. 43, cf. appendice 7, p. 209).

malgré quelques concessions dans les expressions, fidèle à ses premières idées, il conclut à la faiblesse de l'esprit humain, à son impuissance de se faire une idée complète de la réalité. La puissance de Dieu, dit-il, en s'appuyant sur Descartes lui-même, dépasse notre intelligence [1]. D'où la nécessité de faire appel à l'enseignement de la religion et le tort de de la Forge serait de ne pas avoir reconnu cette nécessité, d'avoir voulu être seulement philosophe [2]. Mais n'était-

1. His ergo ab utraque parte consideratis adducor, non profecto ut sententiam mutem sed tantummodo ut credam, tunc cum objectiones reali causalitati creaturarum oppositas solvere nequimus, difficultatem provenire ex nobis homuncionibus, non ex causæ quam defendimus imbecillitate. Nimirum nos quamvis naturas corporum spirituumque satis distincte ac complete cognoscamus, non novimus tamen nisi inadæquate, prout monet sapiens Cartesius (Responsio IV, p. 121; hoc, est, eodem explicante, nescimus id quod Deus potest potuisse in re amplius quam id quod nos in ea cognoscimus quod quisquis scire se adæquate præsumpserit, is præsumat oportet se sua vi cognoscendi adæquare infinitam Dei potestatem, ut ex eodem Cartesii loco colligitur. Huic monito magistri vere φιλοσοφοθεολογικῳ hærens ego... » (n° 11 p. 16).

2. Aux objections théologiques de Gousset, de la Forge avait répondu « se philosophum esse non vero Theologum... » et lui Gousset avait répondu à son tour : « Reposui vero, nos ita philosophos esse ut christiani sumus et scripturæ sacræ (monente Cartesio nostro) tanquam divinæ supraque omnia certæ, fidem habeamus » (n° 9 p. 9). Dans son *Traité de l'Esprit* de la Forge fait remarquer avec soin qu'il s'en tient à un point de vue purement philosophique « Au reste comme c'est ici un Escrit philosophique, dans lequel je n'ai point d'autre dessein que de rechercher ce que la seule lumière naturelle nous enseigne de la nature de l'Esprit... et que je ne prétens pas me servir d'aucune des vérités que la Foy nous a révélées, ny tirer aucune preuve de l'Écriture. Je supplie aussi ceux qui auront à m'opposer quelque chose de n'en employer aucune contre moy... parce qu'il me semble qu'elle (Écriture) n'est pas bien employée dans la philosophie, dont le principal but est de découvrir les vérités, où la seule lumière naturelle peut atteindre. » *Traité de l'Esprit*, ch. I, p. 4.

ce pas reconnaître la valeur de l'argumentation de ce dernier ? Il y avait là du mérite pour Gousset.

L'éclipse, on le voit, que l'apparition de Malebranche fit subir à Cordemoy et à de la Forge ne fut pas complète. On ne se souvenait encore d'eux pour s'en inspirer, et même pour les critiquer.

CHAPITRE XI

LEIBNITZ

Celui qui devait reprendre les idées de Cordemoy et de de la Forge, les approfondir, en faire ressortir toute l'importance fut Leibnitz. Qu'il ait connu leurs ouvrages et ait pu les utiliser avant son voyage à Paris, nulle indication ne permet de le supposer [1]. Mais, à Paris, il fut certainement amené à les lire, et ce qui le prouve, c'est que plus tard, il les cite à plusieurs reprises et en marque l'importance [2]. Il est même vraisemblable qu'il dût se rencontrer plus d'une fois avec Cordemoy. Un homme qui avait été l'un des orateurs des réunions cartésiennes, dont le livre avait produit dans le camp cartésien une véritable stupeur et que Bossuet avait choisi comme lecteur du Dauphin, ne pouvait rester absolument inconnu d'un Leibnitz qui s'efforçait d'entrer en relation avec tout ce qui, soit en sciences, soit en philosophie, avait un nom. Leibnitz devait même éprouver de la sympathie pour ce philosophe qui, comme lui, quoique cartésien, s'occupait

1. Cependant, dès 1669, le *Traité de l'Esprit* de de la Forge avait été traduit en latin par Flayder, et il le fut en allemand en 1673 et 1674 ; ce qui prouve qu'il s'était répandu très vite à l'étranger, surtout en Allemagne.
2. Cf. plus loin p. 250 sqq.

d'histoire [1], qui avait essayé de concilier la genèse avec le cartésianisme [2] et qui, surtout, ne craignait pas, tout en admirant le maître, d'avoir ses idées personnelles, de penser par lui-même [3]. Le livre de Cordemoy et celui aussi de de la Forge firent sans doute partie « de ces livres écrits un peu plus familièrement [4] » par la lecture desquels il commença à prendre connaissance « des méditations physiques et métaphysiques de M. Descartes ». Comme il y a quelque analogie entre le système de la Monadologie et celui de Cordemoy, on peut donc se demander si entre les idées de ces philosophes, tout en faisant réserve de leur différence de génie, il n'y aurait pas une filiation quelconque.

Remarquons, d'abord, que quand Leibnitz arriva à Paris, en 1672, il avait déjà une philosophie, et une philosophie complète, comme on l'a établi [5]. Il ne cherchait pas tant sa voie qu'à étendre ses connaissances et à approfondir ses idées. Autodidacte, comme

1. Cf. Couturat. *La logique de Leibnitz*, p. 159. A la différence des cartésiens, Leibnitz estimait l'histoire, et il avait remarqué Cordemoy comme historien : « Cet abbé Cordemoy, qui a écrit contre les Sociniens depuis peu, est-ce le même que celui qui a écrit du *discernement du corps et de l'âme*? Si cela est je m'étonne qu'il ne continue pas son histoire de France. » *Lettre à Nicaise*, 24 septembre 1696.

2. Voir lettre au P. Cossart de Cordemoy. Le père Daniel fait allusion à cette lettre dans son *Voyage du monde de Descartes*, p 15.

3. Cf. *Discours de mét.*, nº 17 : « Messieurs les cartésiens devraient tâcher de faire quelques pas en avant et de ne pas se contenter d'être des simples paraphrastes de leurs maître. » *Lettre à Nicaise*, 5 juin 1692.

4. *Lettre à Foucher*, 1679.

5. Cf. Hannequin. *Quæ fuerit Prior Leibnitii Philosophia... ante annum, 1672.* Paris, Masson, 1895.

il aimait à se qualifier lui-même, il ne demandait pas, d'ailleurs, aux autres des théories qu'il n'avait qu'à accepter pour les juxtaposer aux siennes propres ; ce qu'il leur réclamait, c'étaient des lumières possibles, des éclaircissements sur les obscurités qu'il avait rencontrées ou des avertissements sur ce qui avait été peut-être exagération ou hardiesse de sa part. Si donc il trouvait quelque auteur dont les réflexions pouvaient lui suggérer ou lui donner de nouveaux aperçus, il était porté naturellement à l'utiliser et ce fut probablement le cas précisément de Cordemoy. En quoi donc la lecture du livre de Cordemoy et celle, en même temps et par surcroît, du livre de de la Forge pouvaient-elles lui être suggestives à une telle époque?

Après avoir rejeté la scholastique pour l'atomisme qui lui paraissait beaucoup plus clair, beaucoup plus scientifique, il avait abandonné l'atomisme à son tour pour des raisons analogues et avait accepté la philosophie corpusculaire ; et c'est de cette philosophie qu'il se montre partisan dans sa *Lettre à Thomasius* (1669), dans son *Hypothesis physica nova* (1670-71) et dans sa première *Lettre à Arnauld*, qui sont les derniers ouvrages qu'il donna avant son départ pour Paris (1672). Dans sa *Lettre à Thomasius*, il pose d'abord l'existence d'une matière première, entièrement indéterminée, qui, tout en étant distincte de l'espace qui est *crassum et impenetrabile*, en a, cependant, toutes les propriétés, est, comme lui, infinie, continue, homogène. La diversité qui est dans le monde a pour cause le mouvement. C'est le mouvement qui, introduit dans la matière pre-

---

1. Cf. Boutroux. *Introduction à la Monadologie*. Librairie Delagrave.

mière, la divise, la détermine et fait ainsi apparaître les différents corps qui, sans lui, ne seraient pas, car sans lui, la matière première aurait conservé son homogénéité primitive, et elle reprendrait cette homogénéité, s'il venait à disparaître. Sans doute, on peut distinguer des déterminations premières constituant comme les éléments ultimes des choses, mais elles viennent du mouvement; c'est lui qui est réellement le principe de tout, c'est par lui que tout existe à chaque instant. Dieu est intervenu seulement au moment de la création; tout concours extraordinaire de sa part est inutile. Quelle est donc la nature de ce mouvement ? C'est cette question que Leibnitz cherche à résoudre dans son *Hypothesis physica nova*. Il le considère à deux points de vue : au point de vue géométrique et au point de vue physique [1]. Au point de vue géométrique il voit en lui un continu, comme l'espace qu'il parcourt, et, utilisant la méthode de Cavalieri, il le résout, à la suite de Hobbes, en un nombre infini de parties en actes, qui sont encore du mouvement, c'est-à-dire, sont des vitesses, mais des vitesses infiniment petites. A ces vitesses il donne le nom de *conatus*, et avec ces *conatus*, suivant qu'ils sont convergents ou divergents, il explique la solidité et la fluidité, rend compte de tous les phénomènes. Mais il est un élément qui dans le réel résiste à cette explication, à savoir : ce qui constitue la masse des corps particuliers, et fait qu'ils s'opposent au mouvement; d'où la nécessité pour la compléter, pour ajouter à son exactitude « la réalité », de faire appel à une matière très subtile : l'éther, qui, plus ou moins dissémi-

---

1. Ce Traité comprend en effet deux parties : 1° *Theoria motus abstracti* ; 2° *Theoria motus concreti*. Cf. Hannequin, *op. cit.*, p. 42.

née, plus ou moins concentrée, rend compte, précisément de la masse, des différences de résistance des corps, explique la diversité des choses. Soumise au mouvement, cette matière subtile en subit les lois, et se trouve divisée à son tour en une infinité en acte de centres de mouvements giratoires ou bulles, qui s'enveloppent à l'infini et ce sont ces bulles qui, au point de vue physique, sont les vrais principes élémentaires constituants. Seulement, s'il explique tout, le mouvement ne s'explique pas lui-même, il suppose un premier moteur et, bien plus, il exige la présence en lui de quelque chose qui, remédiant, en un sens, à sa division à l'infini qui l'annihile, assure sa continuité, en fasse la synthèse. Et ainsi Leibnitz, voyant dans la puissance de synthèse la marque de l'esprit, est amené à pénétrer le mouvement d'esprit, à mettre dans le conatus de la mémoire, à le transformer en un esprit momentané (*mens momentanea*)¹. Dieu n'est autre que la synthèse suprême qui domine toutes les synthèses particulières, c'est le centre d'où elles rayonnent.

Qu'on puisse dans ces premières théories de Leibnitz démêler comme une esquisse, à certains points de vue de son système futur, c'est incontestable². On y trouve notamment fortement marquée cette idée que le mécanisme explique tout, mais qu'il ne se suffit pas à lui-même ; que l'espace même est idéal et qu'il faut, et pour le mouvement, et pour les phénomènes, un principe supérieur qui est l'esprit³ ; on y trouve aussi indi-

1. Cf. Hannequin, *op. cit.*, p. 128.
2. Cf. Hannequin, *op. cit.* Conclusion.
3. En 1671, il écrit à Arnauld « geometriam sive philosophiam de loco, gradum struere ad philosophiam de motu seu corpore, et philosophiam de motu ad scientiam de mente ; cf. Hannequin, *op. cit.*, 116.

qués cette composition et cet enveloppement à l'infini sur lesquels il insistera tant. Mais il y a loin encore de telles théories au système de la Monadologie qui ne commencera nettement à se dessiner dans l'esprit de Leibnitz, à son propre témoignage, que quinze ans plus tard, vers 1685 [1]. Ce qui caractérise, en effet, la Monadologie, c'est une conception particulière de la substance, c'est l'affirmation de l'existence de substances actives, unes et indivisibles, et dont la multitude infinie, hiérarchiquement organisée, est soumise dans les modifications respectives des êtres à une harmonie préétablie. Or, ni l'idée de substance, fondement de la multitude, ni l'analyse des relations des substances ne se rencontrent dans son premier système. Il compose, sans doute, la réalité d'éléments indivisibles, mais ces éléments au point de vue géométrique, qui est «exact» et non «réel», ne sont que des vitesses infinitésimales (conatus), qui jouent un rôle analogue à celui des infiniment petits mathématiques, qui expliquent le composé sans en être le fondement [2]. Au point de vue des choses, ces éléments deviennent des sphères et Leibnitz pourra parler plus tard d'atomes sphériques [3]; mais ces sphères, elles aussi, constituent plutôt des différenciations dernières que des individualités vraies; ce ne sont pas des sujets substantiels; elles ne sont que par le mouvement, c'est

---

1. En 1697, il écrit à Thomas Burnet : « Cependant j'ai déjà changé et rechangé et ce n'est que depuis environ douze ans que je me trouve satisfait. » Ermann, p. 129 et 131. La correspondance de Leibnitz avec Arnauld, 1686-1690 est la première exposition complète du système de Leibnitz.

2. Cf. Hannequin, *op. cit.*, 124.

3. Couturat. *Opuscules et fragments inédits de Leibnitz*, p. 11 ; fragment de 1676.

au mouvement qu'elles doivent leur forme et leur solidité relative. C'est le mouvement qui fait le tout aussi bien que les parties. L'esprit intervient, sans doute, mais non pour constituer l'unité vraie, et seulement pour achever la nature de l'élément, pour expliquer qu'il puisse s'unir à d'autres, qu'il puisse y avoir continuité, synthèse dans la nature, grâce à cette propriété qu'il possède d'être une mémoire [1]. Quant à la communication du mouvement, la question, telle que Leibnitz l'examinera plus tard, ne se pose pas encore à lui, puisqu'il ne considère pas encore le sujet du mouvement [2]. Sans doute, le mouvement étant pour lui un continu, il a à examiner les difficultés auxquelles son existence donne lieu, si on l'envisage sous un tel aspect, et il se trouve amené à parler d'une sorte de « création continuée » que le mouvement suppose et qui fait sa continuité ; mais il reste au point de vue « phoronomique ; il ne considère pas le mouvement comme mode d'un sujet, et il ne s'occupe pas, par suite, de sa transmission comme tel [3]. Leibnitz avoue, d'ailleurs, dans son *Système nouveau de la nature et de la communication des substances*, que ce n'est qu'une fois sa théorie de la substance élaborée, qu'il vit bien toutes les difficultés d'une telle question [4] ; et il indique ailleurs que ce n'est qu'assez

---

1. Cf. Hannequin, *op. cit.*, p. 175 sqq.
2. En tête du *Pacidius*, écrit en 1676, se trouve cette note : « Consideratur hic natura mutationis et continui quatenus motui insunt, supersunt adhuc tractanda subjectum motus, ut appareat cuinam ex duobus situm inter se mutantibus ascribendus sit motus : tum vero motus causa seu vis motrix. » Couturat, *op. cit.*, p. 594.
3. Cf. *Pacidius*.
4. « Après avoir établi ces choses (nature des substances), je croyais entrer dans le port ; mais lorsque je me suis mis à méditer sur l'union de l'âme avec le corps, je fus comme rejeté en pleine mer. Car je

tard qu'il constitua cette théorie de la substance [1].

Le passage à l'examen de la réalité et de la nature de la substance était, pour Leibnitz, une conséquence forcée de sa méthode, qui consistait non pas tant à étendre ses connaissances qu'à les approfondir [2]. Le point de vue métaphysique, à l'inverse chez lui de chez Descartes, ne devait pas seulement servir de provision, il était aussi un aboutissement nécessaire. Que, par suite, à Paris, grâce à la fréquentation de Huyghens, il ait pu parfaire son instruction mathématique, ce qui lui était nécessaire, à son témoignage, pour bien comprendre Descartes, qu'il ait pu entrevoir et réaliser un perfectionnement de méthode, et, une fois en possession de tous les éléments d'une explication scientifique complète de la nature, il était naturellement conduit à se demander quelle était la valeur du mécanisme, si derrière lui ne se cachait pas quelque réalité plus haute. D'autant plus qu'il avait été déjà porté par ses préoccupations religieuses à discuter, à propos du dogme catholique, de la présence réelle, l'identité affirmée par Descartes du corps et de la substance, et qu'il croyait, ainsi qu'il l'expose dans une première lettre à Arnauld, avoir trouvé une solution acceptable

---

ne trouvais aucun moyen d'expliquer comment le corps fait passer quelque chose dans l'âme ou *vice versa*, ni comment une substance peut communiquer avec un autre substance créée. » *Système nouveau*.. n° 12, éd. Janet, II, 531 ; — cf. *Eclaircissement du nouveau système*. « Mon hypothèse de l'harmonie préétablie suit de mon sentiment des unités car tout y est lié » *id.*, p. 540.

1. Vers 1685, cf. plus haut p. 237, note 1.

2. « Je ne renverse point les sentiments établis, mais je les explique et je les pousse plus avant. » Correspondance avec Arnauld, *id.*, I, p. 683.

pour tous, en séparant précisément ce que Descartes avait uni, en faisant de l'étendue une simple apparence. Aussi, quand, plus tard, Foucher l'interrogera sur ses premiers ouvrages, il lui répondra qu'il n'en tient plus guère compte. « Ils peuvent, dit-il, avoir quelque chose de bon, puisque vous le jugez ainsi avec d'autres. Cependant il y a plusieurs endroits sur lesquels je crois être mieux instruit présentement ; et entre autres, je m'explique tout autrement aujourd'hui sur les indivisibles. C'était l'essai d'un jeune homme qui n'avait pas encore approfondi les mathématiques. Les lois du mouvement abstrait que j'avais données alors devraient avoir lieu effectivement si dans le corps il n'y avait autre chose que ce que l'on y conçoit selon Descartes et selon Gassendi. Mais comme j'ai trouvé que la nature en use tout autrement à l'égard du mouvement, c'est un de mes arguments contre la notion reçue de la nature du corps, comme j'ai indiqué dans le *Journal des Savants* du 2 juin 1692 [1]. » Et, en effet, depuis quelques années déjà, Leibnitz avait établi que ce qui se conserve dans la nature ce n'est pas la quantité de mouvement, mais la quantité de force vive ; ce qui le conduisait à affirmer que la réalité est autre chose que mouvement et étendue, comme le voulait Descartes [2]. Et l'observation des faits était entièrement favorable, d'après lui, à une telle opinion. Ce qu'il notait, par exemple, précisément dans la lettre à laquelle il fait allusion dans le passage cité plus haut, c'est qu'il faut bien « qu'il y ait autre chose dans le corps que l'étendue purement géométrique et son

---

1. Lettre insérée dans le *Journal des Savants*, 3 août 1693.
2. Cf. *Discours de métaphysique*, XIII.

changement tout nu », puisqu'on y découvre « une certaine inertie naturelle par laquelle le corps résiste en quelque façon au mouvement, en sorte qu'il faut employer quelque force pour l'y mettre et qu'un grand corps est plus difficilement ébranlé qu'un petit corps [1]. » Et il concluait : « à le bien considérer, on s'aperçoit qu'il faut joindre à l'étendue et à son mouvement quelque notion supérieure ou métaphysique, savoir : celle de la substance action et force. »

Mais quelle était cette substance, était-elle une ou plusieurs? Le Panthéisme de Spinoza semble lui avoir toujours répugné, non seulement pour des raisons religieuses, mais aussi pour des raisons philosophiques. Ce qu'il lui reprochait, c'était de fixer le monde dans une formule unique, de n'admettre aucun choix dans sa réalisation; c'était aussi, sans doute, de mal rendre compte de la diversité des choses. Cette diversité est étrangère à l'espace, qui, homogénéité pure, ne peut fonder une hétérogénéité quelconque; elle est réelle, puisqu'elle se révèle surtout comme opposition de forces, comme actions et réactions. Son existence est une vérité aussi incontestable que celle de l'existence du sujet pensant [2]. Or,

---

1. *Lettre sur la question si l'essence du corps consiste dans l'étendue*, 1691, éd. Janet II, 519. Cf. *Discours de métaphysique*, par. 18.

2. « Il y a deux vérités générales absolues, c'est-à-dire qui partent de l'existence actuelle des choses, l'une que nous pensons, l'autre qu'il y a une grande variété dans nos pensées. De la première, il s'ensuit que nous sommes; de l'autre qu'il y a quelque autre chose que nous, c'est-à-dire autre chose que ce qui pense qui est la cause de la variété de nos apparences. Or l'une de ces deux vérités est aussi incontestable et aussi indépendante que l'autre, et M. Descartes ne s'étant attaché qu'à la première a manqué de venir à la perfection qu'il s'était proposée. S'il avait suivi exactement *filum meditandi*, je crois qu'il aurait achevé la première philosophie. » *Lettre à l'abbé Foucher*, 1679. Leibnitz connut Spinoza en 1675.

c'est ici qu'il se rencontre, semble-t-il, et de son propre aveu, avec Cordemoy. S'il y a pluralité dans les choses, avait dit Cordemoy, il faut, pour la fonder, des unités substantielles multiples. Leibnitz reprend le même argument : « s'il n'y avait pas, dit-il, de véritables unités substantielles, il n'y aurait rien de réel ni de substantiel dans la collection [1]. » Et c'est ainsi que, par opposition à l'unité de substance de Spinoza, Leibnitz pose la pluralité des substances. « Le système de Spinoza serait vrai, dira-t-il, s'il n'y avait pas de monades. » Ce qu'il y a de faux en lui, c'est non la définition de la substance, mais l'affirmation de la substance comme unique [2]. Et, il faut bien le remarquer, cette rencontre avec Cordemoy, Leibnitz la signale lui-même. « C'était ce qui avait forcé M. de Cordemoy, dit-il, à abandonner Descartes en embrassant la doctrine des atomes de Démocrite, pour trouver une véritable unité [3]. » Sans doute, il indique en même temps combien est grande la différence qui les sépare : « mais les atomes de matière, ajoute-t-il, sont contraires à la raison outre qu'ils sont composés de parties. » Et ce sont, en effet, des « atomes formels étrangers à l'étendue, rappelant, en un sens, les formes substantielles qu'il pose comme les fondements de la réalité, atomes formels, qui, par rapport à la multiplicité corporelle, spatiale, ne sont plus que des réqui-

---

[1]. *Système nouveau de la nature*, éd. Janet, I, p. 531, n° 11. Cf. *Lettre à Fardella*, 1690 : « Quidquid substantiale est, ex unitatibus conflatur. » *Lettre à de Volder*, Gerhardt Phil., II, p. 279 : « unitates multitudine sunt priores, nec existunt multitudines nisi per unitates. »

[2]. Cf. Foucher de Careil. *Leibnitz, Descartes et Spinoza*, p. 200.

[3]. *Système nouveau*, éd. Janet, I, p. 531, n° 11.

sits, des conditions [1]. Mais ces atomes formels, par rapport au réel vrai qui est inétendu, Leibnitz le répète, n'en sont pas moins « puisque sans véritables unités il n'y aurait point de multitude [2] » les véritables unités composantes des choses. C'est de la multitude que manifeste le monde sensible, non du corps proprement dit que sa divisibilité condamne, qu'il cherche le fondement, et le raisonnement de Cordemoy conserve toute sa valeur. Il n'y a pas passage d'un genre à l'autre. De même, qu'on n'objecte pas la divisibilité à l'infini qu'il invoque contre la réalité du corps étendu ; ce qui est divisible en puissance ne peut être réel, mais il n'en est pas de même de ce qui est infiniment divisé en acte [3]. Dans ce dernier

---

1. « Interim non ideo dicendum est substantiam ingredi compositionem corporis tanquam partem, sed potius tanquam requisitum internum essentiale. » *Lettre à Fardella*. Grotenfend, p. 203

2. *Système nouveau*, éd. Janet, p. 531. « Il n'y a que les points métaphysiques ou de substance qui soient exacts et réels, puisque sans les véritables unités il n'y aurait point de multitude. » Cf. *Lettre à Fardella*. « Qui atomos stabilivere viderunt partem veritatis. Agnoverunt enim ad unum aliquid indivisibile deveniendum esse, quod sit basis multitudinis, sed in eo errarunt quod unitatem in materia quæsiverunt, credideruntque posse corpus dari, quod vere sit substantia una indivisibilis. » — « Ad corporum substantiam requiritur aliquid extensionis expers, alioqui nullum erit principium realitatis phænomenorum ant veræ unitatis. Semper habentur plura corpora nunquam unum ergo revera nec plura. Cordemoius simili argumento atomos probabat quæ cum sint exclusæ, superest aliquid extensione carens, analogum animæ, quod olim formam vel speciem appellabant ». *Primæ veritates : Opuscules inédits de Leibnits*, publiés par Couturat, p. 523.

3. « Discrimen est inter relationem lineæ ad puncta et corporis ad substantias. Nam in lineis intelligibilibus nulla est divisio determinata, sed possibiles indefinitæ, in rebus vero actuales divisiones sunt factæ, et instituta resolutio materiæ in formas. Quod puncta sunt in resolutione imaginaria, id animæ in vera. Linea non est aggregatum

cas on a vraiment une multitude et de cette multitude réelle on peut rechercher quel est le fondement. C'est d'une réunion de l'atome et de la forme substantielle qu'est formée la monade, disent les historiens de la philosophie. Cette allégation peut, semble-t-il, être précisée en spécifiant la nature de ces atomes, en voyant en eux les atomes substances unes, tels que les considérait Cordemoy. Ce dernier, en donnant une raison métaphysique de l'unité de l'atome, et en cherchant véritablement dans l'élément le principe de la réalité de la collection, préparait en une certaine mesure les voies à Leibnitz. Il avait suivi ce *filum meditandi* que Leibnitz reprochait à Descartes d'avoir abandonné [1].

Le rapprochement de Cordemoy et de Leibnitz est si naturel qu'il est signalé comme possible par Arnauld, qui ne voit pas, cependant, toute l'originalité du premier, comme il ne saisit pas encore celle de Leibnitz. « Il y a des cartésiens, lui écrit-il, qui, pour trouver l'unité dans les corps, ont nié que la matière fût divisible à l'infini, et qu'on devait admettre des atomes indivisibles. Mais je ne pense pas que vous soyez de ce sentiment [2]. » Leibnitz, qui a compris l'allusion, répond en précisant. « Je me souviens que M. de Cordemoy, dans son *Traité du Discernement du corps et de l'âme*, pour sauver l'unité substantielle dans les corps, s'est cru obligé d'admettre des atomes ou des corps étendus, indivisibles, afin de trouver quelque

punctorum quia in linea non sunt partes actu; sed materia est aggregatum substantiarum quia in materia sunt partes actu. » *Lettre à Fardella.*

1. Cf. p. 241, note 2.
2. Cf. Correspondance de Leibnitz et d'Arnauld. Lettre de septembre 1686. Éd. Janet, p. 627.

chose de fixe pour faire un être simple, mais vous avez bien jugé, monsieur, que je ne serais pas de ce sentiment. Il paraît que M. Cordemoy avait reconnu quelque chose de la vérité, mais il n'avait pas encore vu en quoi consiste la véritable notion de la substance ; aussi c'est là la clef des plus importantes connaissances. L'atome qui ne contient qu'une masse figurée d'une dureté infinie ne saurait envelopper en lui tous ses états passés et futurs, et encore moins ceux de tout l'univers [1]. » On dira, peut-être, que l'axiome de l'identité de la substance et de l'unité n'était pas nouveau, qu'il avait été proclamé depuis longtemps ; mais il faut accorder que l'usage qui en était fait était nouveau. Arnauld objecte à Leibnitz que la définition : « j'appelle substance et substantiel, ce qui a une vraie unité, n'a pas encore été reçue [2] », que, par suite, les conclusions qu'il en tire laissent à désirer. Leibnitz répond : « Si l'opinion que j'ai, que la substance demande une vraie unité, n'était fondée que sur une définition que j'aurais forgée contre l'usage commun, ce ne serait qu'une dispute de mots, mais, outre que les philosophes ordinaires ont pris ce terme à peu près de la même façon, « distinguendo unum per se et unum per accidens, formamque substantialem et accidentalem, mixta imperfecta et perfecta, naturalia et artificialia » ; je prends les choses de bien plus haut et laissant là les termes : je crois que là où il n'y a que des êtres par agrégation, il n'y aura pas même

1. Correspondance de Leibnitz et d'Arnauld Décembre 1886. Éd. Janet, 632.
2. Correspondance de Leibnitz et d'Arnauld, 4 mars 1687. Éd. Janet, 645.

des êtres réels ; car tout être par agrégation suppose des êtres doués d'une véritable unité, parce qu'il ne tient sa réalité que de ceux dont il est composé, de sorte qu'il n'en aura point du tout, si chaque être dont il est composé est encore un être par agrégation, ou il faut encore chercher un autre fondement de sa réalité, qui, de cette manière, s'il faut toujours continuer de chercher ne se peut trouver jamais... Il semble aussi que ce qui fait l'essence d'un être par agrégation n'est qu'une manière d'être de ceux dont il est composé, par exemple, ce qui fait l'essence d'une armée n'est qu'une matière d'être des hommes qui la composent. Cette manière d'être suppose donc une substance, dont l'essence ne soit pas une manière d'être d'une substance. Toute machine aussi suppose quelque substance dans les pièces dont elle est faite, et il n'y a point de multitude sans des véritables unités. Pour trancher court, je tiens pour un axiome cette proposition identique qui n'est diversifiée que par l'accent, savoir que ce qui n'est véritablement *un* être, n'est pas non plus véritablement un *être*. On a toujours cru que l'un et l'être sont des choses réciproques. Autre chose est l'être, autre chose est des êtres; mais le pluriel suppose le singulier, et là où il n'y a pas un être, il y aura encore moins plusieurs êtres. Que peut-on dire de plus clair ? J'ai donc cru qu'il me serait permis de distinguer les êtres d'agrégation des substances, puisque ces êtres n'ont leur unité que dans notre esprit, qui se fonde sur les rapports ou modes des véritables substances... » [1] En maintenant et défendant son

---

1. Correspondance de Leibnitz et d'Arnauld. 1687, Éd. Janet, p. 654-655.

originalité, Leibnitz ne maintenait-il pas aussi, par contre coup, celle de Cordemoy, quelle que soit la différence qui les sépare ?

Les difficultés que pouvaient présenter les rapports des substances, Leibnitz les trouvait également indiquées chez Cordemoy et de la Forge. Il reconnaît la valeur de leur argumentation et s'y appuie. « Il faut avouer, dit-il, que les partisans des causes occasionnelles ont bien pénétré dans la difficulté en disant ce qui ne se peut point.... Il est bien vrai qu'il n'y a point d'influence réelle d'une substance créée sur l'autre en parlant selon la rigueur métaphysique, et que toutes les choses avec toutes leurs réalités sont continuellement produites par la vertu de Dieu [1]. » Toutefois il ne croit pas pouvoir s'y arrêter. Il ne s'agissait pas seulement, en effet, pour lui, de la possibilité ou non de l'action transitive, il s'agissait surtout de conformer cette action à la nature des substances qu'il venait de déterminer ; un simple recours à Dieu ne lui paraissait pas suffisant. « En philosophie, dit-il, dans le même passage, il faut tâcher de rendre raison en faisant connaître de quelle façon les choses s'exécutent par la sagesse divine conformément à la notion dont il s'agit. » Et il répète à plusieurs reprises que sa conception de l'harmonie préétablie sort de sa conception des monades [2]. Ces substances

---

1. *Système nouveau de la nature*, par. 13. Éd. Janet, II, p. 532, cf. N. *Essais*, Livre II, ch. 21, n° 5 ; et ch. 23, n° 30.

2. « Si vous pouviez avoir le loisir de revoir un jour ce que nous avions enfin établi touchant la notion d'une substance individuelle, vous trouveriez peut-être qu'en me donnant ces commencements, on est obligé dans la suite de m'accorder tout le reste. » *Correspondance de Leibnitz et Arnauld*, 1687. Éd. Janet, I, p. 683 « Tout cela (accord

unes, en effet, dont il compose la réalité sont des forces, « puisqu'il y a en elles un principe d'agir qui ne dérive pas des imaginables [1] », principe d'agir nécessaire, d'ailleurs, pour expliquer les variations dans les êtres, variations qui ne peuvent avoir leur origine, leur cause que dans ces êtres. « Les sources de l'action et de l'unité sont les mêmes [2]. » Ce ne seront pas des forces transitives, car une telle conception est inacceptable ; ce ne pourront donc être que des forces immanentes, c'est-à-dire, des forces douées de spontanéité, ayant en elles-mêmes « la source » de leurs propres manifestations [3]. D'ailleurs, qui dit substance individuelle, dit

de l'âme et du corps) ne sont que des conséquences de la notion d'une substance individuelle qui enveloppe tous ses phénomènes... » *id.*, 8 déc. 1686. Éd. Janet, I, p. 629. — « Je travaille maintenant à mettre par écrit la manière que je crois unique pour expliquer intelligiblement l'union de l'âme avec le corps, sans avoir besoin de recourir à un concours spécial de Dieu, ni d'employer exprès l'entremise de la première cause pour ce qui se passe ordinairement dans les secondes ; c'est afin de pouvoir soumettre mon opinion au jugement du public. Je l'ai eue il y a déjà plusieurs années ; et ce n'est qu'un corollaire de la notion que je me suis formée de la substance en général. » *Lettre à Bossuet*, 1693.

1. *De la nature en elle-même....* n° 7, Éd. Janet, I, 558.
2. « Ut nunc taccam eosdem esse actionis et unitatis fontes » *Lettre à de Volder* « Je crois avoir démontré dans le *Journal de Leipzig* (1697) que sans force active dans les corps, il n'y aurait point de variété dans les phénomènes : ce qui vaudrait autant que s'il n'y avait rien du tout » *Réplique aux réflexions de Bayle*. Éd. Janet, II, 589. « Quia autem modificationes variant et quidquid fons variationum, id. revera est activum, ideo dicendum est substantias simplices esse activas seu actionum fontes et in se ipsis parere seriem quamdam variationum internarum » *Du principe de la raison*, n° 8, in Couturat. *Opuscules et fragments inédits de Leibnitz*, p. 14.
3. « Et quia nulla est ratio qua una substantia simplex in aliam influere possit ; sequitur omnem substantiam simplicem esse spontaneam seu esse unum et solum modificationum suarum fontem. »

sujet, or, « le terme de sujet enferme toujours celui de prédicat, en sorte que celui qui entendrait parfaitement la notion du sujet jugerait aussi que le prédicat lui appartient. Cela étant, nous pouvons dire que la nature d'une substance individuelle ou d'un être complet est d'avoir une notion si accomplie qu'elle soit suffisante à comprendre et à en faire déduire tous les prédicats du sujet à qui cette notion est attribuée [1]. » Dès lors, si les rapports des êtres doivent être conçus d'après la nature de ces êtres, ils ne peuvent avoir d'autre explication que celle d'une harmonie préétablie. « Comme la nature de chaque substance simple, âme ou véritable monade est telle que son état suivant est une conséquence de son état précédent, voilà la cause de l'harmonie toute trouvée. Car Dieu n'a qu'à faire que la substance simple soit une fois et d'abord une représentation de l'univers, selon son point de vue ; puisque de cela seul il suit qu'elle le sera perpétuellement et que toutes les substances simples auront toujours une harmonie entre elles parce qu'elles représentent toujours le même univers [2]. » Action et passion dans les rapports des êtres entre eux n'ont plus qu'un sens figuré [3], mais ces êtres, cependant, conservent leur spontanéité, ont une énergie interne, principe du développement de leurs états. Si Dieu est intervenu pour

---

Du principe de la raison, n° 8, in Couturat. Opuscules inédits de Leibnitz, 14.

1. *Discours de Métaphysique*, VIII.
2. Correspondance de Leibnitz avec Clarke, n° 91, éd. Janet, p. 672. Cf. Correspondance de Leibnitz avec Arnauld, éd. Janet, I, pp. 609, 629, 683. Cf. *N. Essais*, livre IV, ch. III, 2, etc.
3. *Discours de Métaphysique*, XV.

fixer la loi de ces énergies [1], il est un ouvrier trop parfait pour avoir à intervenir de nouveau et à corriger à chaque instant son ouvrage [2]. Il n'a pas à faire de miracles pour soutenir les besoins de la nature; il n'en fait usage que pour subvenir aux besoins de la grâce [3]. S'il y a eu miracle, c'est seulement à la création [4].

D'ailleurs, une telle intervention, si elle était constante et naturelle, aurait pour conséquence la passivité et l'inertie de tous les êtres. Ceux-ci n'ayant plus les attributs de l'être ne seraient plus « que les modifications flottantes et fugitives comme les ombres », d'une seule substance divine et permanente, « doctrine pernicieuse et inacceptable [5]. » Remarquons que si Leib-

---

1. *De la nature en elle-même*, n° 5. éd. Janet, 556. Car je demande si cette volonté ou ce commandement, ou, si l'on aime mieux cette loi divine décrétée dans l'origine, n'a attribué aux choses qu'une dénomination extrinsèque, ou si en les formant, elle a créé en elles quelque impression permanente ou une loi interne... loi d'où proviennent toutes les actions et toutes les passions, bien qu'elle soit le plus souvent ignorée des créatures en qui elle réside. La première opinion paraît être celle des auteurs du système des causes occasionnelles, et surtout du très ingénieux Malebranche ; la seconde, plus récente, est, selon moi, la plus vraie. »

2. Correspondance de Leibnitz et Clarke. Second écrit de Leibnitz, n° 8, éd. Janet, 622.

3. « Je tiens, quand Dieu fait des miracles, que ce n'est point pour soutenir les besoins de la nature, mais pour ceux de la grâce. En juger autrement ce serait avoir une idée fort basse de la sagesse et de la puissance de Dieu. » *Id.* 1er écrit, n° 8, p. 617.

4. « L'harmonie ou correspondance entre l'âme et le corps n'est pas un miracle perpétuel, mais l'effet ou la suite d'un miracle primigène fait dans la création des choses comme sont toutes les choses naturelles. » Correspondance avec Clarke. Ve écrit; sur le n° 31, n° 89.

5. *De la nature en elle-même*, n° 8 ; éd. Janet, p. 558. — Cf. *id.*, n° 15, p. 566. — Cf. *Réplique aux réflexions de Bayle*, *id.*, 591. Cf. *Théodicée*, n°s 382, 393.

nitz reproche à l'occasionalisme de conduire au panthéisme, il ne dit pas que ses représentants aient accepté un tel système. Ce sont là des conséquences dangereuses que certainement ils ne voulaient pas, dit-il, et contre lesquelles ils auraient protesté ; et il fait remarquer que le père Malebranche paraît admettre au moins l'action interne des esprits particuliers [1] ; et Cordemoy et de la Forge, nous le savons, avaient la même opinion. Aussi l'objection sur laquelle il s'arrête est-elle la première. Leur grand tort c'est de ne pas avoir tenu compte de la nature qui appartient aux êtres comme substances. « L'opinion vulgaire, suivant laquelle il faut éviter en philosophie autant qu'il se peut ce qui surpasse les forces des créatures est très raisonnable. Autrement rien ne sera si aisé que de rendre raison de tout sans se soucier des natures des choses [2]. » C'est en vain qu'Arnauld fait remarquer que, au fond, pour les occasionalistes, l'intervention divine se réduit « à un acte unique de la volonté éternelle par laquelle Dieu a voulu faire tout ce qu'il a prévu qu'il serait nécessaire [3]. » Leibnitz répond que ce n'est pas une simple différence dans « l'accident extérieur de la fréquente répétition qui fait qu'un acte est miraculeux ou non mais une différence intérieure et dans la subs-

---

1. « Spinoza a prétendu démontrer qu'il n'y a qu'une seule substance dans le monde, mais ces démonstrations sont pitoyables ou non intelligibles. Et les nouveaux cartésiens qui ont cru que Dieu seul agit, n'en ont guère donné la preuve. Outre que le père Malebranche paraît admettre au moins l'action interne des esprits particuliers. » *Sur l'Esprit universel.* Janet, p. 572. Cf. *Réplique aux réflexions de Bayle.* Janet, 587.

2. Correspondance de Leibnitz avec Clarke. 5e écrit de Leibnitz, n° 107. Janet, p. 676.

3. Cf. Bayle, art. Rorarius, voir plus loin, p. 259, note 1.

tance de l'acte... qu'à proprement parler Dieu fait un miracle lorsqu'il fait une chose qui surpasse les forces qu'il a données aux créatures et qui les conservent », et que c'est ce qui arrive dans l'interprétation d'Arnauld. Si les êtres ont une nature, leur développement particulier doit être réglé sur cette nature même, dès le principe, sans que Dieu ait à intervenir à aucun moment, et c'est ce qui n'est pas dans l'Occasionalisme. Cette hypothèse a, sur ce point, d'après lui, le même défaut que celle d'une influence réelle de l'âme sur le corps et *vice versa*[1] ; elle ne donne « le fondement d'aucune règle. »

Si donc Leibnitz s'appuie sur l'occasionalisme, en ce sens qu'il considère comme acquise toute sa partie négative, à savoir : la négation de toute causalité transitive, il repousse l'explication que ce système donne et en présente une autre, à son propre avis, bien différente. Il ne veut pas seulement que les êtres soient indépendants actuellement de Dieu dans leur être, il veut qu'ils le soient aussi dans leur action, que cette action ait son origine, son principe en eux-mêmes, se rattache à leur nature. Seulement, même dans

---

1. Correspondance de Leibnitz et Arnauld, 1687. Janet, pp. 651, 652. — Cf. Lettre à l'abbé Conti, Dutens, III, 446. « Tout ce qui n'est pas explicable par la nature des créatures est miraculeux. Il ne suffit pas de dire : Dieu a fait une telle loi de la nature ; donc la chose est naturelle. Il faut que la loi soit exécutable par la nature des créatures. Si Dieu donnait cette loi, par exemple, à un corps libre de tourner à l'entour d'un certain centre, il faudrait, ou qu'il y joignit d'autres corps qui, par leur impulsion, l'obligeassent de rester toujours dans son orbite circulaire, ou qu'il mît un ange à ses trousses ; ou enfin il faudrait qu'il y concourût extraordinairement ; car, naturellement, il s'écartera par la tangente. » Cf. plus loin, critique de Bernier, p. 253, note 1.

cette partie positive de sa doctrine, il dépend encore de ses prédécesseurs ; c'est la négation de la causalité transitive, on l'a vu, qui, lui montrant de nouvelles difficultés dans son concept de la substance, le conduisait à l'approfondir davantage. Aussi, est-ce à l'explication des occasionalistes qu'il oppose toujours la sienne : celle-ci n'est qu'une solution plus profonde et plus vraie d'une difficulté qu'ils ont bien vue. Et ces prédécesseurs, c'est non seulement Malebranche, mais ce sont aussi Cordemoy et de la Forge. Bien plus, l'influence de Cordemoy semble avoir été double chez Leibnitz : il lui est utile à la fois dans l'étude des rapports des substances et dans celle des êtres eux-mêmes. Ne peut-on pas voir, dès lors, dans son petit Traité, comme le tracé d'une esquisse peu avancée, sans doute, mais qui, par la double affirmation de la discontinuité entre les êtres et dans leurs rapports annonçait la Monadologie [1] ? Si

1. « Il n'y a pas de doute que cette conception de la substance isolée (chez Cordemoy) n'ait eu une influence essentielle sur la création du concept des monades de Leibnitz. On trouve déjà chez Cordemoy l'amalgamation défectueuse de l'idée du simple avec celle de la substance. On doit donc accorder à cet homme une plus grande attention qu'on ne l'a fait jusqu'ici. » Laswitz. *Geschichte der Atomismus*, II, p. 416. On peut remarquer que les disciples de Gassendi continuaient à être partisans comme leur maître de la causalité efficiente des êtres. Dans sa défense contre de la Ville (P. Valois) 1680, Bernier attaque l'occasionalisme. « Ce n'est pas tout, voici ce que l'on dit être de la plus fine philosophie et de la plus fine théologie. Lorsque vous poussez une boule sur un billard, vous croiriez peut-être aussi que ce soit votre boule qui pousse celle qu'elle rencontre et qui la met en mouvement ? Ce n'est point cela : chez Descartes et les cartésiens, c'est une erreur grossière et indigne d'un philosophe et d'un véritable théologien. C'est Dieu qui, à l'occasion seule de la boule rencontrante, met la boule rencontrée en mouvement. Tout ce qu'il y a de causes au monde ne sont que de purs instruments ; elles ne concourent à nulle action et ne font quoi que ce soit, si ce n'est occasiona-

le cartésianisme est, comme le veut Leibnitz, l'antichambre de la vérité, Cordemoy ne donnait-il pas une direction pour pénétrer dans le Temple ?

liter. C'est Dieu seul, selon Descartes, qui agit et qui fait tout ; et cependant Dieu seul selon lui, n'est pas auteur du mal ; la théologie cartésienne sait très bien ajuster tout cela. Pour moi je ne suis pas assez théologien pour cela, et je ne vois point comment les cartésiens puissent se tirer d'un si mauvais pas, tant à l'égard de la philosophie, puisque ce sera donc toujours comme on dit, *Deus ex machina*, qu'à l'égard de la théologie, puisqu'ils semblent faire Dieu indifféremment auteur du Bien et du mal. » Publié par M. de Lens dans la *Revue de l'Anjou*, 1873, p. 80.

CONCLUSION

On le voit, le passage de Descartes à ses grands disciples avait été préparé et facilité par des philosophes intermédiaires de moindre importance. De même que, dans l'antiquité, les Petits Socratiques avaient préparé les voies aux Grands Socratiques : Platon et Aristote, de même, dans les temps modernes, *mutatis mutandis*, il y a eu de Petits Cartésiens qui, eux aussi, ont agité certaines questions sur lesquelles le Maître s'était insuffisamment arrêté, et ont ainsi rendu plus facile, s'ils ne l'ont pas complètement suggérée, la pensée des Grands Cartésiens. Si de la Forge partage avec Cordemoy le mérite d'avoir poussé plus loin l'analyse de la notion de causalité, d'en avoir marqué ce qu'on appellera plus tard le caractère synthétique, Cordemoy l'emporte en ce qu'il n'affirme pas seulement la discontinuité dans le temps, mais l'affirme aussi, en même temps, dans l'espace. Sans doute, Descartes, comme on l'a vu, avait remarqué qu'une telle discontinuité s'impose ; l'occasionalisme était une conséquence forcée et qu'il n'avait pas repoussée de son système ; et il était trop convaincu de la multiplicité des êtres, cette multiplicité se présentait trop à lui comme une suite de la détermination du réel, pour que, dans son monde géométrique, elle n'ait pas une tendance à se traduire par l'atomisme. Seulement, négligeant le point de vue métaphysique, visant surtout à une connaissance pratique, il n'avait pas cherché à préciser ses idées sur ce point, omettant presque la question des rapports du composé au simple. La plupart de ses disciples, dont beaucoup méritent le reproche que leur a fait Leibnitz, d'avoir l'esprit servile, de manquer de cette initiative réfléchie que demande la méthode cartésienne [1], ne voulurent pas voir qu'il y avait là une question qui s'imposait; et ce furent les méditatifs de leur école, des gens qui philosophaient pour eux, qui en firent l'objet de leurs réflexions et furent ainsi, à proprement parler, les initiateurs d'un mouvement, que les progrès de la science favorisaient, et qui devait se propager et féconder la pensée philosophique.

On pourra peut-être opposer que l'atomisme existait, qu'il n'y avait pas à l'inventer. C'est incontestable ; mais il s'agissait de l'introduire dans le cartésianisme lui-même et, pour cela, il fallait des raisons nouvelles, qui fissent disparaître l'opposition des doctrines, et qui établissent plus directement la nécessité

---

1. Cf. *Lettre à Nicaise*, 5 juin 1692 « Je répondis que la meilleure réponse que MM. les cartésiens pourroient faire, seroit de profiter des essais de M. d'Avranches, de se défaire de l'esprit de secte toujours contraire à l'avancement des sciences... de s'attacher aux expériences et démonstrations, au lieu de ces raisonnements généraux, qui ne servent qu'à couvrir la fainéantise et à parler des choses qu'on ne sçait pas; de tâcher de faire quelques pas en avant et de ne pas se contenter d'estre des simples paraphrastes de leur maistre.... de ne se pas imaginer qu'on sçait tout ce qu'il faut ni tout ce qu'on peut espérer ; enfin d'estre modestes et studieux, pour ne se pas attirer ce beau mot *d'ignorantia inflat.* »

d'éléments constituants, réels et multiples, de la réalité. Que la divisibilité à l'infini dépasse l'imagination, tous en étaient convaincus, mais elle se trouvait comprise dans la notion même de l'étendue [1], et ce n'étaient pas des raisons physiques de l'indivisibilité des atomes telle que celle de la dureté, qui pouvaient satisfaire des partisans d'une explication mécanique totale de l'univers, pour lesquels cette propriété prétendue primitive n'était qu'une propriété dérivée. Des arguments qui, comme ceux de Cordemoy, visaient directement la réalité, la substance même des choses, avaient une autre portée. On reconnaissait la multiplicité des êtres, on se demandait quelle en est la substance, on ne pouvait, Kant n'ayant pas paru, rester indifférent devant cette considération qui, si vieille qu'elle soit, prenait dans les circonstances toute sa valeur : qu'une telle multiplicité ne peut se comprendre que par des unités substantielles composantes [2]. Réduire la multiplicité à une apparence avec Spinosa ne pouvait convenir à ceux qui la posaient comme un fait. Et, en même temps, cette correction de Cordemoy rendait plus manifeste l'insuffisance de l'atomisme : car si les éléments constituants de la réalité doivent être des substances unes, il est bien évident qu'on ne saurait s'arrêter d'une façon définitive à l'atome qui, parce qu'il

---

1. Mersenne écrivait déjà à Gassendi « .. at certe me semper cruciat qui fieri non possit, ut minima etiam atomus, cum mathematica quantitate non careat, cum et duritie ac pondere et figura non careat, in infinitum divisibilis revera dividatur saltem a Deo : quo posito fuerit atomus minima ex hypothesi, nec tamen fuerit cum partibus in quas dividetur, sit minor..... vide tamen interim num istum nodum possis absolvere. » Gassendi, Œuvres complètes. V. p. 437.

2. Cf. plus haut la Critique de l'Atomisme de Cordemoy par Desgabets.

est étendu, reste multiple. Et nous avons vu [1] que Cordemoy hésitait à faire de l'étendue l'essence absolue de la réalité. Le passage à la monade s'imposait. Il faut reconnaître que des raisons scientifiques pures intervenaient en faveur d'une restauration de l'atomisme. Ce sont de telles raisons qu'invoque Huyghens pour rendre compte du changement de sa pensée en ce sens [2]; mais on ne peut se refuser d'admettre que cette évolution purement scientifique du cartésianisme ne pouvait qu'être raffermie par son évolution philosophique correspondante, et c'est cette dernière que Leibnitz continue.

Comme on ne peut enlever à de la Forge et à Cordemoy le mérite d'avoir mis au jour la théorie des causes occasionnelles, le rôle important de ces deux cartésiens reste incontestable. Bien plus, c'est même à eux qu'on est en droit de rattacher cette conception nouvelle du caractère synthétique de la causalité, qui devait rénover, à la fin du xviii° siècle, la pensée philosophique. Remarquons-le, en effet, Leibnitz s'appuie, nous l'avons vu, sur la théorie des causes occasionnelles; elle ouvre les voies à sa théorie de l'harmonie

---

1. Cf. plus haut, p. 54, note 1.
2. « Cartesius melius cognovit quam alii ante eum omnes nihil prorsus in physica intelligi posse, nisi quæ referri queant ad principia captum non excedant humanæ mentis; cujusmodi sunt ea quæ pendent et a corporibus spectatis sine qualitatibus ullis et a motibus corporum. Sed quoniam maxima difficultas in eo erat, ut ostenderet quo pacto tot res diversæ ex solis principiis sequerentur, exitum minime prosperum habuit in plurimis argumentis quæ examinanda sumpserat, ac præcipue, meo quidem judicio, in iis quæ ad gravitatem pertinent. Id intelliget quisque ex iis quæ quibusdam locis notavi in illius scripta, ubi plura sane observare potuissem. » Huyghens. *Dissertatio de causa gravitatis. Opera reliquia* (1728), I, p. 95, 96.

préétablie. Seulement, dans cette théorie de Leibnitz, ce qui faisait l'originalité des analyses de Cordemoy et de de la Forge disparaît. Ce qu'établissaient, en effet, nos deux cartésiens, c'est l'absence de causes efficaces dans le monde. Il y a connexion, sans doute, entre les faits, et même connexion parfois nécessaire, puisqu'ils sont les produits d'une activité supérieure qui en effectue la synthèse d'après des *lois fixes*[1] ; mais ils ne sont plus les produits les uns des autres. L'effet n'est plus rattaché à la cause par un rapport tel qu'il se trouve enveloppé en elle ; la cause est seulement la condition *sine quâ non* de sa production, et rien de plus[2]. Or, chez Leibnitz, ce caractère de la causalité

---

1. L'intervention de Dieu dans le monde pour les occasionalistes, était soumise à des lois, n'avait donc rien de capricieux, quoi qu'en prétende Leibnitz. M. Pillon le fait justement remarquer après Bayle. « Il semble, dit-il, que l'on doive voir dans l'harmonie préétablie une modification heureuse de l'occasionalisme parce qu'elle rejette le concours particulier, par conséquent miraculeux, de la volonté et de l'action divines. Mais on peut contester qu'elle présente un réel avantage à ce point de vue comme le fait remarquer Bayle (*Dictionnaire*, art. Rorarius). Le concours divin auquel Malebranche a recours ne saurait être considéré comme particulier et miraculeux, Dieu n'intervenant, d'après le système des causes occasionnelles, « dans la dépendance réciproque du corps et de l'âme que suivant des lois générales. » Dans les interventions divines, que suppose l'occasionalisme, il n'y a pas plus de miracle que dans la création continuée, en laquelle Descartes faisait consister la création des êtres créés ; car Dieu n'y est, à vrai dire, que pouvoir exécutif, appliquant les lois de l'union des deux substances qu'il a instituées, qu'il s'est imposées à lui-même en créant le monde. » *Année philosophique*, 1902, p. 62. De la Forge et Cordemoy quoique se rapprochant davantage de Descartes dans la conception qu'ils se faisaient de Dieu, se représentaient son intervention comme opérant également d'après des lois fixes. Cf. plus haut les chapitres sur Cordemoy et de la Forge.

2. C'est ce que note Gousset. « Qua explicatione totam rem reducit ad *causam sine quâ non* et veram causam secundam esse nihil amplius

semble disparaître. Pour remédier à ce qu'il croyait un défaut dans l'occasionalisme : l'intervention répétée de Dieu, il fait dériver les états de chaque être d'un développement spontané de sa nature propre, et la vie de chaque individu devient une série d'états dans laquelle chacun d'eux, annoncé par celui qui précède, annonce, à son tour, celui qui suit. « Le présent chargé du passé est gros de l'avenir. » Ce qu'on appelle substance n'est plus que la loi d'une série d'opérations, *lex seriei operationum*. Les monades sont fermées les unes aux autres, mais leurs actes se suivent dans un ordre logique [1]. Sans doute, le principe de contradiction ne gouverne pas seul, semble-t-il, le déroulement de telles séries. Leibnitz veut se distinguer de Spinoza, non seulement par l'affirmation de la multiplicité des êtres, mais aussi par l'introduction dans le monde d'un élément moral, d'un élément de choix qui explique pourquoi tel possible a été réalisé plutôt que tel autre [2]. Mais cet élément moral n'intervient réellement qu'au moment de la création. Une fois le choix divin fixé, la notion de chaque individu se trouve aussi fixée une fois pour toutes : toutes les manifestations de sa vie sont déterminées et une intelligence puissante, telle que l'intelligence divine, pourra se donner le spectacle de la succession de cette vie, voir d'avance tous les événements qui la rempliront. En créant le monde, dit Leibnitz, Dieu voyait déjà tous les détails de la con-

quam esse veram causam sine quâ non : hoc sonat particula *nisi* quâ solâ repetitâ mentem suam exprimit, nisi hoc esset, istud non esset. » *Op. cit.*, p. 124, n° 38. Cf. Pillon, *Année philosophique*, 1902, p. 62, 63

1. Cf. Couturat : *La Logique de Leibnitz*, Alcan.
2. Cf. Foucher de Careil : *Descartes, Leibnitz et Spinoza*, p. 207.

duite que suivrait Tarquin, les crimes qu'il accomplirait, les occasions qui les rendaient nécessaires ; de tels événements faisaient partie de la notion de ce prince, y étaient compris virtuellement et l'économie de l'univers les exigeait. Si donc il n'y a pas d'action transitive d'une monade à l'autre, il y a continuité dans leurs états respectifs, les états y sont plus par rapport les uns aux autres que de simples conditions : ils se commandent, s'enveloppent, se produisent même, puisque c'est à cela que se ramène l'activité des êtres [1]. C'est en croyant continuer Leibnitz que Wolf réduira ouvertement la causalité à un rapport analytique.

Si donc Leibnitz avait utilisé la conception occasionaliste ce n'avait été que d'une façon provisoire et il était revenu en définitive aux anciennes théories. Or, ce qui distingue Hume, c'est précisément qu'il s'oppose au rationalisme leibnitzien, en reprenant l'argumenta-

1. Cf. le jugement de Stuart Mill sur la conception de la causalité de Leibnitz. « Il n'y a pas que les Grecs qui aient voulu « connaître la raison qui fait que tel antécédent produit tel conséquent » et découvrir une connexion « qui pourrait, *per se* fournir à leur esprit quelque anticipation ». Parmi les philosophes modernes, Leibnitz avançait, comme un principe évident de soi, que toutes les causes physiques sans exception devaient avoir en elles-mêmes quelque chose par quoi il peut être intelligiblement rendu compte de leurs effets. Loin d'admettre que la volonté soit la seule espèce de cause ayant l'évidence interne de son efficacité et qu'elle soit le lien réel entre les antécédents et les conséquents physiques, il voulait quelque antécédent physique naturellement et *per se* efficient, pour servir de lien entre la volition elle-même et ses effets. Il niait positivement que la volonté de Dieu explique quoi que ce soit excepté les miracles, et il s'attachait à trouver quelque chose qui rendît mieux compte des phénomènes de la nature que le simple recours à la volonté divine » *Logique*, trad. Peisse, I, p. 400, cf. Pillon. *Année philosophique*, 1902, pp. 62. 63.

tion de Cordemoy, de la Forge et Malebranche, et en lui donnant tout son sens et toute sa valeur. Sa célèbre critique de la causalité ne fait que reproduire, en la précisant et en l'adaptant à son point de vue sensualiste, celle qu'avaient donnée ces philosophes. Comme eux, il établit que ni l'expérience externe, ni l'expérience interne ne nous permettent de saisir directement l'efficace d'une cause, que nous ne constatons jamais que des successions de faits ; avec eux il soutient que ce qui ne peut prédire tel ou tel acte et qui, bien plus, ignore les conditions de sa production, ne peut en être la cause efficiente ; avec eux encore il montre qu'un pouvoir limité d'une façon arbitraire, « qui n'a d'empire, par exemple, que sur les doigts et la langue, non sur le cœur », n'est pas un pouvoir causal [1]. Ses exemples mêmes, tel que celui du choc successif des billes, sont cartésiens. Qu'on n'allègue pas son point de vue sensualiste, d'origine purement anglaise, qui le conduisait à ne voir que des faits et aucune activité supérieure qui les soutienne ; cette activité supérieure, chez les occasionalistes, était négligeable quand il s'agissait de l'explication des faits eux-mêmes : ceux-ci, pour quiconque dans cette doctrine ne considérait qu'eux, n'avaient plus d'autres principes que les faits antérieurs qui les conditionnaient [2].

---

1. Cordemoy donne déjà le cœur en exemple. Cf. plus haut, p. 68.
2. « Refuser toute action causale aux substances créées, corporelles ou spirituelles conduisait naturellement à éliminer d'une manière générale la causalité de substance, à supprimer, comme vaine, toute question relative aux conditions dans lesquelles on s'imagine que cette causalité doit agir, à ne laisser subsister en fin de compte que la conception phénoméniste de la cause ou succession certaine et constante, comprise elle-même dans l'idée des lois naturelles établies par le Créa-

Ce point de vue de l'intervention divine devenait tout aussi accessoire que celui du machiniste dans les événements d'une représentation théâtrale pour le spectateur attentif seulement à cette représentation [1]. Hume, qui avait un sentiment bien accusé de sa valeur et voulait garder toute sa personnalité [2], ne se reconnaît pas formellement, sans doute, de tels prédécesseurs, mais il cite peu et cela ne prouve pas qu'il ne les a pas pratiqués. L'admiration qu'il exprime pour Malebranche, qu'il est froissé de voir presque ignoré des Anglais [3], ne s'adressait certainement pas tant à son idéalisme platonicien qu'à son occasionalisme. Et il est permis de supposer que les trois ans, qu'en pleine période de gestation intellectuelle, il passa en France, surtout à la Flèche, où il composa son *Traité de la nature humaine*, lui donnèrent l'occasion de connaître les ouvrages de Cordemoy et de de la Forge. La Flèche était dans une région où le cartésianisme avait eu beaucoup de succès et avait pénétré la société éclairée. C'était même le pays de de la Forge, et c'était dans le voisinage, à Saumur, devenu sa ville d'adoption, que ce dernier s'était distingué par son ardeur philosophique et cartésienne et avait publié son *Traité de l'Esprit*. Hume pouvait même

teur. De l'occasionalisme et de l'harmonie préétablie à ce progrès final il n'y avait qu'un pas; et l'occasionalisme en était, semble-t-il, moins éloigné que l'harmonie préétablie. » Pillon, *Année philosophique*, 1902, p. 63.

1. On a vu de plus, p. 65, que Cordemoy pour expliquer la causalité naturelle fait appel à l'imagination et à l'habitude. Cf. p. 69.

2. Cf. Compayré. *La philosophie de Hume*, chap. I.

3. « La Bruyère passe les mers et maintient toujours sa réputation ; mais la gloire de Malebranche est confinée à son propre pays et à son siècle. » Enquiry, n. 1, cité par G. Lyon : *l'Idéalisme en Angleterre au XVIIIe siècle*, p. 452, note 2.

avoir eu déjà l'occasion de lire un tel ouvrage en Écosse, ou, du moins, de l'entendre désigner. Il avait été, nous le savons, traduit en latin, et des professeurs de l'Académie protestante de Saumur, contemporains de de la Forge, qui étaient retournés en Écosse, leur patrie [1], avaient dû certainement parler de celui qui, dans leur ancienne ville, avait représenté avec tant d'originalité et d'éclat le cartésianisme et faire connaître ses idées. Et ce qui semble bien, d'ailleurs, prouver que Hume ne connaissait pas l'Occasionalisme par le seul Malebranche, c'est que, quand il s'arrête spécialement à l'examen de cette doctrine et critique la partie qui, en elle, lui semble caduque, c'est d'une façon anonyme qu'il la désigne ; il ne la personnifie pas dans celui qui, pour quelques-uns, en était devenu le représentant exclusif, il ne s'arrête pas à la seule expression qu'il en avait donnée [2]. Avant Hume, c'était surtout l'idéalisme de Malebranche qu'on avait retenu et considéré en Angleterre. Les admirateurs ou disciples anglais de celui-ci

---

[1]. Notamment Doull qui, professeur d'éloquence, depuis 1655, à l'Académie protestante de Saumur la quitta en 1672. Cf. *Registre de l'Académie protestante de Saumur* (Manuscrit), Dumont, *Histoire de l'Académie protestante de Saumur* et Port, *Dictionnaire biographique de l'Anjou*, Doull avait enseigné en même temps que Chouet, qui était l'ami de de la Forge. Charles Colbert, intendant de la province, dans un rapport au roi, 1664 le signale comme « fort habile professeur. » Cf. Marchegay, *Documents inédits sur l'Anjou*. En 1685 un autre professeur de l'Académie de Saumur, Jacques Cappel, professeur d'hébreu, qui avait été aussi le collègue de Chouet (il enseignait depuis 1660), se retira également en Angleterre. Il en fut de même du fils du célèbre Moïse Amyraut, contemporain, lui aussi, de de la Forge, qui prit le grade de docteur en l'université d'Oxford et dont le s devint membre de la chambre basse du Parlement.

[2]. Cf. *Enquiry*, n° 7.

conservaient à l'axiome causal toute sa valeur [1]. Un correspondant de Bayle fait même remarquer que c'est à peine si quelques rares philosophes ont pris au sérieux la critique de la causalité par les occasionalistes [2]. Hume, lui, en voit toute l'importance et en fait une des nervures essentielles de son système. Ainsi donc, c'est encore à Descartes que se rattache le mouvement philosophique dont le célèbre auteur du *Traité de la nature humaine*, se présente comme l'initiateur. Le lien est si logique, qu'un de ses admirateurs et disciples, le chef du néo-criticisme français : Renouvier, reconnaîtra devoir beaucoup dans la formation de ses idées à « ses propres réflexions sur l'histoire du principe

---

1. Cf. G. Lyon : *L'Idéalisme en Angleterre*, p. 86. 94, 183, 307, etc.
2. « Il semble, dit M. Bernard, que pour réfuter M. King, je bâtisse sur le dogme des causes occasionnelles comme sur un dogme incontestable, dogme pourtant qui a à peu près autant fait de sectateurs en Angleterre que dans le pays des Hurons. » Lettres à un Provincial. *Œuvres complètes*. La Haye, 1727, V, p. 277. En note on lit « M. Norris et un très petit nombre d'Anglais ont donné dans le dogme des causes occasionnelles. » - Sans doute Glanvill, dans son livre : *Scepsis scientifica*, London, 1665, donne une critique de l'idée de causalité, mais c'est seulement pour établir que la cause échappe à notre connaissance, qu'il y a là une infirmité de plus pour l'esprit humain. Il ne cherche pas, comme les occasionalistes, à en transformer la conception, à en montrer le caractère synthétique. Le passage suivant de cet auteur est caractéristique. « Toute connaissance de cause est déductive, car nous n'en connaissons aucune par la simple intuition ; nous les connaissons seulement par leurs effets. Ainsi nous ne pouvons conclure qu'une chose est la cause d'une autre que de ce que celle-ci accompagne constamment celle-là, car la causalité elle-même n'est pas perceptible. Mais déduire d'une simple concomitance une causalité, ce n'est pas une conclusion certaine ; il y a au contraire, dans une telle manière de procéder une évidente déception ». Cité par Papillou : *Histoire de la philosophie moderne...*

d'action et de communication mutuelle des êtres dans le cartésianisme [1]. »

1. Renouvier. *Esquisse d'une classification systématique des doctrines philosophiques*, II, p. 395. Dernière étude : Comment je suis arrivé à cette conclusion. — Les causes occasionnelles ont eu encore au xixe siècle quelques partisans. M. Bouiller le note (*Histoire de la Phil. cartés.*, II, p. 111, note 2). « M. Cauchy a soutenu, pensant servir la théodicée chrétienne, que les forces physiques, tout à fait étrangères à la matière, ne sont autre chose que Dieu même agissant immédiatement d'après certaines lois sur l'étendue (*Compte rendu des séances de l'Académie des sciences*, 1845, XXI, p. 134). M. le Dr Garreau, dans divers articles et brochures, a voulu rétablir en physiologie et opposer à l'animisme de Stahl, les causes occasionnelles dégagées, dit-il, du mysticisme de Malebranche (*Gazette médicale*, avril et mai 1858). »

Vu :
Lyon, le 16 octobre 1906
Le Doyen de la Faculté des lettres
de l'Université de Lyon.
L. CLÉDAT

Vu et permis d'imprimer
Lyon, le 22 octobre 1906
Le Recteur
JOUBIN

BIBLIOGRAPHIE GÉNÉRALE

Année philosophique : Études de M. Pillon sur l'*Atomisme* (1893); sur l'*Évolution historique de l'idéalisme aux XVIIe et XVIIIe siècles* (1891-1903) ; de M. Hamelin sur l'*Union de l'âme et du corps d'après Descartes* (1904).

Le P. André. — *Vie de Malebranche.* Ed. Ingold. Paris, 1886.

Bayle. — *Dictionnaire historique et critique*, 4e éd., 1740. *Œuvres*, 1728.

Baillet. — *Vie de Descartes.* Paris, 1692, 2 vol. in-4.

Bouiller. — *Histoire de la philosophiæ cartésienne.* Paris, 3e éd., in-8°, 1886.

Brucker. — *Historia critica philosophiæ*, Leipsig, 1766.

Bordas-Dumoulin. — *Le cartésianisme ou la véritable rénovation des sciences.* Paris, 1843 et 1874.

Blampignon. — *Étude sur Malebranche. Documents inédits.* Paris, 1861.

Boutroux. — Éditions des *Nouveaux Essais et de la Monadologie* de Leibnitz. Delagrave. Paris.

Compayré. — *La Philosophie de Hume.* Paris, 1874.

Cousin. — *Fragments de philosophie cartésienne.* Paris, in-12, 1852.

Couturat. — *La Logique de Leibnitz.* Paris, 1901.

Clerselier. — Préfaces aux vol. I, II, III des *Lettres de Descartes.*

Le P. Daniel. — *Voyage du monde de Descartes.* Paris, 1690, in-12.

Damiron. — *Essai sur l'histoire de la philosophie en France au XVII° siècle.* Paris, 1846.

Foucher de Careil. — *Leibnitz, Descartes et Spinoza.* Paris, 1888.

Fontenelle. — *Doutes sur le système des causes occasionnelles.* Rotterdam, 1688, in-12.

Arthur Hannequin. — *Essai sur l'atomisme.* Paris, 1895.

— *Quæ fuerit prior Leibnitzii philosophia.* Paris, 1895.

Hannequin et Thamin. — *Étude sur Descartes et Malebranche* dans l'*Histoire de la Littérature française* de Petit de Julleville.

Höffding. — *Histoire de la philosophie moderne*, I, trad. française, 1904.

Lange. — *Histoire du matérialisme*, trad. française, 1877.

Laswitz. — *Geschichte der Atomismus*, 2 vol. in-8°.

G. Lyon. — *L'Idéalisme en Angleterre au XVIII° siècle.* Paris, 1888.

Liard. — *Descartes.* Paris, 1882.

P. Lemaire. — *Dom Robert Desgabets, son système, son influence, son école.* Paris, 1902.

Mabilleau. — *Histoire de la philosophie atomistique.* Paris 1895.

Moreri. — *Dictionnaire historique*, éd. 1759.

Nicéron. — *Mémoires.* Paris, 1727, 1745.

H. Joly. — *Malebranche.* Paris, 1903.

Ollé-Laprune. — *La philosophie de Malebranche.* Paris, 1870.

Ritter. — *Histoire de la philosophie moderne*, trad. française.

Renouvier. — *Esquisse d'une classification systématique des doctrines philosophiques.* Paris, 1885.

Revue de Métaphysique, numéro de juillet 1896 consacré spécialement à Descartes.

Stein. — Article sur *l'Origine de l'occasionalisme* dans les Archive für Geschichte der Philosophie, 1888, I.

Vander Haeghen. — *Geulincx.* Gand, 1886.

Bibliographie spéciale à Cordemoy et de la Forge.

Cordemoy. — *Dissertations physiques sur le Discernement du corps et de l'âme, sur la Parole et sur le système de M. Descartes*, par M. de Cordemoy, de l'Académie française, Conseiller du Roy, lecteur ordinaire de Monseigneur le Dauphin. Éditions : Paris, Florentin Lambert, 1666, in-12; Lyon, Carteron, 1683 ; Paris, veuve Denis Nion, 1689 ; 4ᵉ éd., in-4°, Paris, 1704. Éditions spéciales du Discours de la Parole. Paris, 1671 et 1677.

— *Histoire de France*, 1ᵉʳ vol., 1684. 2° vol., 1689.

— *Divers traités de métaphysique, d'histoire et de politique*, par feu M. de Cordemoy. Paris, 1691.

Louis de la Forge. — *Traité de l'homme et Traité de la formation du fœtus*, publiés sous les auspices de Clerselier par les soins de M. de la Forge, médecin à La Flèche et Gustchoven, qui enrichirent l'original de figures et de notes. Paris, 1664.

— *Traité de l'Esprit de l'homme, de ses facultés et fonctions, et de son union avec le corps, suivant les principes de René Descartes*, par Louis de la Forge, docteur en médecine, demeurant à Saumur. In-4° chez Théodore Girard, Paris, 1666, avec portrait de l'auteur. Autre édition, in-12, chez Abraham Wolfgang, Amsterdam, sans date, in-12. Autre édition, Genève, 1725, in-8°. Traduction en latin en 1669 par Flayder, et en allemand en 1673-1674.

On trouve des indications sur Cordemoy dans :

Le Père d'Avrigny. — *Mémoires pour servir à l'histoire Générale de l'Europe*, 1757, II, p. 60.

Bossuet. — *OEuvres*, éd. de Bausset. Correspondance, vol. XXX.

Dangeau. — *Journal*, I, p. 60.

Desgabets. — *Critique de la critique de la Recherche de la vérité*, p. 210, 211. Paris, 1675, in-12.

— *Lettre écrite à M. Clerselier touchant les nouveaux raisonnements pour les atomes et le vuide contenus dans le livre du Discernement du corps et de l'âme.* (Bibliothèque d'Épinal, manuscrit 143, 59.)

Fontenelle. — *Éloges*. Éloge de Sauveur.

Le Gallois. — *Conversations de l'Académie de M. de Beurdelot*. Paris, 1672.

Huet. — *Commentarius de rebus ad eum pertinentibus*, passim.

J.-B. du Hamel. — *De consensu veteris et novæ philosophiæ*, 1658 et 1675, in-12.

Duhamel. — *Réflexions sur le système cartésien de M. Regis*, 1692, in-12.

Journal des Savants, 1666.

Leibnitz. — *OEuvres*, passim.

D'Olivet. — *Histoire de l'Académie française*.

Régis. — *Système de philosophie*, Paris, 1690.

L.-P. Rochon. — *Lettre d'un philosophe à un cartésien*. Rennes, 1681.

Tardieu. — *Histoire illustrée du bourg de Royat*. Clermont-Ferrand, 1902.

Le Père Valois. — *Sentiments de M. Descartes touchant l'essence et les propriétés des corps*, par Louis de la Ville, 1680, in-12.

De Villemandy. — *De l'efficace des causes secondes*. Leyde, 1688, in-12.

On trouve des indications sur de la Forge dans:

E. de Budé. — *Vie de Jean-Robert Chouet*, Genève, 1899, in-12, ch. II et III.

Clerselier. — Préface du *Traité de l'Homme. Lettres de Descartes*, vol. III, préface et dernière lettre.

Jacob Gousset. — *Causarum Primæ et secundarum realis operatio rationibus confirmatur et ab objectionibus defenditur... a Jacobo Gussetio*. Leovardiæ, 1716.

Joseph Prost. — *Le Cartésianisme à Saumur. Louis de la Forge*. Revue de l'Anjou, 1904.

— *La Philosophie à l'Académie protestante de Saumur*, Paris 1907.

Seyfarth. — *Louis de la Forge und seine Stellung im Occasionalismus*. Gotha, 1887.

De Villemandy. — *De l'efficace des causes secondes*. Leyde, 1688, in-12.

Le P. Valois. — *Sentiments de M. Descartes touchant l'essence et les propriétés des corps.* Paris, 1680, in-12.

TABLE ALPHABÉTIQUE

DES NOMS D'AUTEURS CITÉS

André (le Père) 28, 41, 54, 191.
André Martin (Ambrosius Victor) 189.
Augustin (St) 100, 129, 189, 190, 192.
Arnauld 120, 207, 223, 244 sqq.
D'Avrigny (le père) 184.
Bayle 39, 59, 98, 115, 184, 221, 223, 228, 259, 265.
Basso 19, 21.
Bartet (le Père) 37.
Berkeley 100.
Bernier 185, 253.
Bossuet 37, 176.
Jacques Cappel 264.
Cauchy 266.
Cavalieri 235.
Chanet (Pierre) 75.
Chouet 178, 221, 264.
Clauberg 136, 141, 152, 153.
Clerselier 102, 105, 107, 120, 141, 144, 153, 176, 187.
Cordemoy 5, 23, 36-100, 107, 112, 117, 128, 135, 144, 150, 157, sqq 185, 215, 233 sqq., 242 sqq., 251.
Cossart (le Père) 37, 41, 233.
Daniel (le Père) 40, 41, 73, 233.
Démocrite 12, 18, 20, 57, 59, 158, 182, 242.
Denis 49.

Desgabets (Dom Robert) 39, 55 157 sq., 210, 215.
Doull 264.
Elisabeth (Princesse) 2, 30.
Fatio 185.
Faydit 115.
Fénelon 5, 182.
Fermat 57, 156, 184.
Fontenelle 39, 223, 228.
Fromentier (le Père) 181.
Garreau (D^r) 266.
Gassendi 21, 37, 49, 158, 160, 185, 240, 257.
Geulinx 134, 139, 150, 154.
Glanvill 265.
Gousset 103, 107, 129, 136, 147, 153, 188, 220, 228, 259.
Grimaldi 61
Hamel (Du) 18, 23, 39, 50, 58, 60.
Hobbes 235.
Huet 23, 37, 256.
Huyghens 184, 239, 258.
Hume 261, 262, 263.
Kant 257.
La Chambre 75.
La Forge (De) 2, 5, 101 sq. 141, 150, 153, 176, 187, 228, 233 sq., 251, 259 sqq.
La Grange (le Père) 23, 64.
Lami François (le Père) 211, 223.

18

Leibnitz 3, 99, 136, 174, 207 sq., 232 sq, 256 sq.
Lelevel 220.
Maignan (le Père) 35, 58, 148, 182.
Malebranche 28, 39, 78, 134, 137, 139, 147, 150, 182, 186 sqq., 215, 221, 250, 259, 263.
Mill (Stuart) 261.
Montmort 37, 113, 137, 157.
Morus 13, 25, 73.
Newton 135.
Nicole 181.
Norris 265
Pardies (le Père) 37.
Pascal 37.
Polignac (cardinal de) 181.
Rapin ou Rochon (le Père) 23, 145, 186.
Renaudot 71.
Renouvier 265.
Regnis 2.
Regis 18, 147, 181, 216.
Retz (Cardinal de) 176.
Roberval 157, 184.
Rohault 2, 37, 40, 49, 140, 176.
Spinoza 14, 57, 98, 100, 182, 203, 211, 241, 251, 257, 260.
Suarez 145, 146.
Valois (le Père) 51, 182, 185, 253.
Verney (du) 38.
Villemandy (de) 136, 148, 223.
Wailly (Mme de) 41.
Wolf 261.

TABLE DES MATIÈRES

Introduction	1
Chapitre I. — Théorie de la matière chez Descartes ; ses rapports avec l'atomisme.	7
Chapitre II. — Les causes occasionnelles chez Descartes.	24
Chapitre III. — Géraud de Cordemoy ; sa vie, son atomisme, originalité de cet atomisme.	36
Chapitre IV. — L'occasionalisme de Cordemoy : Union de l'âme et du corps ; Idéalisme.	63
Chapitre V. — L'occasionalisme de Cordemoy : Rapports de notre âme, avec les autres âmes et avec Dieu	82
Chapitre VI. — Louis de la Forge. Son occasionalisme.	102
Chapitre VII. — Dans quelle mesure Cordemoy et de la Forge peuvent-ils être considérés comme les fondateurs de l'occasionalisme ?	139
Chapitre VIII. — Les critiques de l'atomisme de Cordemoy : Dom Robert Desgabets et autres cartésiens	156
Chapitre IX. — L'occasionalisme de Malebranche.	186
Chapitre X. — L'occasionalisme en dehors de Malebranche en France. Les critiques de Cordemoy et de de la Forge.	214
Chapitre XI. — Leibnitz	232
Conclusion	255
Bibliographie	267
Table alphabétique des noms d'auteurs cités	273

ERRATA

P. 23, ligne 6, *lire* : L'atomisme pour lui ne pouvait être qu'une figuration des choses ; comme tel, il l'admettait, malgré les apparences, nous l'avons vu.

P. 28, note, *au lieu de* : cf. plus loin p. 110, *lire* : cf. plus loin pp. 110, 213.

P. 29, ligne 14, *au lieu de* : Lettres 21,6, *lire* : Lettres II, 6.

P. 31, ligne 9, *au lieu de* : p. 25, *lire* : p. 251.

P. 40, note 3, *au lieu de* : p. 169, note 3, *lire* : p. 233, note 1.

P. 83, note, *au lieu de* : cretaines, *lire* : certaines.

P. 94, note, *au lieu de* : p. 157, note 1, *lire* : p. 211, note 3.

P. 101, note, *au lieu de* : p. 156, *lire* : p. 214.

P. 102, note, *au lieu de* : p. 115, note 3, *lire* : p. 154, note 1 ; — *au lieu de* : p. 106, note 1, *lire* : p. 141, note 1 ; — *au lieu de* : achons, *lire* : tâchons.

P. 103, note, *au lieu de* : pp. 99 et 167, *lire* : pp. 130 et 229.

P. 107, note 2, *au lieu de* : p. 103, note 2, *lire* : p. 105, note 2.

P. 130, note, *au lieu de* : p. 167, *lire* : p. 228.

P. 135, note, *au lieu de* : p. 151, note 1, *lire* : p. 153, note 2.

P. 188, note 2, *au lieu de* : p. 151, note 1, *lire* : p. 154, note 1.

P. 207, ligne 11, *au lieu de* : Arnaud, *lire* : Arnauld.

P. 246, ligne 12, *au lieu de* : matière d'être, *lire* : manière d'être.

P. 264, note 1, dernière ligne, *lire* : dont le fils devint membre.

P. 274, bibliographie, 2ᵉ colonne, *au lieu de* : Regnis, *lire* : Regius.

www.ingramcontent.com/pod-product-compliance
Lightning Source LLC
Chambersburg PA
CBHW050650170426
43200CB00008B/1235